这不是我想要的世界

丘吉尔改变世界的经典演讲

1900—1917
1917—19
19
1941—1
1945—1955

[英] 温斯顿·丘吉尔（Winston Churchill）著

温 华 译

中国画报出版社 · 北京

图书在版编目（CIP）数据

这不是我想要的世界：丘吉尔改变世界的经典演讲 /（英）温斯顿·丘吉尔著；温华译. -- 北京：中国画报出版社，2018.10（2021.1重印）
ISBN 978-7-5146-1610-1

Ⅰ. ①这… Ⅱ. ①温… ②温… Ⅲ. 丘吉尔（Churchill, Winston Leonard Spencer 1874—1965）—演讲—选集 Ⅳ. ①K835.617=5

中国版本图书馆CIP数据核字（2018）第073608号

这不是我想要的世界：丘吉尔改变世界的经典演讲

[英]温斯顿·丘吉尔 著　温华 译

出 版 人：于九涛
责任编辑：郭翠青
责任印制：焦　洋

出版发行：中国画报出版社
地　　址：中国北京市海淀区车公庄西路33号　邮编：100048
发 行 部：010-68469781　010-68414683（传真）
总编室兼传真：010-88417359　版权部：010-88417359

开　　本：16开（710mm×1000mm）
印　　张：20.25
字　　数：300千字
版　　次：2018年10月第1版　2021年1月第2次印刷
印　　刷：北京通州皇家印刷厂
书　　号：ISBN 978-7-5146-1610-1
定　　价：88.00元

卷首语

在生命中最后的二十多年里，温斯顿·丘吉尔被公认为"他那个时代最伟大的英国人"。他的死令全世界千百万人哀悼，直到今天，他仍是不列颠最著名的儿子。有关他的书籍与文章如洪水般始终未见衰退，一直如饥似渴、贪婪拜读的公众还渴望着更多作品出现。每年，都有来自世界各地的成千上万的人拜访布伦海姆宫、查特韦尔庄园、布雷顿与伦敦的内阁作战室。形容词"丘吉尔的"和名词"丘吉尔纪念品"已正式收录进新版的《牛津英语词典》当中。皇家海军的舰艇以他的名字命名，香烟和酒馆也是如此。他的一生是电影、电视剧甚至伦敦西区音乐剧的主题。他的著作仍然受到热情赞赏和贪婪阅读。他的画作在拍卖行里要价极高。他最著名的词句已成为不朽名句。

然而目前还没有一本集合他最重要演讲的单卷本出版，本书的目的便是填补这一空白。首先感谢安妮·博伊德·卡斯尔，她第一个建议我做这件很吸引人的事，感谢她始终如一的热情、鼓励和帮助。柯蒂斯·布朗和迈克·肖对此书也曾竭尽全力并倾注了智慧。我还要深深感谢剑桥基督学院的大卫·雷诺博士,为那许多次就温斯顿·丘吉尔进行的富有启发、令人难忘的谈话,还为他那大度的胸怀,以及他对知识的慷慨。感谢克莱尔·康拉德在关键时刻提供了宝贵的学术支持。但我要再次说明,最该感谢的人是琳达·科利。

DNC(美国民主党全国委员会)

纽黑文

1988年除夕

引言

1954年11月，当身为首相的温斯顿·丘吉尔爵士庆祝他的八十寿辰时，其盛况在英国公共生活中自帕默斯顿与格莱斯顿的生日庆典以来绝无仅有。其实在某个重要方面，他的生日庆典已经超越了前两位。因为他破天荒地受到来自威斯敏斯特两院所有党派的称颂①。他的答谢演讲被恰当地描述为"温文尔雅的杰作"："调皮的幽默，精心设计的旁白，完美控制的嗓音，还有那无与伦比的顽强精神，这一切使他看上去和听起来都比实际年龄年轻了许多。"谈到自己战时演讲的影响，他表达了如下自谦的态度：

> 非常高兴。艾德礼先生说我的战时演讲不仅表达了议会的意志，还表达了整个民族的意志。人民的意志坚决果断，不屈不挠，而且已经被证明是不可战胜的。表达这一意志的任务落在了我身上，如果说我找到了正确的字眼——请各位一定不要忘了，我本来就一直靠笔和舌头谋生。是这个国家和

---

① 罗斯，《晚年丘吉尔》（哈蒙兹沃思，1971），529、533—534页。

这个遍布全球的民族拥有着雄狮之心，我不过是有幸被召唤来发出狮吼。①

但这肯定不是事情的全部真相，因为幸运是充分准备与机会的结合，而丘吉尔倾尽一生都在准备那些他认为可能会创造历史的话语和警句，在20世纪40年代，他的确做到了。

正如朋友们坚信不疑，甚至敌人们也不得不承认的，丘吉尔是他那个时代最为雄辩、最擅表达的政治家。他是英语名副其实的主人，当然有时也是其奴隶。阿斯奎斯——他本人就是相当杰出的语言大师——在其1915年10月的日记中记录了与丘吉尔的邂逅：

> 大约一刻钟的时间，他雄辩滔滔，抨击与呼吁如无尽的洪流喷涌，让我非常遗憾当时没有速记员记下听到的一切，因为他的一些信手拈来的句子实在是无价之宝。②

下文是多年之后来自奥利弗·利特尔顿的赞赏，奥利弗是丘吉尔另一位挥舞生花妙笔的朋友。

> 毕生的公开演讲赋予他的言辞以精湛的效果。通常，他总以几句笨拙的句子开始，当然，这是故意的。听众惊讶地发现，他的舌尖吐出那些词语似乎并不顺畅，语速缓慢而犹疑。然后，慢慢地，仿佛打开了扩音器一般，他的言辞的全部光彩开始闪现出来。

---

① 《演讲集》第八卷，8608页；《丘吉尔》第八卷，1075页；"议员，演说家，政治家"，选自R.布莱克和W.R.路易斯主编的《丘吉尔》（牛津，1994），516页。

② 牛津伯爵与阿斯奎斯，《回忆与反思》（两卷本，伦敦，1928），第二卷，46页。

总而言之，正像丘吉尔本人在某个场合所说的那样："在我的人生中，（我把）更多的精力专注于自我表现，而不是自我否定。"①

的确，他那非凡的职业生涯也许更适合被看作是一场经久不衰、光彩夺目而又极少中断的独白。日复一日，往往又夜复一夜，他创造着激情迸发而又无尽丰富的词句：鼓舞人心、谆谆劝告、感人至深、令人信服、花言巧语、振聋发聩、恃强凌弱、无情谩骂、引人狂怒，种种风格不一而足。无论私人约会还是公开露面，内阁会议或者下院讨论，车中还是船上，火车或者飞机，餐厅或者画室，甚至卧室或者浴池，他的滔滔雄辩从来都不会停歇。几十本书，大量的文章，众多政论文及无数备忘录就是最雄辩的证据，它们逐字逐句记载着他那无尽的言语之源，惊人的修辞天赋，及其终生对语言的热爱。从1900年参选下院议员开始，直到1955年作为首相的最后几个星期，丘吉尔都是那么一种人，准确地说他几乎从未语塞词穷。就像莫兰勋爵曾经指出的那样："极少有人会如此虔诚地追求一种技艺——操纵话语。在和平年代，它给予他政治财富，战争时，它征服了所有人的心。"②

由于他本质上是位修辞学家，几乎口授并演讲他构思的每一个句子，所以丘吉尔的大部分话语都是说出而并非写出的。不过其中总有一部分被提及更多。因为正是作为一名演说家，他才开始最为充分彻底地活跃起来，正是通过演讲，他的话语和警句才制造了最伟大、最持久的影响力。格莱斯顿曾称自己"演讲是其存在的本质"，其实对丘吉尔来说更是如此。因为他的演讲在数量上（而不是长

---

① 《夏农爵士回忆录》（伦敦，1962），183页；莫兰爵士，《丘吉尔：为生存而斗争》，1940—1965（伦敦，1966），449、713页。

② 莫兰，《为生存而斗争》，123页。

度）明显领先——2360篇对格莱斯顿的2208篇①。他在有生之年以书籍形式出版的演讲远远多于同时代的任何政治家,最权威的版本多达八大卷,四百万字。他最令人难忘的句子——不只是"热血、辛劳、泪水和汗水"、"他们的光辉时刻"、"少数人"和"开始的终结",还有"一如往常"、"铁幕"、"英美特殊关系"、"首脑会议"和"和平共存"……都已成为千百万男女日常用语的一部分。正如丘吉尔本人所说的那样,"话语是唯一永存的东西",这一自信的预言已成为他不容置疑的墓志铭。②

一

几乎从童年开始,丘吉尔就为演讲的艺术和技巧而着迷,并且决心要在这方面成功。他想成为一位英雄式的历史人物,掌控重大事件,激发民众精神,并将演讲视为实现这些目标的关键手段。在印度担任中尉时,他写下一篇名为《修辞学的舞台》的散文,记录自己早年对这一问题的想法。他认为,"在最优秀的英语演讲中存在着某些共同特征":不断地使用最适合的词语充分表达演讲者的想法;措辞当中微妙的平衡与节奏,带来一种类似无韵诗而非散文的韵律感;通过"迅速连贯的声音和鲜明画面之洪流"精心积累论据;使用丰富多彩而又引人注目的类比让公认事实更易理解,新想法更吸引人;用强有力的结束语唤醒并震

---

① 斯特雷奇,《维多利亚时代名人传》,(伦敦,1918),308页;《J. H. 普拉姆散文集》,(二卷本,伦敦,1988—1989),第一卷,《历史学家的形成》,233页;迈泽尔,《数量决定词语:关于威廉·尤尔特·格莱斯顿和温斯顿·斯宾塞·丘吉尔演讲生涯的对比及数据分析》,(《历史研究》第七十三卷,2000),290页。

② 《演讲集》第一卷,905页。如果需要丘吉尔这些最经典句子的选集,请参看:《简明牛津演讲辞典》(牛津,1964),62—63页;J. M与M. J. 科恩主编,《企鹅现代演讲辞典》(哈蒙兹沃思,1971),43—47页;R.斯图尔特主编,《政治演讲辞典》(伦敦,1984),35—36页。

动听众。丘吉尔断定，通过"观察与坚持"，修辞的秘密、打动观众的力量以及"打开人类心灵的钥匙"就可能被发现，而那些能够掌控这种资源的演讲者，将一直是需要被认真对待的力量：

>在上天赋予人的全部才能中，没有一种像演讲能力这样珍贵。拥有了它的人，力量远比一位伟大的国王更持久。他是这个世界上的一支独立的武装。即使被政党抛弃，被朋友出卖，被剥夺官职，能够掌控这种力量的人仍然令人敬畏。①

就在此时，丘吉尔正在创作他唯一的一部小说《萨伏罗拉》，小说的同名主人公显然是作者理想化自我的投射，表现出许多类似的品质。②萨伏罗拉信仰自由，憎恨专制；他期望成为自己祖国劳拉尼亚的救世主；在追寻过程中，他的主要武器就是他所向无敌的演讲才能。在小说开头，丘吉尔这样描述萨伏罗拉连缀词句的方式：

>他的演讲——他已经做过许多次，也知道不付出努力根本得不到回报。那些精彩的即兴演讲只存在于听众的想象之中，美艳的修辞之花都是温室里的植物。
>
>这儿该说些什么呢？香烟一支接一支地消耗，烟雾缭绕中，他看到了能够穿透群众内心的结束语；他将高明的看法、漂亮的比喻以正确的措辞表

---

① R. S. 丘吉尔和M. 吉尔伯特，《温斯顿·S. 丘吉尔，手册版》（5卷，伦敦，1966—1982），第一卷第二部分，816—821页。

② P. 爱迪生，《温斯顿·丘吉尔的政治信念》，见《皇家历史学会学报》第五卷，第三十期（1980），31页。

达出来，让文盲都能理解，让孩子都被吸引；他的话将听众从物质生活中提升起来，唤醒了他们的良知。他的想法先是形成字词，然后集合成句子；他对自己喃喃低语，语言中的节奏打动着他；他本能地使用了头韵。想法接二连三，仿佛小溪飞快流淌，水面上光线变幻。他抓起一张纸，匆忙地用笔记录。这儿是个重点，能不用同义反复来强调吗？他潦草地写下一个粗糙的句子，先涂抹出来，再打磨一番，然后再重写一遍。讲话声音要悦耳动听，所讲的道理要能提升、激发听众的认识。这是多么有趣的游戏啊！他满脑子都想着自己必须打的牌，这世界就是令他为之着迷的赌注。①

  那些不重要的修改和润色，来自饱受丘吉尔折磨的秘书，他无论日夜都随时准备着记录丘吉尔的口述，这就是丘吉尔终其一生都能创作自己演讲的真实原因。

  小说后半部，萨伏罗拉在巨大而热情的人群前做了成功的演讲。事前，他因难以控制的激动而颤抖，他的沉着镇定不过是一种伪装。演讲之初他显得紧张而犹豫，"时不时地停顿一下，似乎在寻找措辞。"但是慢慢地，他抓住了听众，词语和句子开始流畅起来，博得"一片赞同之声"，表达出一种"不屈不挠的决心"。他嘲笑劳拉尼亚那位专制的总统，"他提出的每个观点都得到掌声和笑声"。他"谈到了对幸福的期望，即便是最悲惨的人也有这样的权利"，然后"沉默笼罩了整个大厅"。"合情合理的常识"通过"一个又一个巧妙的例子，一个又一个机智的类比，一个又一个崇高而明晰的想法"一次又一次地表达出来。在一个小时里，萨伏罗拉向千百位观众传达了"他的热爱，他的激情，他的灵魂"，直到结束时：

---

① 温斯顿·斯宾塞·丘吉尔，《萨伏罗拉》，88—89页。

每个短句都引来狂热的欢呼。观众的兴奋难以形容。每个人都为他的演讲而迷狂……他的句子越来越长，越来越抑扬顿挫，铿锵有力。最终，他到达了不断蓄势的最后阶段，论据层层叠加，仿佛皮利翁山堆积于奥萨山之上。所有论证指向了一个必然的结论。人们看着它到来，当最后的话语落地时，他们致以雷鸣般的掌声。①

丘吉尔是在二十岁时写下这些的，当时他几乎还没做过公开演讲，更不用说面对众多听众并且打动他们了。但他那时就已经知道，自己想要成为演说家。这段叙述以生动的想象力和抓人眼球的细节展示了他最后所成为的那种演说家，也就是奥利弗·利特尔顿后来曾描绘并致敬的那种。实际上，如果用来描述四十多年后他战时演讲的伟大结束语，早年的这段话是很难超越的。在描绘萨伏罗拉结束演讲时的行为时，丘吉尔又一次精确预言了自己日后要体会的那种充满焦虑和期待的精疲力尽之感：

然后他坐下来，喝了点水，双手按着自己的头。压力实在太可怕了。他被自己的激情所震撼；体内的每一次脉搏都悸动不止，每一根神经都在颤抖；他大汗淋漓，气喘吁吁……

萨伏罗拉转向（他的同事）："哦，路易斯……听起来怎么样？我喜欢那结束语。这是我做过的最好的演讲。"

受到他激动人心言辞的鼓舞，劳拉尼亚人猛攻总统府，废黜了暴君，萨伏罗

---

① 温斯顿·斯宾塞·丘吉尔，《萨伏罗拉》，146—153页。

拉胜利回到首都,这座"他一直深爱着的古老城市"。①

无论从哪个方面来说,《萨伏罗拉》都是一部修辞的传奇。然而,为了成为自己的萨伏罗拉,年轻的丘吉尔还有大量的工作要做,因为他绝不是个天生的演说家,"实际上",像莫兰勋爵指出的那样,"老天似乎并未把他设计成应有的样子"。他的外表不讨人喜欢,缺少魅力,不过五英尺多高,佝偻着身躯,走路弯腰,上唇无力,皮肤松弛,腰围在中年时就因自我放纵而膨胀。他深深感到,自己缺乏牛津或剑桥教育背景——因为这带给他一种挥之不去的感觉,那就是他在巴尔弗、阿斯奎斯和F. E. 史密斯这些老于世故的聪明人当中,智力低人一等。还因为,这意味着他"从未体验过年轻人在大学小型辩论社团里就各种话题做即兴演讲的感觉"。②尽管他的谈话被人广为称道,尽管他机敏的应答摧枯拉朽,丘吉尔却从未掌握公开即席演讲的艺术,除非在演讲开头,或者在联谊会上做简短评论。最令人沮丧的是,他的嗓音没有魅力,也不洪亮,还饱受口吃的困扰,他早年有些咬舌还有些结巴,常常令听他讲话的人十分痛苦。像一位观察者指出的那样,他是个"中等身材、其貌不扬的年轻人,声音里很不幸地带着咬舌音……而且他缺乏自信"。或者说,像别根海特勋爵后来对丘吉尔坦率指出的那样,"你似乎没有漂亮的嗓音"。③

丘吉尔的演讲之所以最终能够形成华丽而令人难忘的风格,正是因为他克服了上述诸多弱点。像萨伏罗拉一样,他掌握这门天赋技艺完全是靠"艰苦再艰苦的努力",靠"超乎寻常的自我约束",靠"漫长而痛苦的学徒生涯"。他研究并且常常背诵克伦威尔、查塔姆、伯克、皮特、麦考利、布赖特、狄斯累利和格

---

① 温斯顿·斯宾塞·丘吉尔,《萨伏罗拉》,153—154、344页。
② 莫兰,《为生存而斗争》,123页;温斯顿·斯宾塞·丘吉尔,《我的早年生活》(伦敦,1930),18页。
③ R. 罗兹·詹姆斯,《丘吉尔:失败中学习,1900—1939》(伦敦,1930),18页。

莱斯顿最杰出的演讲。他将父亲的演讲熟记于心，刻意模仿伦道夫勋爵的着装和习惯。他付出英雄般的刻苦努力，通过拜访声音专家，通过持久的练习和坚持，还（像安奈林·贝文，另一位从结巴转变成的演说家一样）通过选择不寻常的字句以避免日常演讲中那些不靠谱的节奏①，以此来克服咬舌和结巴。他在镜子前花费大量时间，预演手势，练习面部表情。他铁了心要成功，在起来讲话之前，运用全部意志力镇定自己的神经，平息那怦怦直跳的心。然而，尽管有这样非凡的决心与投入，对演讲结果的担心仍总是像乌云一样笼罩在他心头；年轻时，他一直害怕自己会在下议院口无遮拦，说出某些不当言辞；即使到了职业生涯的最后，他在重要演讲之前仍然会忧虑不安。他会一直紧张，直到确信演讲没有失败才能放心。②

最重要的是，他还像萨伏罗拉一样，不得不花费大量时间在演讲词本身的细节上。无论是在下议院发言，还是在站台上或者广播里，丘吉尔的演讲就像阿瑟·巴尔弗曾评价的那样，远远不是"匆忙时刻口无遮拦的倾泻"。因为他极其小心地"去衡量、斟酌自己说出的每一个字"，他创作的演讲稿都是正式的文学作品，事先有充分的口述准备，经过了细致周到的校订和打磨，最后呈现出一个完整的、往往包括舞台指导的文本。③因此，这些演讲的确是"温室里的植物"：一丝不苟的场景设置，从头到尾的精心计划，支撑所举例子的丰富文件，加上按既定顺序流动的论证之河，最后顺利到达结尾。这个过程不可避免地占用了丘吉尔的大量时间。他在下议院的首次重要演讲花了六个星期来编辑；一次

---

① N. 尼科尔森主编，《哈罗德·尼科尔森：日记与信件，1939—1945》（伦敦，1967），259页；莫兰，《为生存而斗争》，123、346页。坎贝尔，《安奈林·贝文与英国社会主义的幻影》（纽约，1987），8页。

② J. 科尔维尔，选自J. 惠勒班内特主编，《今天行动：与丘吉尔一起工作》（伦敦，1968），70页；莫兰《为生存而斗争》，18、118、254、780页。

③ R. 罗兹·詹姆斯，《丘吉尔：失败中学习，1900—1939》（伦敦，1930），25页。

四十五分钟的演讲通常需要他用六到十八个小时去完善；即使在第二次世界大战最黑暗、最繁忙的日子里，他都绝不打算逃避或敷衍写作任务；他在下议院的伟大告别演讲花了二十个小时起草、组织和润色。尽管他的演讲有时会判断失误，或者不够成功，但他极少会讲得粗心大意、马马虎虎。①

　　至此，丘吉尔已经掌握了写演讲和做演讲的方法，找到了能够弥补自己身体、性情和智力弱点的最佳方式。不过，仍然与萨伏罗拉一样，他也形成了一种完全属于自己的个人风格。他将吉本那堂皇而回旋的句子与麦考利的鲜明对比和辛辣讽刺融为一体——他在印度服役时曾经认真研究过这两位作家。健在的演说家当中，令他受益最多的是伯克·科克伦，一位来自坦慕尼协会的爱尔兰裔美国政治家，其最优秀的演讲甚至比威廉·詹宁斯·布赖恩的更加雄辩。那些不久后成为丘吉尔表达方式标志的、引起轰动的结尾，则是模仿更年轻的皮特和格莱斯顿。至于无情的抨击和谩骂，则一直有一位引人注目的成功榜样——他的父亲伦道夫勋爵。在这份杰出的令人眩晕的混合物中，丘吉尔还加入了属于他个人的元素：细节、幽默感，精心安排的老生常谈。结果呢，就像哈罗德·尼科尔森在第二次世界大战中所说的那样，"既有公众演讲的飞扬高蹈，又有突然俯冲为亲切的私人对话"，实在令人印象深刻。"在他所有的策略当中"，尼科尔森接着说，"这一招从未失手"。②

　　此外，丘吉尔本人还是位真正的语言艺术家。作为一个自学成才者，正如作为职业政治家一样，他的词汇量都是非同一般地庞大且丰富。早在他还是哈罗公学一个本来毫无前途的学生时，他就能从军事隐喻、醒目的头韵、漂亮的短语、

---

①　迈泽尔，《数量决定词语》，269页；《钱多斯回忆录》，183页；莫兰《为生存而斗争》，633页；R. 罗兹·詹姆斯，《丘吉尔：失败中学习，1900—1939》，24页。

②　尼科尔森，《日记与信件，1939—1945》，321页；R. 罗兹·詹姆斯，《丘吉尔：失败中学习，1900—1939》，25页。

恰当的类比及爆炸性的警句当中体会到类似审美的乐趣。他的演讲与他的绘画一样，充满生动的想象、阳光与阴影，以及丰富炽热的色彩。他钟意那些引人共鸣的、独断的、书生气的形容词："沉默的，悲恸的，被抛弃的，破碎的"——他这样描绘《慕尼黑协定》给捷克斯洛伐克带来的后果。他热爱简短有力而又强硬的名词："热血、辛劳、泪水和汗水"——就是他在1940年成为首相时的全部告白。他是选择出人意料却恰当字眼的大师，比如他将密西西比河描绘成"不屈不挠的，不可抗拒的，宽厚仁慈的"，最后这个不寻常的形容词打破了意料中的头韵模式，取得了极好的效果。① 最重要的是，他是经典短语的高产制造者，在同时代政治家中无人能及。大罢工时他的评论——"在救火队和大火之间我保持绝对的中立"，就是一个广为人知的例子。后来他描述苏联是"一个谜，一个隐藏在神秘和谜语中的谜"，则是另一个例子。②

综合了不屈不挠的决心、费尽心血的努力和完美的艺术技巧，丘吉尔非常迅速地形成了英国政治家中最讲究修辞的演讲风格。从这个部到那个部，从一个危机到另一个危机，从执政党到反对党到再次回归，他都与他闪亮的短语在一起，不断修饰、重整他久经打磨的修辞方式，去应对新的处境。想想1940年9月他为不列颠之战飞行员献上的著名颂词吧："在人类冲突的战场上，从未有过这么多的人欠了这么少的人这么多的情"——这个经典的句子朴素而完美，似乎信手拈来，因为模仿莎士比亚的《亨利五世》（我们几个，我们快乐的几个，我们兄弟连）③ 而更加引人瞩目。然而，只有经过多次不同的排列替换，这个句子才达成它令人难忘的最后形式。丘吉尔1899年在奥尔德姆曾说过："英格兰从来不曾生活过这么多人，他们从来不曾有过这么多吃的东西。"九年之后，作为殖民地

---

① 《演讲集》第六卷，6007、6220、6268页。
② 《丘吉尔》第五卷，174页；《演讲集》第六卷，6161页。
③ 《演讲集》第六卷，6266页。

副长官，他这样评论非洲的一个灌溉计划："世界上没有任何一个地方能靠这么少的砖石拦截如此大量的水。"1940年，丘吉尔这个全世界最忙的人，其修辞为何还能如此流畅华丽？原因之一就是那些语句早已打磨完好，都立正站好，只等着再次被使用呢。①

但是，这些词句再次出现还因为，它们准确地表现出了他真正的个性。丘吉尔的演讲并不仅仅是在修辞写作、言语创造性和公众表演方面技艺精湛，他在生活中也是这样讲英语的，因为它生动而直接地反映出他本人的真实样子——或者他认为自己所是的样子。他的自我认识散发在每一个辞藻华丽的句子里——一方面单纯，热情，无知，不会欺骗或密谋，另一方面又充满英雄气概、传奇色彩、骑士风度、豪爽仗义、高度夸张。正如阿斯奎斯的女儿维奥丽1900年初次见他之后不久所说的那样，"他的雄辩里没有半点虚伪、浮夸或者做作。那就是他自然的语言风格。他的世界以英雄诗体为模板而建造。英雄诗体就是他的语言"。在1940年最黑暗的日子里，维塔·萨克维尔-韦斯特也为同样的想法所安慰，"一个人之所以被他那伊丽莎白时代的措辞激励，是因为"，她告诉自己的丈夫，"他感觉到了那些言辞背后巨大的力量和决心，仿佛一个坚固的堡垒。这些话绝不是为言说而言说的"。②

因为上述原因，丘吉尔的演讲很快成为他的一个非常协调、实用的政治工具。的确，考虑到他从未在国内建立地方政治力量，或在威斯敏斯特培养个人追随者，他两次改变党派立场，他的判断常常出错，他的执政能力并不突出，他对普通人的理解也是少之又少，我们不禁要怀疑，演讲是不是丘吉尔唯一的真正工

---

① R. 海姆，《1914年前的温斯顿·丘吉尔》，《史学年报》1969年第六辑，72—73页，"热血、辛劳、泪水和汗水"也早在十多年前就已经被丘吉尔使用过，《世界危机：东部战线》（伦敦，1931），第17页："他们的汗水，他们的泪水，他们的热血，润湿了这一望无尽的平原。"

② V. 博纳姆·卡特，《我所知道的丘吉尔》（伦敦，1967），18页；尼科尔森，《日记与信件，1939—1945》，93页。

具。"如果没有对字词的感情,"莫兰勋爵说,"他的生命将逊色许多。"①正是这种感情、这种工具,帮助他在还是年轻议员时就赢得了声誉,帮助他挺过了第一次世界大战的风云变幻,帮助他在20世纪20年代恢复了职位,帮助他发动反对绥靖主义的孤独战役,帮助他在第二次世界大战时团结自由的力量,帮助他在之后的岁月中扮演世界政治家的角色。可以说,他是完全依靠演讲的力量,将自己的愿景、自己的个性施加于他人和事件之上,他在无与伦比的演讲中表达了高贵的感情。这些演讲拥有一种独一无二的品质,以赛亚·伯林将之描述为"一本正经的堂皇壮丽"。②因为丘吉尔不仅为当下发言,最重要的是——他还在为子孙后代发言,而且正如他所愿,千千万万后来者一直都在倾听。

二

然而,尽管丘吉尔最好的演讲超凡脱俗、出类拔萃,事实却是,在他的职业生涯中大半的时间里,它们并不能帮助他实现成为首相的超级野心。实际上我们怀疑,正因为他在演讲方面那无可否认的才华,因为它帮他赢得了所有非凡的声誉——恰恰是这种特点——使他到达政治生涯顶点的路变得更艰难而不是更容易了。毫无疑问,如此局面部分是因为他那些光彩夺目的语句、精彩的表演和他对自己来之不易的雄辩能力毫不掩饰的自豪,激起了大部分较无能、较黯淡、较无趣的人的强烈的忌妒。但另一方面也因为,在大半职业生涯中,他的演讲经常不能说服人,经常得罪人,经常激起对抗,正如其激励和感动的人一样多。赫伯特·萨缪尔1935年在下议院评论说:"当尊敬的阁下发言时……大家总是挤进大

---

① R. 罗兹·詹姆斯,《丘吉尔:失败中学习,1900—1939》,185页;莫兰,《为生存而斗争》,123页。

② I. 伯林,《丘吉尔先生在1940年》,(伦敦),39页。

厅来听,他们聆听且崇拜,他们在他需要笑声时大笑,在他需要战栗时颤抖……可是他们依然心有疑虑,最终他们投了反对票。"① 这就是丘吉尔演讲的不足之处——似乎正是演讲泄露了他的人格中缺少魅力的一面——这是否意味着上述集激赏与咒骂为一体的结论非常真实且符合他的政治形象?

  部分问题就在于丘吉尔演讲的丰满华美,在于无论他需要应对的是多么不同甚至相互矛盾的目标,都表现出令人不安的举重若轻。只要能为加强观点服务,他就随意调遣这种风格,这种做法在他从政早期就广泛应用,一直延续到1940年,它远远压倒了另一个事实,即他是个性情多变、判断失误的人,完全没有任何真正的全局感或分寸感。因为他不仅始终向往着刺激和行动,还夸大了所讲的每件事的重要性,尽管其真实性不假。还有,他的修辞艺术往往会模糊他的推理过程,他的措辞征服了他,而不是他征服它们。② 任何政策、提案和冒险,只要能用犀利的言辞和华丽的修辞表达,都会立刻吸引他,其真正的优点或缺点则不在他的考虑范围之内。就像查尔斯·马斯特曼抱怨的那样:"他能让自己相信几乎每一条真理,只要它被允许通过他那台修辞机器开始其狂野旅程。"后来斯马茨将军也指出,他的"华丽措辞高蹈于清醒之上,还常常对事实真相拒不妥协"。丘吉尔接二连三地遭到狄斯累利先前针对格莱斯顿的控告,说他是"一个矫揉造作的修辞家,陶醉于过分表现自己的唠叨"——这一指控贯穿了他的职业生涯。③

  因此,埃舍尔勋爵1917年曾指出,丘吉尔"靠有韵律的语言处理重大议

---

① R. 罗兹·詹姆斯,《丘吉尔:失败中学习,1900—1939》,第247页。
② R. 海姆,《埃尔金和丘吉尔在殖民地部,1905—1908:帝国-共和国的分水岭》(伦敦,1968),500—501页;J. A. 斯彭德,《生活、新闻和政治》,(伦敦,1927),第三卷,163页;M. V. 布莱特主编,《怀康特·伊舍的日记和信件》,第二卷,344页。
③ R. 罗兹·詹姆斯,《丘吉尔:失败中学习,1900—1939》,26页;W. F. 蒙尼潘尼和G. E. 巴克尔,《本雅明·狄斯累利的一生,比肯斯菲尔德伯爵》(伦敦,1910—1920),第六卷,356页。

题",但是"很快就被自己的言辞所奴役",这意味着"他哄骗自己相信他的目光远大",实际上他的想法"局限于那个问题相当狭小的一个方面"。①这些批评出现在达达尼尔海峡战役的那一年,此战似乎是丘吉尔式进取心的典范:轻松而浮夸地提出建议,却未经充分彻底、有操作性的思考。第二次世界大战期间,就连哈洛尔德·尼科尔森这样的崇拜者都感到遗憾,首相永远无法"摆脱措辞的抑扬顿挫",他说得没错——"轴心国柔软的下腹部"是个令人难忘的妙语,然而事实证明,对于同盟国来说,突破意大利亚平宁山脉的阻挡远比这些简单轻松的字眼困难得多。②1953年7月,中风后正在康复的丘吉尔让医生大吃一惊,"他突然饱含感情、滔滔不绝地做了个乡下人反对城里人的演讲"。"是谁讲的?"莫兰勋爵询问。"是我,"丘吉尔回答,"都是我编的罢了。"即使在他身体很差的时候,在绝大多数凡人已经根本不能说话的时候,他的话语仍然来得太容易、太流畅、太雄辩、太猛烈。他清楚这一点,却忍不住要这么做,甚至从来没有表现出为之抱歉的意思。"在漫长的一生中,"走向生命尽头时他如是说,"有许多次我不得不食言,我发现那是份特别滋补的食物。"可惜,批评家们并不同意这种自我判断。③

更进一步的困难在于,他精心准备和高度抛光的演讲是文学性的、戏剧化的、夸张的、事先设计好的,丘吉尔自己也承认,它们并不适合议会讨论那种深入的、家常的、非正式的、对话的氛围。像克莱门特·艾德礼曾说过的那样,他的演讲"太堂皇,太浮夸,太刻意,不能成为理想的下议院发言"④。与伯克早

---

① R. 罗兹·詹姆斯,《丘吉尔:失败中学习,1900—1939》,第40页;布莱特,《怀康特·伊舍》,120页。
② 尼科尔森,《日记与信件,1939—1945》,21页;《演讲集》第六卷,6702页。
③ 莫兰,《为生存而斗争》,429、701页。
④ R. 罗兹·詹姆斯,《下议院介绍》(伦敦,1966),33、55页。

期的语言倾泻类似，丘吉尔的演讲是自己观点的动人阐述，在议会议事录里读起来也华丽高贵，对后人有着强烈的吸引力；可是它们却极少反映议会的气氛，对讨论本身的贡献往往微乎其微，有时甚至完全不合时宜。有好几次，这么做都招来议会不加掩饰的羞辱。当丘吉尔未能正确预见议院的倾向，而是执着于自己的文本时，他就只能坚持向前，走向不可逆转的灾难。在从政之初，巴尔弗（一位杰出的即兴演讲家）曾极力挖苦丘吉尔那"火力十足却不怎么灵活机动的大炮"，很久以后，安奈林·贝文（他也是同样地机动灵活）用相同的比喻抱怨说："他不得不给自己装上轮子去战斗，像一尊巨炮。"①

就连丘吉尔本人，也开始意识到这些局限了。在关于政府印度提案的冗长的讨论过程中，鉴于演讲那巨大的数量，他感到有必要强制自己暂时改变一下发言的风格。②提案还在委员会时，他就告诉妻子克莱曼婷，自己"一整天待在议会，一周两三天，一天演讲三到四次"，"我一直都是做五分钟、十分钟和十五分钟的短演讲，偶而有半小时的，全都不看笔记"。进入议院三十多年后，这么做对他来说还是全新的。"在六十岁上，"他在不久后总结道，"我正在改变讲话的方式……现在我跟议院讲话像毫无规划的闲聊。""公共演讲艺术，"他承认，"真是个谜呀！它完全存在于以三四个绝对可靠的论据为基础的判断之中，在于将这些论据尽可能以对话的方式呈现出来。"他总结说，"我曾执着地追求了四十年的文学效果显然毫无用处。"③然而，这样的明智和清醒来得太晚，他因这种新发现的对话式演讲方式而高兴，也认识到了这种方式的优点和吸引力，但他却很快恢复了那种习惯性的、一本正经的、事先精心设计的方式。

---

① 《钱多斯勋爵回忆录》，184页；R. 罗兹·詹姆斯，《丘吉尔：失败中学习，1900—1939》，279页。
② 迈泽尔，《数量决定词语》，282—283页。
③ 《丘吉尔》，第五卷，606、613页。

这种煞费苦心的准备还有其他政治上的缺点。正因为丘吉尔的语言经过精心准备和高度抛光，它们常常会严重冒犯听众，从而强化另一个广为流传的批评，即他特别好战，爱攻击人，几乎完全无视别人的感受。他原本也许豪爽大度、心胸宽广，但如果他没有任何建设性意见可说，就经常会转而去猛烈抨击，那攻击（用巴尔弗的话说）"准备充分而又异常猛烈"，令他的受害者极其难忘，难以原谅。①在从政早期，丘吉尔在一次浮夸而居高临下的演讲中鄙薄一位相当重要（尽管有争议）的人物——米尔纳勋爵，这位英国国教的宠儿，说他"已经不再是公共事务中的一个因素了"，而且（据爱德华·马什所说）"似乎在用这位失信政治家倒霉时的那些可怕日子来嘲弄他"。六年后，他又在下议院向查尔斯·贝雷斯福德勋爵发动了同样的攻击，所用语言他永远不会用在自己身上：

　　　　他就是人们所说的那种演讲者之一："在他们起身之前，不知道自己会说些什么；在他们演讲的时候，不知道自己在说些什么；当他们坐下的时候，不知道自己说了些什么。"②

　　就像他父亲那生动而刻薄的辱骂一样，这些话机智有趣，令人难忘，但与伦道夫勋爵不同的是，这些句子雕琢痕迹过重。

　　然而，丘吉尔却从未真正学会改进自己的演讲方式，直到他的政治生涯结束，巴尔弗的批评依然相当正确。在20世纪30年代早期，丘吉尔残忍地形容拉姆齐·麦克唐纳——他认识的唯一一位能够跌倒而不伤到自己的政治家——是"没骨头的奇迹"，不久后，他将甘地漫画为"一个煽动叛乱的中殿学院律师"，一

---

① 博纳姆·卡特，《我所认识的丘吉尔》，127页；莫兰，《为生存而斗争》，253页。
② 《演讲集》第一卷，598—599页；第二卷，2042页；海亚姆，《埃尔金和丘吉尔》，85页。

位"半裸的苦行僧"——这轻蔑、粗鄙、伤人的措辞在印度永远不会被原谅（或者被忘记）。①1945年，在他的首次大选广播演讲中，他用声名狼藉的"盖世太保"来嘲讽他的工党竞选对手——这样形容一个五年来怀着爱国热忱、无条件服从他的人，实在糟糕。四年后，在英镑贬值风波里，他向斯坦福德·克里普斯爵士发动了猛烈攻击。爵士是工党财政大臣，无可挑剔的正直人物，也是他在战时联合政府的前同事。对丘吉尔来说，这只不过是党派政治的一个小变化，可是对于克里普斯，这却是对他的人格完全莫须有的诽谤。他拒绝接受经丘吉尔之手授予的布里斯托尔大学名誉学位，直到生命尽头才原谅他。这充分证明了艾德礼的看法，"丘吉尔先生是语言伟大的主人，可是当语言的主人变成语言的奴隶时，就是一件非常可怕的事情"，因为"这些言辞背后一无所有，它们只是词语的滥用"。②

丘吉尔的许多演讲，特别是在1914年自由主义的明灯熄灭之后，也是难以置信地悲观、启示录般地阴郁。他用骇人听闻而又生动的措辞，描绘了英国及英帝国生存所面临的一连串威胁：布尔什维克，工会，印度民族主义者，纳粹，战后工党政府，还有原子弹。其中每一个对他来说都无比可怕，具有致命般的危险，他用特别相似的语言描述它们。"我们正在，"他在1931年怒吼，当时正是印度危机，但德国也是同样的危险，"悠闲地缓慢移动，向着一个不切实际的结论颠簸前进，有条不紊地爬向深渊（这是丘吉尔特别钟爱的名词）。"③但他这么说并不公正，正如列奥·埃默里所说，许多这类演讲都是"完全彻底的消极，

---

① 《演讲集》，第五卷，4966、4985页；巴特勒勋爵，《可能性的艺术》（伦敦，1971），102—103页。

② 《演讲集》，第六卷，7172、7851页；R. 詹金斯，《九个拥有权力的男人》（伦敦，1974），40页。

③ 《演讲集》，第五卷，5067页；爱迪生，"温斯顿·丘吉尔的政治信念"，46—47页；R. 詹姆斯，《失败中学习》，214页；海亚姆，《1914年之前的丘吉尔》，172页。

没有任何建设性想法"。而且，许多这类威胁都经过了最大限度的夸张，是想象的最坏结果。通过使用如此相似的措辞来描绘那么复杂、有时还那么令人难以置信的威胁，通过太过频繁地谎报军情，丘吉尔有效地降低了自己演讲的警示价值。难怪议会没有注意他对德国重整军备的警告。这警告他以前发过多次，已经变得令人厌烦了。凭什么这次他就是对的呢？"他喜欢磨刀霍霍"，一位议员在评价丘吉尔的慕尼黑演讲效果时说，"而且做得非常成功，可你总是没法不对他半信半疑。"①

丘吉尔的许多演讲过分戏剧性，过于绝望，同时还过分好高骛远，虽然意图真诚，听上去却常常显得虚伪、浮夸、言过其实、装腔作势。在两次大战之间的无聊年月，在1945—1951年间的社会主义年代，李顿·斯特雷奇和乔治·奥威尔开创了克制简洁的新风格后，他的演讲就更加显得过于华丽、过于生动、过于华而不实了。那些曾经是"庄重风格"的一切，现在似乎成了"闪亮的金箔和中空的纸板"。一个女人听了丘吉尔在公共集会的怒吼之后，认为他是个"荒谬可笑的小家伙"，他"那双臂交叉、额发簇生的样子，和他那莱塞姆剧院腔，都令人讨厌，他活像个可笑的喜剧演员"。②随着无线电开始取代公共集会，他变得越来越与现实脱节，越来越过时：作为广播者，他缺少那种适合媒体和时代的低调的对话风格，他依然对自己演讲的声音更感兴趣，而不关注它们给读者带来的影响。鲍德温和艾德礼这样的政治家，脚踏实地，实事求是，更敏锐地感应着整个民族的情绪，鄙视华丽的辞藻，不信任雄辩家。他们常常在国家和议会都占据

---

① R. 詹姆斯，《失败中学习》，212—214、321—322页；巴特勒，《可能性的艺术》，40页；V. 考尔斯，《温斯顿·丘吉尔：时代与人》（伦敦，1953），308—309页。
② 伯林，《丘吉尔在1940年》，9页；R. 詹姆斯，《失败中学习》，153页。

上风，①也就丝毫不足为奇了。

丘吉尔演讲中的根本瑕疵在于，其缺点与优点不可分割，都达到了相同的奥林匹克水准。他的演讲经过了一丝不苟的准备，但这也意味着它们笨重而缺少弹性。它们常常用堂皇的语言披上高尚情操的外衣，但它们也会听上去空洞无物，有时还带来持久的伤害。它们在文字游戏上有无尽的创造，却不过证实了那个广为流传的观点：丘吉尔这个人，有着不健全的判断力和不分青红皂白的热情。"能够用人类和天使的舌头讲话……"阿斯奎斯曾这样评价他，"如果这个人没有激发听众的信任，演讲就没有任何好处。"②凭着它们的华丽、优雅和激烈情绪，这些演讲可以轻易胁迫听众变得冷漠或麻木，就像它们也能轻易说服听众去钦佩或默许一样。不过，它们最大的弱点还在于，它们是一个固执己见的自我主义者的演讲，此人对任何人的意见都毫无兴趣。"他侵占了议会里的一席，"乔治·兰斯布里抱怨道，"就好像他有权力随随便便走进去，做个演讲，再随随便便走出去离开这个地方，仿佛万能的上帝刚刚讲过话……除了自己的演讲，他从来不听任何人的。"如果丘吉尔不准备倾听别人的声音，许多时候别人也不打算听他的演讲，又有什么可奇怪的呢？③

三

正如丘吉尔的职业生涯所呈现的那样，其演讲的力量和弱点之间平衡的转换非常显著，虽然演讲本身的词汇、结构和方法极少变化。在他从政早年，从

---

① 莫兰，《为生存而斗争》，780页。丘吉尔的广播经验在1939年之前相当有限：迈泽尔，《数量决定话语》，286—288页。

② R. 詹金斯，《阿斯奎斯》（伦敦，1964），339—340页。

③ R. 詹姆斯，《失败中学习》，310、322页。

1900年参选议员到1915年因达达尼尔海峡战役余波而辞职,丘吉尔就在学习作为演说家的技艺,试图控制下议院。考虑到他在身体、教育和声音方面的不足,他会犯下错误和遭受挫折便是不可避免的了。有一次,在1904年4月谈到交易纠纷法案时,他中途卡壳了,完全找不到发言的线索。从那以后,像他对莫兰勋爵承认的那样,"他比任何时候都要惧怕起立发言"。①他最早的演讲在表达上常常是粗鲁的,他对自己所属的保守党前座议员的攻击也极度(而且令人难以置信地)猛烈。"待在办公室里,"丘吉尔评价他们,"好几周又好几个月,没有什么原则是政府不打算背叛的,也没有什么灰尘和污垢是他们不打算吃掉的。"类似尝试既不恰当又很牵强,招来了巴尔弗令人难忘的反唇相讥:"如果这些攻击是有备而来,它们应该准备得更充分才是;如果攻击如此猛烈,当然应该有更多真情实感才是。"②

丘吉尔找不到从反对党到执政党、从保守派到自由主义者过渡的方式。因为这需要一种非常不一样的讲话方式,他得花时间去掌握。他作为副部长的首次重要演讲,包含着让迈尔纳长久怀恨在心的攻击,不幸地与议会的主张完全不搭调。文特顿爵士因其"完全失败"而不予理会。约瑟夫·张伯伦也高兴地看到,这位托利党的变节者像个自由主义部长那样胡乱说话。"温斯顿·丘吉尔,"他在1906年4月评论道,"自从进入机关,作为演讲者表现得特别糟糕。"③作为阿斯奎斯内阁阁员向上议院最后摊牌时,丘吉尔对上议院的攻击内容粗糙、表达粗俗,把上议院描绘成"满是蹒跚的老贵族,可爱的金融巨头,聪明的幕后牵线者,长着突出鼻子的大阴谋家"。年轻的温斯顿常常像个演讲的学生,或是他从

---

① 《演讲集》第一卷,276页;莫兰,《为生存而斗争》,124页。
② R.詹姆斯,《失败中学习》,21、29页;博纳姆·卡特,《我所认识的丘吉尔》,127页。
③ 《演讲集》,第一卷,274—246、594—601页;R.詹姆斯,《失败中学习》,30—31页;J. L.加尔文与J.埃默里,《约瑟夫·张伯伦的一生》(伦敦,1932—1969),第五卷,876页。

未做过的学生会辩手,试穿着成人的雄辩外衣,却发现它们太大了。的确,他早年演讲的一些措辞是那么冗长,那么矛盾,又那么多音节,几乎因其不加节制的奢华用词而显得滑稽可笑,有时候甚至让人无法理解他真正想要表达的意思(如果有的话)。比如,1908年他在议院里谈到伦敦码头,说"它已经堪称废弃过时了,可能不得不允许自己废弃成废弃的东西",这不过是纯粹的修辞废话。①

然而,丘吉尔对优美措辞的顽强坚持、不知疲倦的追求和不容置疑的天分很快给他带来了真正且重要的回报。作为托利党的一名普通议员,他一直引人注目,早期一些攻击也戳到了前座议员的痛处,如他评价巴尔弗:"他那首相的尊严,就像一位淑女的美德,不会因部分减少而受影响。"②作为殖民地副长官,他很快就从前途无望中恢复过来,发表准予德兰士瓦自治的演讲,演讲非常出色,不仅因为它在细节上的精准,还因为其观点的广博与宽容。下文是1906年7月31日演讲的结束语,这次演讲以其高贵的语言和高尚的情操预示了他日后将要达到的修辞高度:

> 我们准备以自由党的名义做出这一决定。我们对此有充分权力,但是我们还衷心渴望得到更高一级的权力。我没有提出申请,但我要特别向坐在对面、长久以来精通公共事务,一生都不能从对南非的沉重责任中逃开的绅士们指出一点。他们是这个党公认的向导,虽然在议会里属于少数,却依然代表着将近半个国家。我要严肃地请教他们,在他们致力于激烈而轻率地斥责这一伟大安排之前,是否丝毫不会迟疑停顿。我还要进一步地请教他们,是否能和我们一起以国家批准的方式对德兰士瓦的自治给予认可。以我们党所

---

① R. 詹姆斯,《失败中学习》,29页;《演讲集》第一卷,562页;海亚姆,《1914年前的丘吉尔》,172页。

② R. 詹姆斯,《失败中学习》,21页。

占的大多数席位，我们只能使这一决定成为一个党派的礼物，而他们，能够使它成为英格兰的礼物。①

如最后一句暗示的那样，丘吉尔正在迅速成长，随着他很快被提拔到自由党的部长级梯队中，他的演讲天分开花结果了。还是殖民地副长官时，他就杜撰了"术语的不精确"这一短语，作为撒谎的委婉语，这个短语机智、有趣、令人难忘，而且比"隐瞒部分事实"要高明得多。在贸易工业部工作及担任内政大臣时，他掌握了许多重要的演讲手段，带着他成熟风格的全部印记：精心的结构，大量的细节，强有力的论证，引人注目的短语，响亮的结尾。他在1914年作为海军部大臣介绍海军预算，这次演讲被普遍认为是阐述明晰而有力的杰作。②在持续两个多小时的演讲中，劳埃德·乔治注意到，"议院的掌声"已经应和着"他的呼吸了"。与此同时，丘吉尔赢得了作为阳台演说家的巨大声誉，特别是在"人民预算"矛盾重重和上议院宪法危机时期。他对贵族的攻击很快变得更加流畅优美了，比如他拒绝接受他们的贵族权威议席，因为其"片面、世袭、不纯净、不具代表性、不负责任和缺席"。在一个特别引人注意的演讲中，他给予柯曾勋爵令人难忘的还击，柯曾声称"所有文明都是贵族的工作成果"，"供养贵族，"丘吉尔反驳道，"曾是所有文明的艰难工作。"③

丘吉尔职业生涯的第二阶段从他1917年重返内阁延续到1939年战争爆发。作为劳埃德·乔治联合政府的领导成员，丘吉尔做了多次精彩演讲，其中有1920年介绍军队预算及两年后支持爱尔兰自由邦法案的演讲，都是长而详尽，洋洋洒洒，除了最苛刻的批评家之外，所有听众都觉得其高雅而饱含说服力。从

---

① 《演讲集》第一卷，662页。
② 《演讲集》第一卷，562页，第三卷，2233—2262页。
③ 《演讲集》第二卷，1424页；R.詹姆斯，《失败中学习》，27页。

1924年到1929年，作为财政大臣，他为制造难忘短语开创了充分的空间。"我宁愿，"他在某个场合说，"看到财政少点骄傲而工业多点满意。"他后来认为，回归黄金本位的目的，就是"英镑能够直视美元的脸"。①尤其是他的预算演讲，因其极佳的表现及十足的隆重感得到广泛称赞，还因其在长度和细节的掌握上近乎格莱斯顿而得到表扬。他在1927年的演讲被劳埃德·乔治描绘成提供了"超过两个半小时的绝妙消遣"。"没有一个人，"哈罗德·麦克米伦后来回忆，"能够抑制对他的机智、幽默、独创性和修辞技巧的钦佩。"这的确是听众普遍持有的看法。正如德·阿勃农勋爵1930年所说，"作为一个演讲者和辩论者，丘吉尔位居前列；作为一个词语创造者，他在同时代人中无与伦比"。②

不过，在他政治生涯的所有阶段中，丘吉尔的演讲成就在20世纪20年代表现出不太积极的一面。部分原因在于啤酒花进口税、道路基金拨款和税率改革这些事情本身太过复杂和深奥，不是他那种堂皇修辞的理想话题。还因为在那个大众选民、青春为王的时代，人们有种日渐明显的感觉，就是他那矫饰的、维多利亚式的风格正在变得过时，越来越像（如J.H.普拉姆曾指出的那样）"第五大道上的圣帕特里克大教堂"。③还因为，在第一次世界大战后的动荡之中，当他年轻时为人熟悉的标志已遭破坏和倾覆时，丘吉尔开始形成一种耸人听闻的、悲观沮丧的风格——往好处讲是夸大其词，往坏处讲就是偏执狂。

在诸如汤尼潘帝暴动、安特卫普事件、达达尼尔海峡战役、恰纳莱卡危机和大罢工这类错误不断累积的背景下，夸张修辞基本上不能激发听众的信心了。就

---

① 《演讲集》第三卷，3040—3058页，3242—3255页；R. 詹姆斯，《失败中学习》，159页；P. F. 克拉克，《丘吉尔的经济思想：1900—1930》，选自《丘吉尔》，89页。

② 迈泽尔，《数字决定词语》，291页；《丘吉尔》第五卷，116页；H. 麦克米伦，《变幻之风，1914—1939》（伦敦，1966），176页。

③ H. C. G. 马修，《修辞学与政治学在大不列颠，1860—1950》，选自P. J. 沃勒主编，《政治与社会变迁：A. F. 汤普森文集》，34—58页。

像内维尔·张伯伦在1925年所说,丘吉尔的演讲"精彩非凡,人们蜂拥而至去聆听……他们说,这是伦敦最好的演出"。但他又说,"照我的判断,他们把演讲当成一场演出,却不准备信任他的人格,更不用说他的判断了"。①

与这一令人沮丧的背景相反,丘吉尔发动了20世纪30年代的两次大规模反对运动,让他清楚了自己作为一个演讲者最差及最好的状态。从1929年到1935年,他进行了萨姆·霍尔后来称为"温斯顿七年战争"的反对政府印度法案的系列演讲。那是不懈坚持与机智辩才的展示,可是几乎没有谁会消耗这么多努力在一个完全错判的目标上。措施的目的是促进印度适度的发展,但对丘吉尔来说,它却是"令人厌恶的自残行为",丘吉尔因其"是包裹着乱七八糟怪念头的巨大被子,是俾格米人建造的巨大耻辱柱"②而拒绝考虑。他的许多语言甚至比他攻击布尔什维克的更具启示录色彩。下文是1931年1月的一个例子:

> 斗争将会继续,而且只会恶化,它会在不列颠法律被抢走所有证据和一半机关的条件下继续进行。它会向着一个目标稳步前进,那些正在操纵这一政策向前的人,既有本国的,也有印度的,将不再犹豫去公开承认,这个目标就是,大不列颠与印度彻底断绝除传统之外的一切联系。而印度对这一传统是敌对的,印度的情绪充满敌意。先生们,我要说,如此放纵、如此鲁莽、如此轻率而且在如此短暂的时间内开放政策,前景实在可怕啊!

丘吉尔以为,下议院会因如此夸张的情绪渲泄而高兴,但是斯坦利·鲍德温表达了普遍看法,他认为这些死硬的观点本质上来自埋伏在埃德蒙·伯克语言下

---

① R.詹姆斯,《失败中学习》,121页;《丘吉尔》第五卷,180—181页。
② 巴特勒,《可能性的艺术》,40页;R.詹姆斯,《失败中学习》,200、212页。

的乔治三世。①

从很大程度上,正因为丘吉尔通过这一凶猛却无效的运动(那鲁莽与轻率主要来自于他)激起了听众的敌意,他那些对抗纳粹威胁的演讲,虽论证严密、证据充分,却没能在20世纪30年代后半段吸引到应有的注意。作为一场长久的一个人的十字军东征,作为议会勇气的展示,这些演讲也许可以用他自己在1897年写的一段话来形容——"被自己的党抛弃,被朋友出卖,被剥夺了职位,任何能够操纵这种力量的人依然令人敬畏"。②下文是他反对《慕尼黑协定》演讲的结束语:

> 我不会抱怨我们高贵、勇敢的人民,他们无论付出什么代价都时刻准备着履行使命,他们在上周那种压力下从未退缩——我并不怨恨他们在得知无须再经受严酷考验那一刻,自然爆发的快乐和轻松。但是,他们应当知道真相。他们应当知道,我们的防御存在严重疏忽和缺陷;他们应当知道,我们承受着没有战争的失败,其后果在今后的道路上将一直伴随着我们;他们应当知道,当整个欧洲的均衡被打乱时,我们已经走过了历史上一座可怕的里程碑;反对西方民主国家的恐怖言论一时间被大肆宣扬。不要以为这就是结束。这不过是清算的开始。这只是第一口小啜,对苦酒的初次品尝,痛苦的命运将年复一年地呈现在我们面前,除非我们通过最大限度恢复道德健康和战争活力,除非我们重新崛起,并像旧时代那样捍卫自由。

然而,尽管论据非常充分,修辞十分华丽,这样的演讲却常常面对着半空的

---

① 《丘吉尔》第五卷,613页,《演讲集》第五卷,4955页。
② 《丘吉尔手册》第一卷,第二部分,816页。

会议室。"有五年时间,"丘吉尔在1938年痛心地说,"我一直在对议院讲这些事情——却没有多大的成效。"①

他是多么正确啊!1933年,赫伯特·塞缪尔在下议院指出,丘吉尔做了"许多各种主题的精彩演讲,但那并非我们必须接受他政治判断的理由。相反,"他接着说,"他演讲的精彩只会使他判断上的错误更显眼……我倾向于说,"他总结道,"他与巴杰特写到的另一位非常杰出的议员(狄斯累利)一样:他的谷糠特别棒,可他的麦子却是蹩脚货色。"②斯坦利·鲍德温本人就是位异常杰出的雄辩家,但表现出一种更为低调的化艺术于无形的风格,他也持同样的看法。"总有一天",他在1936年对汤姆·琼斯说,使用了阿斯奎斯曾用过的那种非常怀旧的上世纪的语言,"我要就温斯顿做些随意的评论。不是演讲——没有雄辩术——只是一些顺便想到的话。我已经准备好了,我要说的是,当温斯顿出生时,好多仙女带着礼物冲向他的摇篮——想象力,口才,勤勉,能力。然后来了一位仙女说:'没有一个人有权拥有这么多礼物。'她把他提起来又摇又拧,礼物中的判断力和智慧就这样消失了。这就是为什么,我们很高兴听他在议会里演讲,却不接受他的建议。"

或者,如R. A. 巴特勒所言,"温斯顿被自己的想象力迷住了,他爱听自己的演讲,他知道别人也爱听,他被自己的话深深打动了,可别人却没有"③。

---

① 《演讲集》,第六卷,6013页;R. 詹姆斯,《失败中学习》,278页;《丘吉尔》第五卷,926页。
② R. 詹姆斯,《失败中学习》,124页;英国议会议事录,《下议院》1933年3月27日。
③ 巴特勒,《可能性的艺术》,48—49页;R. 詹姆斯,《失败中学习》,265页;T. 琼斯,《日记与信件,1931—1950》(牛津,1954),204页。

四

然而，在1939年和1945年之间，议会、国家和整个世界都变得专注了许多。在"假战争"期间，丘吉尔做了一系列充满力量、斗志昂扬的演讲，据这位英国海军大臣后来的追溯，这些演讲使人对其坚定信心和强大能力形成了可靠的（有时候是误导）印象。但是，只有当他在1940年5月险恶的环境中成为自己盼望已久的首相时，他的演讲才终于彻底地点燃了熊熊烈火。这不仅仅是个人的内心幻想：它确实是厄运的时刻，世界末日的霹雳，他曾如此频繁（也常常是如此徒劳地）预言过的无底深渊。演讲的主题重大而单纯，恰当地彰显了丘吉尔式的风格：胜利或失败、生存或毁灭、自由或专制、文明或野蛮。对于这样一场史无前例的民族危机——的确很可怕但也很英勇——丘吉尔那夸张的修辞，曾那样不得其所，不得其时，却在这一次完美地合上了拍。时代的戏剧性突然开始与他语调的戏剧性完全相同了。1940年，丘吉尔终于成了他一直梦想成为的英雄，他的话终于产生了他一直想要的历史性影响。"这就是，"莫兰勋爵回忆说，"他最喜欢的部分，当他被赋予这个角色时……他向世人表明自己的台词一字不错。"① 这一刻，他真正地同时也胜利地成为了自己的萨伏罗拉。

在他首相生涯的早期，丘吉尔的演讲成功地为三个不同的目标服务。首先，他定期向议会报告战争进程——联合政府的形成，法国的陷落，不列颠战役，等等。他的许多最著名的演讲，其实就是议会新闻公告，结尾另外加上了一个振奋人心的段落，他一直压抑的情感给他的语言插上了翅膀。比如他在1940年6月4日敦刻尔克大撤退之后所做演讲的结束语：

---

① 莫兰，《为生存斗争》，782页；A. 斯托尔，《那个人》，选自A. J. P. 泰勒主编，《丘吉尔：四张面孔和这个人》（哈蒙兹沃思，1969），245页。

尽管欧洲的大片土地和许多著名的古老国家都已陷落，或者可能落入盖世太保和可憎的纳粹机构之手，我们仍然不会投降，不会失败。我们将坚持到最后，我们将在法兰西战斗，我们将在大海和大洋上战斗，我们将怀着日渐增强的信心和力量战斗，我们将保卫自己的岛屿，不管付出什么样的代价；我们将在海边战斗，我们将在田野和街道战斗，我们将在山冈战斗，我们将绝不屈服。即使这个岛或者它的一大部分都被征服，忍饥挨饿——对此我一刻都没有相信过，我们跨越大洋的帝国，由英国海军武装和保卫的帝国，将依然继续战斗，直到上帝认为时机已到，新世界挺身而出，以其全部力量和可能营救并解放这个旧世界。①

这些演讲的第二个目标，是打消民众疑虑，将英国人民团结为一个整体。我们根本不知道到底是丘吉尔鼓舞了他们——就连他本人都一直否认——还是他只不过将人人心中有但口中无的情绪表达了出来。无论哪种方式，他那常常是自我独白的演讲，平生第一次（也只有一次？）变成了与整个国家的对话。"从1940年以来，"莫兰勋爵提到，"我们并未因首相远离民众而认为他有缺陷，他的国人渐渐开始感觉到，他所说的正是他们自己想要表达的，可他们不知道怎么说。"②但是丘吉尔却知道怎么说。从来没有比其效果更生动的演讲了，起初是1940年6月18日在议院呈现，后来是广播：

魏刚将军所谓的法兰西战役结束了。我期望不列颠战役即将开始。基督

---

① 莫兰，《为生存斗争》，782页；《演讲集》，第六卷，6231页。
② 莫兰，《为生存斗争》，13页。

教文明的生存有赖于这次战役。我们英国人自己的生命,我们的制度和帝国的长久延续也有赖于它。敌人的狂暴和威力一定会很快转向我们。希特勒知道,他将不得不在这个岛上打垮我们,要不然就得输掉战争。如果我们能顽强地抵抗他,整个欧洲就将自由,整个世界的命运就会走向广阔而阳光灿烂的高地。但是假如我们失败了,那么整个世界,包括美国在内,都会坠入一个黑暗的新时代的深渊,在那堕落的科学之光下,这个时代会更险恶,也许还会更持久。因此,让我们振作精神,承担责任,假如大英帝国及其联邦能持续一千年,那时的人们会说,"这是他们最光荣的时刻"。①

这些演讲的第三个目标是让全世界,尤其是美国确信——英国处境的困难,以及英国决心的坚定。正如前面两个例子所表明的,只要有可能,丘吉尔不会放过任何一个谈及美国、吸引美国注意的机会。这里还有一个例子,其言语完美证实了上述判断。他在1940年8月20号对不列颠空战飞行员演讲的结束语,描述了破坏者们达成一致的可能性,也用了一个令人难忘的比喻热烈赞扬日益加强的英美合作前景:

> 这些都是重要的步骤。毫无疑问,这个过程意味着英语民主世界的两大组织——大英帝国和美国,势必将为了相互和共同的利益在某些事务上融为一体。就我而言,展望未来,我对这一过程没有丝毫疑虑。如果可以,我不会让它停止。没有一个人能让它停止。它就像密西西比河一样,将一直滚滚向前。就让它带着滔滔巨浪,不屈不挠,不可抗拒,宽厚仁慈地向着更广阔

---

① 《演讲集》,第六卷,6238页。

的陆地和更美好的日子，滚滚向前吧。①

在英国处于防御阶段的时候，当入侵似乎随时都会发生的时候，当胜利实际上不可想象的时候，这些演讲本身就是可用的最好（有时候是唯一的）的武器。它们表达了首相并不总能感觉到的一种信心，其中的许多句子被无数次循环使用，哈里法克斯勋爵这样的批评家认为它们庸俗而又做作。②但在1940年5月和10月之间，丘吉尔的演讲走向了不朽之路。很快，这些堂皇而挑衅的言辞就伴随着同样挑衅的行动，取得了一直保持到今天的标志性地位和历史意义。它们得到公众的普遍认可，他的朋友和崇拜者们则非常欣喜，因为丘吉尔了不起的天赋终于可以和了不起的大事件相配了。哈罗德·尼科尔森认为"我们将在海滩上作战"是"我曾听过的最壮丽的演讲"。维奥莱特·博纳姆·卡特对丘吉尔的"给你的老对手来几下"以及"经典，三角帽"推崇备至。阿兰·拉塞尔斯爵士认为，首相是健在的演说家中唯一一位让人觉得听他演讲肯定像听伯克或查塔姆一样的演说家。不过，最好的赞扬来自美国记者爱德华·R. 默罗，他正确地认识到，丘吉尔在1940年"将英语动员起来，并使其投入了战斗"。③

显而易见，在他自己也承认的"一场漫长艰苦的战争"的全过程中，保持这种高强度的感情兴奋和修辞密度是不可能的。随着冲突的拖延不决，国内出现了不满的迹象，在远东的一连串失败更导致对丘吉尔领导权的批评，用安奈林·贝

---

① 《演讲集》，第六卷，6268页。

② D. J. 雷诺，《丘吉尔与1940年英国的战斗"决心"：正确的政策，错误的理由》，选自R. T. B. 兰霍恩主编，《第二次世界大战期间的外交和智慧》（剑桥，1985），147—167页；D. J. 雷诺，《丘吉尔在1940年：最耻辱和最光荣的时刻》，选自布莱克和路易斯，《丘吉尔》，241—255页。

③ 尼科尔森，《日记和信件，1939—1945》，93页；《丘吉尔》第六卷，742页注释1；J. 科尔维尔，《权力的边缘》。

文的话说,"一系列的演讲成功伴随着一连串的军事灾难"。①投降或者生存这种简单的问题很快被军事合作和战后重建这类更加棘手和不那么英雄的问题代替。对丘吉尔来说,将复杂的军事和政治问题简单化、戏剧化,不再那么容易了。在战时管理基本的保密要求和保持议会充分知情权的需要之间保持平衡,也是十分困难的。他越来越多地被迫为自己并不赞同但无力影响或改变的盟军政策辩护。在这种境况下,我们并不惊讶地看到,就连丘吉尔都在1941年11月感慨地评论道:"没有一个通情达理的人在战时演讲是因为他愿意,他演讲是因为他必须那么做。"②

就像这些话所表明的,绝大多数使这场浩大的全球战争运转起来的实质性工作,都是通过委员会、多方联系和会议协商完成的。③但是,只要丘吉尔在英国执政,还是会有许多令人难忘的演讲时刻。有面对全世界的广播:"给我们工具,我们将完成这工作。"还有对美国国会联席会议的演讲:"他们(敌国)认为我们是哪种人?他们是不是不知道,我们将绝不停止坚持不懈的对抗,直到他们得到让他们和全世界永远难忘的教训?"还有被轻松击退的不信任:"我不会道歉,我不做解释,我不做承诺。"④有献给劳埃德·乔治的颂词:"作为一个行动力强、足智多谋的人,他在人生的顶峰时刻独立于世,无人能敌。"有献给罗斯福总统的礼赞:"最伟大的自由战士,将帮助与安慰从新世界带给旧世界。"还有在德国投降时,这次庄严有度的胜利广播:

> 过去这五年的开头,我告诉你们将面对的艰难,你们没有退缩,如果我

---

① 《演讲集》第六卷,6536页;坎普贝尔,《贝文》,113页。
② 《演讲集》第六卷,6506页。
③ 莫兰,《为生存斗争》,292页。
④ 《演讲集》第六卷,6350、6540、6578、6695页。

还对此无动于衷,我就配不上你们的信任和慷慨。勇敢向前,坚定不移,绝不退缩,不屈不挠,直到完成全部任务,直到整个世界安宁而又洁净。①

五

然而,一旦胜利实现了,丘吉尔战时演讲的那令人着迷的魅力就突然支离破碎了。即使对于像维塔萨·克维尔-韦斯特这样的崇拜者,他在1945年大选期间所做的党派政治广播也显得"混乱、模糊、不具建设性,而且啰唆得让人无法从中得出任何具体的印象"。作为一个党派领导人而非国家英雄,被迫专注于国内政策而非全球治理之道,他再一次求助于辱骂和模糊:"前进再前进!把这些社会主义梦想家留给他们的乌托邦或者噩梦吧。让我们甘心承担起这沉重的、迫在眉睫的工作。"②此后,作为反对党领导人,他几乎无法抵挡对政府进行野蛮党派攻击的诱惑。"我要扯出他们血淋淋的内脏来",他在1946年6月告诉莫兰勋爵。结果就是一连串猛烈的攻击,以他熟练的启示录模式预见到工业国有化、印度独立和英镑贬值的骇人结局。比如20世纪20年代和30年代他在议会所做的演讲,它们总是能为听众提供极好的并且往往是欢乐的消遣。但它们并不总是令人信服的,而且,简洁的艾德礼和更华丽的安奈林·贝文都经常设法以各自相反的方式超越他。③

然而,丘吉尔最好的演讲仍然是议会的盛大仪式,他依然能上升到无与伦比的情感和表达高度,例如,他在1945年8月作为反对党前座议员所做的最终战争总结:

---

① 《演讲集》第七卷,7138、7141、7163页。
② 尼科尔森,《日记和信件,1939—1945》,472—474页;莫兰,《为生存斗争》,253、783页;《演讲集》第七卷,7174页。
③ 莫兰,《为生存斗争》,313页;坎普贝尔,《贝文》,208—209页;《演讲集》第七卷,7438—7448、7541—7554、7717—7730、7731—7742、7844—7857页。

我对这届议会寄予厚望，我将竭尽全力使它的工作硕果累累。它将抚慰战争创伤，还将很好地利用我们在这场风暴中得到的新理念和新力量。我不会低估摆在我们面前任务的艰巨和复杂，对此我知道得太多，不会怀抱无谓的幻想，但是我们赢得胜利的次日是一个光辉的时刻，无论是在我们渺小的生命中，还是在伟大的历史中。它不仅是个欢庆的时刻，更是矛盾解决的时刻。当我们回顾曾经历过的所有险境，回顾我们曾击败的强大敌人，我们曾挫败过的所有黑暗致命的计划时，我们又怎么会害怕未来呢？我们已经安全地走出了最坏的境况。①

不过有一点很重要，丘吉尔在战后岁月中最大的演讲成功，得自于议会之外，不列颠之外。在富尔顿（"一道铁幕已经降下，跨越整个大陆"），在苏黎世（"我们必须建立一种欧洲的联合国"），这些话出自一个普通公民，此人最近被选区取消了所有管理国家事务的权力。这些话是大众熟悉的丘吉尔式阴郁和高涨的混合。然而，演讲者的道德高度、演讲现场的掌声和演讲的时间及内容都表明，这些演讲带来了强烈的效果，不仅是在西方世界，在苏联也是如此。②

1951年10月，保守党勉强赢得大选，丘吉尔带着他的词语和句子最后一次重掌大权。他的心情当然与十四年前非常不同，他的演讲也必定不那么鼓舞人心，而是更加平和了。"1940年吸引人的魔法，"乔克·科尔维尔后来说，"在1955年就成了耸人听闻。"另外，丘吉尔本人当时实际上已经成了非常虚弱的提坦，写作演讲稿对他来说更是成为一种负担，他有时会使用别人为他准备

---

① 《演讲集》第七卷，7219页。
② 《演讲集》第七卷，7285—7293，7379—7382页。

的讲稿。言语的流动不再像从前那样流畅堂皇，他向莫兰勋爵承认，即将开始的演讲现在"就像……秃鹫"一样盘旋在他心头。①1953年初夏，中风使丘吉尔暂时失去了行动能力。5月到10月间，他没有做公开演讲，在他的整个政治生涯中，这是最长的官方沉默期。从那以后，他的力量迅速而显而易见地衰退下去，耳聋，越来越走不稳，他的话常常模糊不清，吐字含糊，他有时掌握不住自己的脚本，要么就是并未对自己的话题表现出多大兴趣。"现如今，"莫兰勋爵在1954年带着经常令他的日记与众不同的病态趣味指出，"人们不问演讲是否成功，只问'他还好吗？'事情已经到了这种程度，只要能够完成演讲就是本质上的成功。"②

丘吉尔的演讲生涯就这样几乎形成了一个循环，因为年轻时的恐惧和焦虑，他曾经那么辛苦努力想要减轻并且那么成功地消除掉的情绪，在他演讲生涯的后期又卷土重来，困扰着他。他的一部分想要在工作中、在办公室死去，像查塔姆一样在演讲当中突然倒在议院的地板上；可是他的另一部分，更不用说他的家人和朋友了，害怕如此当众崩溃带来的尴尬和屈辱。其实呢，那几年已经有好几次非常紧急的时刻。1954年4月，丘吉尔所做的议会演讲特别偏激，特别欠思考却又特别固执，以至他真的被议员们喊叫着赶下了台。"所有的表达都从他的声音里消失了，"莫兰勋爵评论说，"他的声音颤抖着，那是一位极老的人所做的高声演讲。"③这一年的10月，他在黑潭的保守党会议上演讲，可那却分明是一场黯淡无光的演出：文本表达很不充分，他的态度踌躇而迟疑，讲话也结结巴巴，

---

① 科尔维尔，选自惠勒-班内特，《今天行动》，72页；科尔维尔，《权力的边缘》，367、553、695页；莫兰，《为生存斗争》，364—368页。

② 莫兰，《为生存斗争》，571、608页；E. 沙克伯勒，《降落苏伊士：日记，1951—1956》（伦敦，1986），157页。

③ 《演讲集》第八卷，8551—8558页；莫兰，《为生存斗争》，459、474、534—538、571、609、644页；E. 沙克伯勒，《降落苏伊士》，158—160页。

犹犹豫豫。一个月后，在对伍德福德选民的一次演讲中，丘吉尔口无遮拦地评论他在战时发给蒙哥马利将军的一封电报的内容，引起了普遍的尴尬。①

正如罗伊·詹金斯曾正确指出的那样，丘吉尔最后一个首相任期内的大部分时间都用在说服人上面了——他自己，他的家庭，他的朋友，议会，英国公众和其他世界领导人——他依然能胜任这项工作。这就是他为什么要继续演讲的原因，而且如果有合适的医学兴奋剂，他有时依然能够以无与伦比的雄辩制造伟大场面。1952年1月，他在美国国会所做的演讲，就强有力地（但愿不是徒劳）重申了英国在世界上的独立作用。那年晚些时候，他为国王乔治六世所做的广播颂词，让听众的心前所未有地感动："在晴朗开心的一天里，在运动之后，在对最爱他的人说'晚安'之后，他像每个努力敬畏上帝别无奢望的男人女人一样，坠入了梦乡。"②他在中风后的第一次演讲，是1953年10月在马尔盖特面对保守党，那是对可怕障碍的一次胜利超越。"我以前从来没有，"丘吉尔用他熟悉的语言模式告诉莫兰勋爵，"这么依赖该死的一次演讲。"随后的一个月，他的议院演讲对议会讨论的贡献得到广泛赞美："一个奥林匹克式的奇观，"据亨利·夏农说，"十八年来在这座光荣的议院里，我从未听到过任何像它一样的演讲。"他最后一次杰出的议会演讲，讨论核战争威胁和氢弹影响，注定是"他的伟大讲话之一，是议会将长久铭记的篇章"。③

"如果你不再做其他演讲的话，"他的女婿克里斯托弗·索姆斯在演讲结

---

① 莫兰，《为生存斗争》，601—604、609—611、622—623页；《演讲集》，第八卷，8593—8601，8604—8605页。

② R. 詹金斯，《丘吉尔：1951—1955年的政府》，选自布莱克和路易斯主编，《丘吉尔》，493页；《演讲集》第八卷，8323—8329、8337页。

③ R. 罗兹·詹姆斯，《薯条：亨利·夏农爵士日记》，（伦敦，1967），479页；莫兰，《为生存斗争》，477、492—494、633—637页；《演讲集》第八卷，8489—8497、8495—8505、8625—8633页。

束时评论说,"这就是你非常优美的天鹅之歌了。"它的确是最后一次,它也的确是天鹅之歌。不到一个月后,丘吉尔就退休了,从此极少公开演讲。"我不想再做任何演讲了",他告诉莫兰勋爵,"为什么要讲呢?"他已经没有任何东西要讲或者要证明,即便有,他本人现在也不能胜任这两件事了。那年11月,亨利·费尔利在《观察家》撰文,力劝丘吉尔重回议院,做他当首相时司空见惯的那种堂皇的、全景式的、激动人心的演讲。可是,这样的才艺表演他现在已经无力承受:"他不会再做任何要紧的演讲了。如果他不得不起立发言,他现在唯一希望的,就是自己不要出洋相。"然而,几乎直到生命尽头,丘吉尔仍然被演讲困扰,被自己曾是演讲者而困扰。1957年4月,他告诉莫兰,他"梦见自己做了一场特别精彩的演讲,当他醒来时,感觉自己还能行"。"但是,"莫兰接着说,"过了一小会儿,他认识到,自己不能连续讲四十分钟,他根本不可能再做演讲了。"长达半个多世纪以来,词句已经实实在在地成为丘吉尔生命的本质了,当他不再能做演讲时,他的个体生命其实已经与停止无异。①

六

"一百五十年前",丘吉尔在职业生涯结束时说,"戏剧化艺术在伟大演说家那里是显而易见的。这就是我一生的野心——成为演讲世界的大师。"不可否认,他已经实现了这一野心,同样毋庸置疑的是,为实现理想,他工作得非常努力。不过,丘吉尔的生涯和人格有那么多侧面,他的演讲必须放在他漫长而矛盾的一生当中以整体眼光来看待,而不能只从1940年伯利克里式辉煌顶峰的立场出发。在他情况最糟糕的时候,有必要再次强调,丘吉尔是个夸夸其谈、矫揉造

---

① 莫兰,《为生存斗争》,637、669—673、686、723页。

作的俗人，格格不入，荒腔走调，爱发脾气。简言之，就是格雷厄姆·萨瑟兰很久前被毁的八十岁生日画像中，辛辣地（也是令人不安地）描绘出的那个人物。也许最礼貌的表达，就是说在他职业生涯的大多数时期，丘吉尔本人对演讲的兴趣和重视，要远远超过英国政治界和普通英国人，他还常常粗鲁谩骂，恃强凌弱，傲慢自大，乱做预言，不负责任。"即便是现在，"莫兰勋爵指出，"在他生命的尽头，整个国家，且不论党派，依然坚持将他看作睿智的世界政治家……他的兴趣就在议会政治那种粗糙和吵闹当中。他热爱争斗。"他的确如此。尽管后来几年他被神化了，他身上依然有那么一点儿伊顿泔水味儿，虽然他的演讲非常堂皇，故作深沉，却极少完全摆脱这种味道。①

然而，事实仍然是，丘吉尔在1955年4月作为首相退休时，人们似乎很可能不会再看到、听到或经历到英国公共生活中那种宽阔的视野、诗意的表达和辉煌的讲述了。②这一部分是因为，后丘吉尔、后帝国的不列颠，是个次要的地方，适合大目标和大事件的夸张演讲在这里似乎不再切题，不再正确了；另一部分是因为，在这个充斥电视和对抗性采访的世界里，庄严做派和华丽风格既无空间又无机会；还有一部分是因为，政治家们已经不再用丘吉尔那种精心、艰苦而又苛刻的方式将自己训练成为演讲家了；尤其因为，作为部长的他们在议院里讲话讲得比过去少得多③；还有一部分是因为，他们既没有时间也没有才华耗费几个小时去创作令人难忘的精彩演讲，甚至只是值得铭记的短语。将丘吉尔遗赠给后代的许多经典引文与他的那些继承者最著名的句子对比一下吧——哈洛德·麦克米伦"你从来没做得这么好过"；哈洛德·威尔森："一星期在政治上是很长的时

---

① 莫兰，《为生存斗争》，429，537页；需要专门的例子，请参看《演讲集》第七卷，7538—7540页。
② D.希利，《我生活的时代》（哈蒙兹沃思，1990），147页。
③ 迈泽尔，《数量决定词语》，291页。

间"；爱德华·希思："我们要一下子降价"；玛格丽特·撒切尔："不，不，不"；约翰·梅杰："要么举手，要么闭嘴"——很明显，我们已经进入了一个不再一样也不再重要的世界。

那么，我们该在何处向演说家丘吉尔告别？是那个虚张声势的霸王和自我中心的个人主义者，无休无止地啰唆，令人疲倦地絮叨；还是另一个，天才的语言大师，超凡的警句创作者，像萨伏罗拉一样，将人们的"思想从物质关切中提升起来"，召唤他们奔向"广阔的，阳光灿烂的高地"？① 可能，应该是在他职业生涯的早期，那时他痛苦费力地学习掌握技巧，磨炼艺术；也可能，是在第二次世界大战前那几年，他发动了反对政府印度法案和绥靖政策的漫长、徒劳而又孤独的战斗；或者，可能是第二次世界大战时期，他在暴政短暂的胜利时刻用庄严的词语和光辉的句子公开挑衅；但是，最恰当的致敬还是他最后一次伟大演讲的结尾。1955年4月在议院礼堂的这次演讲，是他对政治家、对议会、对公共生活的告别，半个多世纪后，它仍然以其雄辩、智慧、同情和希望而打动人心：

> 天将黎明，公平竞争、相互友爱，尊重正义和自由，将帮助饱受折磨的几代人远离我们被迫生活的可怕纪元，向着宁静和胜利勇敢前进。与此同时，我们永不退缩，永不气馁，永不绝望。②

---

① 《萨伏罗拉》，88—89页；《演讲集》第六卷，6238页。
② 《演讲集》，第八卷，8633页；R.詹姆斯，《议员，演说家和政治家》，516页。

西方国家议会

英国议会有"议会之母"之称。它不仅开世界现代议会制度的先河,而且其基本制度为世界多数国家所效仿。各国议院议事规则中因借鉴了英国的现代议会制度而具有某些共性,所以介绍时主要以英国为主线,辅以其他国家的特色。

英国平民院全院大会辩论的特征是辩题集中、态度鲜明、时间限定。对法案的审议无一不采用辩论的形式。立法之外,全院大会监督政府、讨论时事,也都采用辩论形式。平民院全院大会的辩论在大会主席主持下进行。立法辩论、非立法辩论在程序上都包含下述几个步骤,即动议──→正、反方首席议员先后发言──→正、反方其他议员轮流发言──→正、反方代表总结──→表决(需要时)。尤其值得一提的是辩论规则,为绝大多数国家所采用。

(1)发言必须获主席准许

全院大会辩论的发言阶段,由主席决定议员们的发言次序。同一段时间内只准有一位议员发言,这是辩论秩序的要求。如果一些议员因辩论激烈不经主席准许而同时起立发言,造成混乱,主席即厉声警告。拒不接受这一警告而继续擅自发言的议员将会被主席点名。

（2）后座议员一律就地站立发言

（3）不得照念发言稿

全院大会辩论中，发言议员可以看事先写好的情况要点、统计数字等，但是绝对不准照念讲稿。举行辩论的目的就是要让各议员针对别的议员所说内容去发言，各念一通自己事先准备好的讲稿，就很难互相交锋、互相辩驳，以致远离辩论真谛。

（4）发言中涉及其他议员的办法

发言议员在发言中如需涉及另一位议员时，不得直呼其名，而应称其为"代表XX选区的尊贵的议员"。

（5）一人只准许发言一次

同一场辩论中，同一位议员只能发言一次，议长可将其发言时间限定在十分钟之内。显然，这一规则旨在使尽可能多的议员得以参加辩论。但是，经大会准许，已发言的议员可再次发言。

（6）双方的总结发言人

按惯例，每场辩论的总结阶段，由政府前座、领衔反对党前座议员中各出一人代表辩论中的一方做总结发言。

（7）破除阻挠议事办法

反对某项法案的议员，可以在全院大会辩论该法案时故意作冗长发言，或提出一项又一项修正案。这种阻挠议事的做法，其目的是借将该法案拖在某一审议阶段不动而使全院大会无法于停会或闭会之前通过它。

议事规则规定了两种办法来破除这种阻挠议事的行为。办法之一：动议结束辩论。面对阻挠议事，任何一位议员皆可起立提出下述动议："现在付表决。"这种动议的意思是要求全院大会立即结束对现议题的辩论，并举行表决。这种情况下，对原议题的辩论立即中止，全院大会即刻对原议题举行表决。结束辩论动议若未获通过，则全院大会对原议题的辩论继续进行。办法之二：提出"限时动议"。平民院对一项法案的审议启动之前、审议的任何一个阶段，政府方面皆可提出一项限时动议，以为该法案顺利通过平民院各阶段的审议而保驾。限时动议可提出平民院对一项法案的全部审议时间限定为多少小时之内，也可规定平民院对一项法案的每个审议阶段起自何时止于何时、各举行多少次会议，等等。主席将限时动议提交全院大会，全院大会先对之举行辩论（可长达小时），而后表决。一旦通过，则平民院对被限时的法案的审议必须依照限时动议所规定的时间表进行。

西方国家议会的辩论原则和程序大同小异，但是辩论的种类却各不相同，有的种类是该国在议会辩论制度上的特色和创新。

英国议会属于议论型议会制议会（Legislative arena），它是政治争论的场所，奉行"议会至上"的原则，所以英国议会的辩论形式多种多样。

首先是立法辩论和非立法辩论。立法辩论是审议法案流程中的辩论，非立法辩论则与审议法案无直接关系。由于包括财政在内的绝大多数立法集中于平民院，所以非立法辩论多集中于贵族院。贵族院的非立法形式主要分为大型辩论、小辩论、应题辩论和就五星号质询举行的辩论。作为国家论坛，贵族院的非立法性国事辩论与其他单位、团体的时事辩论的区别在于：贵族院是在与政府辩论，辩论是为了影响政府，并在一定程度上促使政府有所行动。

法国属于半议会半总统制，议会审议或辩论可采用三种形式：自由辩论、有组织的辩论和有限制辩论。统一组织议员辩论是委员长会议事前明确用于议员辩论的总时间并根据各议会党团人数多寡按比例分配辩论时间的制度。有限制辩论只有在政府请求或得到政府同意以及有关委员会的认可后方可举行，具体是指只允许法律提案人、议会议长和议会委员会报告人做简要发言，随后由每个议会党团的代表做五分钟的发言。

美国国会属于立法型议会（transformative legislatures），所以议会辩论制度主要集中体现在议会法案的审议程序中。按照美国的民主传统要求，法案应由国会全体议员进行审议，并保证每个议员有辩论和提出修正意见的充分机会。为了有效地防止以冗长的辩论阻挠议事进行，国会采用了著名的"五分钟规则"（Five-minute Rule）。一般辩论结束后，开始对法案的二读。二读可以逐节对法案提出修正意见。按照正常的开放修正程序（the "Open" Amendment Process），给予一位议员五分钟时间发言以对所建议的修正意见进行解释，之后，经主席同意的议员被允许有五分钟时间发言，可以对修正意见提出反对意见，而后就该修正案不再进行进一步的辩论。在德国，非立法性辩论是联邦议院委员会邀请议会外部某一特定领域的专家参加的公开性听证会（Public Hearings）。通过这种方式，委员会也能成为一个"国家的论坛"。立法性辩论是德国联邦议院全体会议的核心内容，其主要作用就是增强议会活动的透明度，发扬民主。德国议会辩论的形式主要有以下几类：

第一类："重要辩论"（Major Debate）。它们大多数出现在政府发表政策咨文后。在每个议会年度中，提出与通过联邦预算案都是重要的辩论议题。社会公众十分关注这些"重要辩论"，因为这些重大的政治问题往往对所有人都有直接影响，值得通过辩论来做出决定。它们也构成了联邦议院活动中的最精彩部分。

第二类："简短辩论"（Brief Debate）。所有发言者的发言都限制在五至十分钟内，各议会党团只能有一到两名成员发言，并只能有一名政府官员发言。采取这种辩论形式的主要目的是使各议会党团对正在讨论中的问题能公开地陈述自己的观点。

第三类："星期四辩论"（Thursday Debate）。德国联邦议院把那些基本的、中心的议题放在星期四召开的全体会议上进行辩论，时间是四至六个小时。一般都进行现场直播。在这天，其他议会机构不能召开会议。这种用于对重要问题进行辩论的时间被称为"核心时间"（Core Time）。在辩论中，每一位发言者的发言时间被限制在十分钟左右，这样就能把发言的机会给予更多的议员。

第四类："当前热点讨论"（Debate on Matters of Topical Interest）。它的优点在于给议会一个对热点问题进行及时评议的机会。

日本参众两院规则中都有关于辩论的单独规定：（1）讨论的通告。对要求记载在议事日程案件的讨论者，必须通告表明反对或赞成的宗旨。（2）委员会提名的讨论者。委员会可以从其委员中提名讨论者向议长提出。议长对同意的讨论者必须准许比其他通告者优先发言。（3）赞成与否的交互发言。对于讨论，议长必须首先让反对者发言，其次是赞成者和反对者发言，尽量交互指名发言。如果通告的甲方议员的全部发言没有结束时，乙方通告的议员已经发言完了，没有通告的乙方议员可以要求发言。（4）议长的讨论。议长将要讨论时必须事先通告就席。议长在讨论完了到表决结束之前，不得回到议席。

纵观西方发达国家议会辩论制度不难发现，辩论遍布于西方政治生活的各个角落，不管是立法性辩论还是非立法性的热点问题辩论都体现了议员在行使选民所赋予的权利时应具有的高度责任感和职业素养。具体来说，西方国家辩论制度的作用主要表现在两个方面：

（一）政党政治的舞台

反对党可以通过议会的辩论和质询，对政府的不适当的活动进行追究，要求政府做出认真、合理的解释；在立法和财政方面，反对党同样负有一定的责任，为使法律尽可能完善、可行，反对党通过立法性辩论竭力对政府在匆忙中制定的或考虑不周的议案进行认真批驳。通过带有强烈的政治功利的公开辩论，反对党达到了宣传自己、扩大政治影响力、为赢得下次选举胜利奠定基础的目的。

（二）国家论坛的作用

国家论坛指一个国家由其代议机关扮演的对时事和国家重大决策的制度性辩

论场。国家论坛与其他各种论坛有着质的区别。首先,国家论坛的辩题是当前国家或社会面临的重要问题和政府应当采取的对策。其次,国家论坛所举行的辩论是议会与政府之间的论争。政府提出其政策,议会则对政府政策的优缺点及前景进行辩论,以便要么维护之,要么否定之,并阐明何为可取之对策。最后,国家论坛所举行的辩论对政府有着较大的影响力。对由其他论坛(比如媒体)所发表的高论,政府有着较大的应对自由;而对国家论坛所发表的政见,政府必须尽可能地择其善而从之,或者充分说明拒绝的理由。否则,议会可运用其立法程序、监督程序等追究政府责任。公开性的辩论让公众看到政府和议会或者国家制定什么样的法律,不同的利益群体在立法过程中考虑到和提出了哪些主张和意见,知道政策出台背后,议员们在想什么。这样,就将国家的决策或立法过程摆在公众面前,以引起公众关注,也接受其监督。它表明国事决策的公开性和民主性。数量和形式繁多的非立法性辩论汇集国家和社会的热点和难点问题,是民众利益诉求和政府感知民间冷暖、鸟瞰社会动态的重要渠道。

然而,西方议会辩论制度的运行并发挥上述功能不是孤立的。它必须依赖相关制度的支撑,如言论免责权、信息公开和议员选举以及职业化等制度。言论免责权是指议员在发言中只要不使用诽谤、侮辱性语言,不泄露国家机密和揭露他人隐私,且遵守发言程序规则和会场秩序规则,发表任何言论均受法律保护。只有这样,议员才能在议会辩论中说出自己的真心话,而无须顾虑自己在议会中的言行会招致迫害。信息公开制度,亦称议会开会透明度原则。根据宪政原则,人民享有知情权与监督权。西方国家议会以会议公开为原则,秘密会议为例外。通常情况下,下院的全院大会对公众、新闻媒体开放,并对全体会议的辩论过程进行摄像,以供电视频道使用。西方国家的议员实行直接选举,议员整体素质经过选民的甄别。另外,多数国家议员实行专职化,从时间和精力上能保证对议案和重大问题的调查研究,使议会辩论制度的主角具备了知识和时间的条件。

不列颠的"号角"

这本《丘吉尔演讲集》，有很多不同的读法。首先，可以把它当作一本励志书。第一重激励来自丘吉尔的人生经历。大家知道，仅从天赋判断，丘吉尔作为演说家的优势并不明显。他"走路弯腰，上唇无力"，嗓音并不洪亮，还饱受口吃困扰。上帝并没有把最好的牌发给他，他却靠艰苦的努力、超乎寻常的自我约束和顽强的学习获得了重新洗牌的力量，成为二十世纪公认的伟大演说家。对资质平常的我们来说，这个故事是不是足够励志？第二重激励来自演讲本身。它们大多是丘吉尔在个人政治生涯或英国最艰难的时刻，以全部激情与勇气发出的"狮吼"，几十年过去，世事变迁，但那种不服输的男人气概与坚忍不拔的高贵精神仍然从字里行间喷薄而出。"永不退缩，永不疲倦，永不绝望"，各位读者，假如生活欺骗了你，心中默念这充满魔力的咒语，回顾一下苦难深重的战争年代，也许你会重新鼓起奋斗的勇气。

从另一个角度看，这本书的"鸡汤"功效只是副产品。丘吉尔身处二十世纪前半叶世界政局的最前沿，是那个时代所有重大事件的亲历者、见证人、主要领导者。所以，它是一本充满文学色彩和个人印记的二十世纪上半叶国际关系史。当然，它讲述的主要是英国的光荣与梦想。无论你对这段历史是否了解，相信在认真读过之后，都会产生新的认识，新的感悟。其中大量鲜活生动的细节，可以填补历史教科书的空白。它让我们直观地看到，作为议会之母的英国议会如何进行日常辩论与重大表决；"二战"中的英国是如何面临重重困难但却斗志昂扬；冷战的"铁幕"怎样一点点笼罩了欧洲；联合国又是怎样从设想变成了现实。但需要特别警惕的是，它的历史叙述相当主观，甚至充满偏见。读者如不冷静分析，就会被其话语的超强感染力所迷惑。

众所周知，丘吉尔曾"由于他在描述历史与传记方面的造诣，以及那捍卫人的崇高价值的光辉演说"而获得诺贝尔文学奖。用文学笔法讲述历史，是丘吉尔的拿手好戏。这些至今仍激情四溢的文字，绝不是对那段历史的客观记录，而是主题明确、中心突出、爱憎分明的文学叙述。如果用一句话简单概括本书主题，可以这样说：讲述以英国为代表的西方文明英勇面对战争、暴政与核武器的故事。其中用力最多的，就是丘吉尔对大英帝国光荣以及西方文明的"宏大叙事"。终其一生，丘吉尔都在为上述光荣与梦想大声疾呼，四处奔走。他的"二战"演说之所以能点燃举国上下乃至整个西方世界的战斗激情，正是因为它们浓缩了众多听众心中有而口中无的情绪，替他们表达了对自己文明的骄傲、期盼和热爱。在丘吉尔的叙述里，英国参加"二战"的目标与其和平时期的奋斗目标并无二致，那就是"让所有人在和煦的金色阳光里快乐地漫步"。

果真如此吗？事情当然没这么简单。丘吉尔极力渲染英国参战的英雄主义情怀，大赞英国人不屈不挠的民族精神，甚至将英美塑造成拯救全世界脱离苦海的圣杯骑士，固然有其部分事实基础，却省略、掩饰了许多不利于己的残酷真相，仍然不过是一个西方中心主义者对一段复杂历史的文学性想象，读者对此应有客观认识。

丘吉尔的另一种叙述也给我们留下了深刻印象，那就是他对共产主义学说和社会主义政权毫无保留的诋毁、毫不掩饰的憎恶。早在"一战"时，丘吉尔就对新成立的布尔什维克大加挞伐。"二战"的硝烟尚未散尽，丘吉尔又先人一步向社会主义宣战。其态度之偏激、言辞之恶毒，当时就令许多听众大为反感。在今天的我们看来，也实在有失公正。但需要明确一点：丘吉尔的态度虽然激烈，却代表着西方世界的主流意见，上世纪五十年代，资本主义与社会主义的意识形态斗争原本就针锋相对，绝不含糊。

不过，丘吉尔并未因此而沦为狭隘的党派政客，仍然进入了二十世纪最伟大政治家的行列。因为他能够在危机时刻跳出意识形态壁垒，从英国人民的根本利益出发，以全人类共同利益为重，毫不犹豫地与苏联结为盟国，积极推动世界反法西斯统一战线的形成，显示了政治家应有的胸襟与胆略。一边在与苏联积极合作，一边随时提防着共产主义的进攻，这就是丘吉尔代表的西方政治家的一体两面。所以，从历史、政治角度进入这本书，你会发现一个更全面、更复杂的丘吉尔。

当然，我们也可以把这本书当作修辞典范进行文学研究，当作演讲范文进行口才训练。丘吉尔自己就说："我是靠笔和舌头谋生的人。"单凭其中一项，丘吉尔已足以傲然世间，但两者在本书中其实难分难解，合二为一。作为英国历史上词汇量最大的作家，丘吉尔创作的演讲辞就像他所描述的密西西比河一样，浩浩荡荡、不可抗拒。其风格之多样亦如汪洋大海，丰赡雄奇。"鼓舞人心、谆谆劝告、感人至深、令人信服、花言巧语、振聋发聩、恃强凌弱、无情谩骂、引人狂怒……"在本书译者列出的诸多风格之外，还有许多可以补充：庄严堂皇、幽默机智、激情澎湃、冷静平和……仔细研读这些风格各异的作品，读者可以真切地体会到，丘吉尔是如何将演讲这门技艺，升华成为一种艺术，淬炼成为一种威力无比的斗争武器。丘吉尔一生演讲结集多达皇皇八大卷四百万字，本书只是当中最著名的一小部分。读者无需贪多求全，随意品尝汪洋中的一捧，也会有酣畅淋漓、霍然病去之感。

丘吉尔当政时的英国，已经失去了雄霸天下的旧日荣光，但威仪尚存，气势不倒。丘吉尔本人与他的演讲，就是大英帝国一支嘹亮的"号角"，不断地将所谓大英帝国的荣耀，英国民族的精神，吹送到世界各个角落。而今号角已去，其号声却不时重新奏响。2017年，世界银幕上两部重要作品《敦刻尔克》和《至暗时刻》，都是这一号声的回响。经过几十年不断的回响，这支"号角"仍然保持着强大的力量。如此持久的影响力，着实值得我们深思。

美国诗人罗伯特·弗罗斯特说："诗就是翻译中丢失的东西。"翻译《丘吉尔演讲集》虽然不至于像翻译诗歌那样"谋杀"了原作，却也很难曲尽其妙，甚至不乏错漏碰缺。但译诗虽难，一代代译者仍前赴后继，因此本书译者也就不揣浅陋，斗胆尝试，终于完成了这个充满艰辛与收获的过程，向伟人致敬的过程。结果如何，敬待读者诸君的审视。

——译者

目录

CONTENTS

第一部分
掌控声音　1900—1917

1. 议员演讲首秀　　　　　　　　　003
2. 德兰士瓦宪法　　　　　　　　　010
3. 高谈阔论于竞选讲坛　　　　　　018
4. 海军的任务　　　　　　　　　　027
5. 达达尼尔海峡替罪羊　　　　　　031
6. 一个灾难性的建议　　　　　　　041

第二部分
蔑视与警告　1917—1939

7. 关于预算案的广播讲话　　　　　047
8. 印度的威胁　　　　　　　　　　051
9. 不列颠的空防　　　　　　　　　058

10. 重整军备的失败　064
11. 慕尼黑　076

第三部分
英语总动员　1940

12. 新政府　091
13. 迫在眉睫的考验　094
14. 敦刻尔克　098
15. 独自作战　107
16. 不列颠之战　117
17. 内维尔·张伯伦逝世　129

第四部分
发动语言战争　1941—1945

18. 求助于美国　135
19. 困难时期　146
20. 扩大的冲突　155
21. 被驳回的不信任案　163
22. 悼念劳合·乔治　173
23. 悼念富兰克林·罗斯福　178
24. 欧洲胜利　183

第五部分
风格多样的演讲　1945—1955

25. 再次竞选	195
26. 战争总结	203
27. 苏联的威胁	217
28. 欧洲的团结	228
29. 致敬乔治六世	233
30. 演讲辩论	238
31. 八十华诞	250
32. 天鹅之歌	253

第一部分 掌控声音

1900—1917

丘吉尔演讲集

1. 议员演讲首秀

一段光辉的记忆

下议院礼堂，1901年2月18日

1897年7月，丘吉尔在巴思的克拉弗顿庄园做了首次政治演讲。两年后，他作为保守党候选人在一次递补选举中与奥尔德·海姆竞争失败，不过在1900年的"卡其"大选中，他以微弱优势赢得了同一批选民的支持。之后他就为一次报酬丰厚的演讲启程赴美国，回来后于1901年2月14日在下议院入席就座，当时他只有二十六岁。

仅仅四天后，他就发表了初次演讲。因为恰好在劳合·乔治之后讲话，也因为他本人已经声名远播，所以当时人们都蜂拥到议院里听他演讲。他先就劳合·乔治的煽动性演讲做了即兴评论，但演讲主体是精心准备的对布尔战争之后南非的困难与前景的思考。演讲的结束语直接而又刻意地提到了他的父亲——伦道夫勋爵。

他收到来自议会两院的祝贺，阿斯奎斯和约瑟夫·张伯伦的话远非礼貌的敷衍。保守党的《晨报》认为他"充分达成了对他业已形成的期望"。但自由党的《每日新闻》则指出："演讲、口音和外表，都没给他加分。"他们说得对，但他们很快就被证明说错了。

我知道，议会刚才聆听过尊敬的议员阁下①的演讲，本想将您的演讲的修改稿拿来做演讲的。修改稿内容已经出现在报纸上，语气异常地温和适度；但无论它是多么温和适度，议员阁下和他的政治盟友们都不想将其曝光于批判之下，或者挑起分歧。的确，当我们对比温和的修改稿与议员阁下刚才发表的犀利演讲时，很难避免一个结论，即修改稿的温和来自于议员阁下的政治盟友和领导，而他演讲中的尖锐犀利则完全属于他个人。窃以为，总体而言，如果议员阁下提交修改稿而不做自己的演讲，不是像刚才那样只做演讲不交修改稿，也许会更好。如果议员阁下对此有任何看法我都不会抱怨，因为这么做是我的使命。那些曾为议院增光的最著名人物的经历告诉我，在没有紧急情况，比如别国入侵时，国家不应该以任何方式限制或阻止议会讨论的完全自由。而且我相信，布尔人也不会特别重视议员阁下的演讲。世界上没有任何人像布尔人一样，得到过那么多的口头安慰和那么少的实际帮助。如果我是正在战斗的布尔人——如果我是个布尔人，我希望我正在战斗——我不允许自己被任何同情的表示所欺骗，即使是一百个议员签署的也不行。尊敬的议员阁下详尽论述了火烧农场的问题。我现在无意讨论火烧农场的伦理问题，但是我认为，议员阁下们应当追溯一个事实：第一次世界大战中，出于人道的考虑阻止了德国军队把炮弹扔进巴黎居民区，让他们没有为强迫驻军投降而把这座伟大城市的居民饿得去吃老鼠。我冒昧地认为，国王陛下的政府没有理由阻止他的指挥官在战场上使用任何手段，那些在过去五六十年中已经由欧洲和美国的将军们证明为合理的手段。有人指控说这些手段既是背叛又很残暴，我不完全赞同。从我的战争所见出发——我有时会看到一些——我认为，与其他战争相比，特别是那些本国居民参加的战争，这场在南非的战争总体而言进行得非同寻常的人道和慷慨。卡那封区的议员阁下已经注意到了一位将

---

① 指刚刚结束演讲的劳合·乔治。

官的事，虽然我反对讨论此刻正在保卫国家的将官的个人品格，因为我自己就认识布鲁斯·汉密尔顿将军，议员阁下怀着崇敬之情描述这位将军，我更觉得自己不能不在演讲中提供微末的证词。事实就是：在陛下的军队中，很少有人比布鲁斯·汉密尔顿将军更忠诚，更仁慈，更勇敢。

尊敬的反对党领袖先生在战后南非政策这一问题上的看法，与政府已经得出的结论有所不同。我已经能够分辨出，其中的差异在于国王陛下的政府打算在战争结束后，在赋予当地人民充分的代表权利之前，在当地成立一个过渡政府；另一方面反对党领袖先生认为，如果军政府作为临时措施延续下去，没有当地过渡政府的干涉，这些代议制度还会更迅速地建立起来。但愿我没有误会先生阁下，如果我有，我相信他会毫不犹豫地更正我，我会因误会他的观点而万分抱歉。如果我的判断正确，我将恭敬地请求议会允许我对这两个非此即彼的主张审视一番。我不希望自己发号施令，或者将自己的观点强加于议员先生。最近十个月中，我曾在不同情况下周游过南非，我很想把这期间自己强烈意识到的一些想法呈交议会。

首先，我想回顾一下我们参战的缘起。我们参战——我的意思当然是我们出发到海外参战——与管辖权扩张相关。为了将管辖权扩张到德兰士瓦，我们开始与布尔人谈判。当我提到德兰士瓦人时，我是指德兰士瓦人全体，而非特指最早到达那里的人，那时布尔人的数量接近英国人和非荷兰裔人的两倍半。但在战争爆发前的几周里，每列火车上都挤满了竭力想逃离冲突的英国人，还有许多英国侨民因此而流落到世界各地。在我看来，战争结束后，我们不应该忘记我们谈判的主题也即战争的缘起。如果我能制定政策，我将请求议会确立这样一个原则：在德兰士瓦人口重新达到原有水平之前，不应该在那里推广任何代议制度。把一个对国家毁灭负有责任的政府扔给它残余的人民，扔给那些对国家基本制度怀着强烈敌意的人，还有什么能比这样做更危险、更轻率、更没用呢？我认为，在最后一次开火和第一次投票之间,必须有段相当长的间隔,这段间隔必须由某种性质的政府来填补。在这一点上不应有任何怀疑、任何分歧。

我恳请议会考虑,何种形式的政府——当地政府或者军政府——最有利于国家繁荣的恢复,最能鼓励目前散落各地的人们回归。我知道,有些议员先生希望代议制度能够直接接替军政府,但我以为,他们没能完全认识到这种军政府是多么讨厌。我对英国官员怀着最崇高的敬意,听到一些议员在演讲中攻击他们,我深感遗憾,也深感愤怒。虽然我认为英国官员在战场上及处理本地人事务时都是世界上最优秀的官员,我还是不相信他们的培养过程和思维习惯能让他们胜任在欧洲裔当地人中执行专制统治。我本人常常为看到可敬的布尔老农夫被年轻的下级官员当作列兵一样蛮横地呼来喝去而羞耻。布尔人是乡绅与农民的古怪组合,在农民的粗糙外表下,人们往往会发现他乡绅的本能。我敢肯定地说,只要让任何类似直接军政府的形式存在,这里就不会有商业复苏,不会有侨民回归,不会有世界各地的移民拥入——除了布尔人的绝望和不满,对我们英国殖民者不断增长的怨恨之外,一无所有。相反,如果有一个本地政府,情况将大为不同。我认为我们有绝对的道德权利建立这个政府,只要想想这个国家将不得不通过帝国国库上交收入就可以了。如果有个当地政府,由阿尔弗雷德·米尔纳爵士(听众大喊"听啊,听啊","啊"!)这样的人管理,我确信他拥有整个保守党的信任,议会里的另一派也有相当多议员发现,阿尔弗雷德·米尔纳爵士对南非事件有着深入思考,反对他显得很不合适。一旦大家知道德兰士瓦有一个政府保护财产和自由,知道在这个国家,一个人可以自由、安全地生活,立刻就会有移民从世界各地拥入建设此地,并凭借战争后商业的巨大复苏而获利。如果可以凭自己的经验判断,我认为议会里有许多议员已经收到了选民来信,询问去南非是否可取。当这一移民政策进展顺利时,我们将再次拥有德兰士瓦的绝大多数人口,和紧密团结在帝国之内的人民,当我们能够在他们当中推广代议制度时,我们会发现它安全地建立在被统治者一致赞成的广泛基础之上，同时少数人的权利将通过帝国当局精明老练的干预而得到有效的保护。我要说，南非将出现一个英语化的忠诚的德兰士瓦，这样一个美好前景才是那个海角得名"好望"的根本原因。

我没有资格批评来自反对党领袖如此杰出的权威提案，但是我发现，对比这两个计划后，我强烈地倾向于采纳国王陛下政府的提议，让我对此闭口不提是不可能的。现在，我的讨论已经从根本解决这两个共和国的问题转向迫在眉睫的形势问题。政府当前的政策应该是怎样的？我认为，议会有一个相当广泛的共识，即应当让布尔人的投降轻松体面，对他们来说，继续战斗痛苦而又危险。让我们的政府以最快的速度同时考虑这两个计划吧。我由衷地同情我尊贵的朋友高级议员奥德汉姆，他在去年的演讲中表现出高度焦虑，认为应当不惜一切让布尔人彻底明白，我们给他们提供了什么条件。我真心希望这位殖民地大臣一事无成，带着在沙场上勇敢战斗却郁郁寡欢的士兵回国。无论何时，只有当他们意识到自己的小我的自由必须融入到大英帝国更宏大的自由之中时，他们的财产安全和信仰平等的权利，及代议制度的承诺才能得到充分的保障。最后，但并非最不重要的，英国军队最容易给予勇敢而坚忍的敌人的是什么呢？不是别的，是战争带来的所有荣誉。我希望尊敬的殖民地大臣不会因他的使者遭遇断然拒绝而灰心丧气，而是坚持争取让对方明白我们的条件，凭借这些条件，他们任何时候都可以得到和平以及大不列颠的友谊。当然，我们只能承诺，实现与否还要看布尔人是不是接受我们的条件。他们也许会拒绝我们提供的慷慨条件，前进或后退取决于那一声陈旧的口号："不独立毋宁死！"（民族主义者的喝彩）我在这种前景中看不到任何可令人高兴的东西，因为如果它实现，战争将进入一个非常凄惨黑暗的阶段。如果布尔人仍然对理智的声音充耳不闻，对友谊之手视而不见，如果他们拒绝所有提案，无视全部条件，那么，虽然我们不禁要敬佩其决心和坚忍，我们也只能希望自己的民族在追求自认为正义的事业时，会表现出同样强大的决心、同样持久的坚忍。

我们应当采取什么军事手段？我并不怀疑还有其他选择会呈上议会来讨论，但是以我对谣言的理解，总的说来，南非局势可能改善的迹象相当明显。有迹象表明布尔人正在变弱，他们长期以来付出的绝望而狂热的努力已不可能无限期地维持。若果真如此，现在正是政府和军队以双倍努力回击的时候。像我这样代表着大量工人阶级选民的议员责无旁贷，我们应使政府深刻认识到，这个国家在战争胜利之前并不想计算战争的代价。我想我们都很高兴看到报纸上的公告说，又有三万名武装好的士兵正被派往南非。我高度满意地注意到，陆军大臣由于不满足于派遣大量士兵，已经找到了一些杰出的印度军官，其中的佼佼者是宾顿·布拉德爵士，他们将奔赴南非，带着自己在印度边境积累的游击战争经验去应对南非正在进行的特殊战争——我不想称之为游击战争。尽管这些准备已经很充分，但还不是全部，我将一直奢望，希望某个美好的下午，殖民大臣会带着崭新的计划来到议院，计划中不仅要为军队保持两万五千人的标准（无论是因为战斗减员还是疾病减员）而增加派遣兵力，还要将这一标准以每月两千或三千人的配额逐步提高。这样一来，布尔人以不断减少的资源来对抗不断增加的困难，就一定会屈服。他们不单会暴露在一波波的浪头下，还会遭到涨潮的强大冲击。

这里和别处的一些议员都认为，将这场战争污蔑为贪婪之战是合适的。很遗憾，我坚决反对这一讨人喜欢的看法。如果有人因这场战争而欣喜，带着对刺激的希望或者对冲突的渴求去往南非，今天他们得到的已经足够了，而且绰绰有余了。如果，像北安普敦议员曾数次指出的那样，是某些资本家花钱引发了这场战争，期望它能抬高他们矿产的价值，他们现在应该明白，自己做了一笔非同一般的赔本生意。对于这个国家的大多数人，所有的人来说，这场战争从开始到结束都只是一场责任之战。他们相信，他们通过最不同寻常的方式表明自己相信，国王陛下的政府和殖民大臣完全受到同样崇高的爱国动机的鼓励。他们知道，任何其他鼓励都不能支撑并推动正规军和志愿军，经历了这些艰难岁月的军人们，不得不忍受着公众舆论的冲击。他们的确不得不悲叹，正如我本人也是一样，为战争中失去许许多多好朋友而悲叹。我们不禁要为战争中的诸多变故而感到遗憾。尽管如此，经过再三考虑，我认为自己不可能去批评导致战争的总体政策，我们没有理由为战争中经历的一切而羞耻，我们也没有权利消沉或悲哀。我认为，如果有任何议员为南非的事态感到不快，我会推荐给他们一个例子——我自己从中得到过许多鼓舞——请他们去看看大英帝国另一个伟大的属国及殖民地，看看战争在那里的效果。无论我们在开普敦殖民地那些可疑的朋友那儿失去了什么，我们的所得依然超过在加拿大和澳大利亚的十倍，或许是二十倍。那里的人——哪怕是最偏远省份最卑微的农夫——都通过有效的行动参与了冲突才得以认识到（因为从前他们绝不可能认识到），他们属于这个帝国，帝国也属于他们。在落座之前，我要对议会表达无尽的感激，我深深知道，诸位给予我仁慈和耐心不是因为我本人，而是因为许多议员依然保留着的一段光辉的记忆。

2. 德兰士瓦宪法

英格兰的礼物

下议院，1906年7月31日

随着保守党政府对自由贸易的承诺不断削弱，丘吉尔发现自己与所在党的共识日益减少，1904年5月，他改变议会立场，在反对党议席就座。1905年12月自由党政府组阁时，他被任命为殖民部副部长。他的部长额尔金勋爵，是位无趣而阴郁的苏格兰贵族，这表明丘吉尔在议院里非常高效也非常愉快地处理着帝国事务。

1906年议会开会时，压倒一切的殖民地事务就是英国在布尔战争中艰难胜利后德兰士瓦和奥兰治自由邦的未来。丘吉尔作为副部长的首次重要演讲是一场著名的议会灾难。但是在稍后的这次演讲中，他提议为德兰士瓦建立一部新宪法，这对恢复他的地位贡献良多。演讲最后，呼吁一种宽容的、有远见的、超越党派的解决方式，成为丘吉尔后来许多著名结束语常见的主题。

阿斯奎斯的女儿后来回忆说："这次演讲没有华丽辞藻的爆发，没有党派之见的挑衅。只有慎重的考量和一派庄严。自始至终他都是温和克制、有说服力的，表现出了完美的场合意识。"

今天下午，我的任务是代表政府向委员会呈报正在酝酿中的，有关最近南非殖民地宪法解决协议的大纲和特点。这件事，我猜想，是这届新议会必须处理的最为重要的事务。可是，虽然没有人否认其重要性，或者低估它在议会两党中激起的强烈情感与焦虑，看轻它唤醒的光辉记忆，我仍然认为我们没有理由在这个问题上激烈、尖锐、痛苦地分为两派。恰恰相反，我认为非常重要的是，要让所有参与讨论的人都将之视为责无旁贷——我当然要受到我自己戒律的约束，我要学会让演讲避免任何可能激起党派偏见与党派政治的反驳。

毕竟，在这个问题上，两个历史悠久的党派其实并无真正的原则性分歧。上届政府曾一再宣称，他们希望在第一时间——他们极力强调这个词——向新殖民地推广有代表性的、负责任的制度。在国王陛下的现任参谋就职之前，议会就此讨论的唯一问题就是："什么时候？"在那次讨论中，尊敬的西伯明翰议员——我敢肯定他今天的缺席让所有议员同样遗憾——以他惯有的宽广视野和勇敢见解谈到过这个问题。他说："负责做出这一决定的政府现在掌权了，他们的经验比我们更多，如果他们认为授予殖民地这项巨大的权利是安全的，如果他们被证明是正确的，没有人会比我们更高兴。我认为，这一变化虽然重要，也不应该被描述为殖民地政策的变化，而应当称之为殖民地政策的连贯性。"

那么，如果我们在原则上达成了一致，我认为关于具体方法也不会出现什么严重或关键的分歧。因为毕竟没有人会认为，发展负责任的政府是对的，但公平地发展它就是不对的。没有人会认为，承认自由制度同时又保留一些限制的手段是不对的。因此我希望，我们可以继续讨论下去而不出现任何严重的分歧。

我今天的位置只是来宣布一下政府对于德兰士瓦做出的决定。德兰士瓦的情况很紧急，它是南非的神经中枢。它是南非所有问题和斗争解决的大舞台——社会的、道德的、种族的、经济的。这个新国家，不久前才从荒野中开垦出来，白种人不到三十万，已经完美地再现了全部黑暗的、纠缠不清的、矛盾的问题，这些问题通常出现在人口众多、历史悠久的欧洲国家。德兰士瓦的情况在根本上不同于奥兰治河殖民地的情况。后者过去曾是，未来还将是一个宁静的农业国家，在一个明智而宽容的政府治下追逐着它的幸福。今天下午，关于奥兰治河殖民地，我必须说的是：在承认宪法时将有必要的延迟，在认可宪法的过程中，我们将只会因一种渴望而欢欣鼓舞，那就是确保这个国家所有居民的公平代表权，让大多数人的愿望得到有效的表达。

……

为简略起见，对利特尔顿宪法我的坦率评价就是：它完全不切实际。它放弃了权力机构，却保留了全部责任和管理的负担。九位官员先生，几乎全都没有议会政治经验，我敢说也没有这种能力。他们没有大多数人提名的支持，我相当肯定这是西伯明翰议员一直在代议制政府的提案中预期得到的。此外，他们也没有一个有组织党派的支持，就是这样的官员将被置于拥有财权的三十五人议会当中。布尔人也许会集体拒绝承认这部宪法，或者只是为了破坏而承认它。英国政党被分裂成两部分，负责任的那部分，公开宣布他们要通过阻挠和拒绝支持来制造宪法问题的僵局，议会的其他成员都表示不满。实际上，议员先生的宪法似乎不可避免地唤醒了所有现代政治家的噩梦，政府期待大家赞成，但是赞成却并未出现。

就像我五月间对议会所说的那样，国王陛下的政府认为，他们的职责是重审整个问题。我们认为，公平、自由、不受限制地开始是我们的职责和权利。我们已经权当利特尔顿的宪法从未存在过了。有一个指导原则推动着陛下政府的政策——在赋予南非布尔人和英国人负责任的政府时一视同仁。我们打算在两个族群中都适用最充分的英国公民权，我们打算在曾为我们战斗过的最忠诚者和那些怀着最绝望的勇气抵抗过英国军队的人中，一视同仁地赋予重大福利。《弗里尼辛协议》宣称，荷兰人和英国人之间将永远和平。根据协议第一条，布尔人的精英和最著名的领袖都承认了爱德华七世陛下在法律上的权威，从今往后，英国在南非的霸权将依靠军事荣誉和战争成就的牢固基础。

这一有利于公平解决的决定，源于我们不想忘恩负义，愧对那些曾在过去几年中勇敢地支持英国事业的人，也因为我们不想不公平地对待德兰士瓦的英国人。在这个宪法解决方案的每一点上，我们都曾仔细推敲，以保证他们可以平等地享有英国国民待遇。但是我还要补充一点，若想要南非未来永久地留在大英帝国内，就需要国王平等地主宰两个族群，需要两个族群都学会把这个国家当作他们的朋友……

我上次在议会上谈到南非宪法问题时，乘机强调了"一票算一票"①这一基本原则的长处。我指出，这是一个无懈可击、合乎逻辑的原则；唯一能实现人与人之间选举公平的安全规则，就是假设——有时候是个巨大的假设——所有人都平等，所有的歧视都不健康、不民主。现在，"一票算一票"的原则在这个国家可以适用和实现了，这么做既有人口的基础，又有投票人的基础。选择哪里都没有差别，因为这个国家没有哪个部分比别处的结婚者更多，或者物产更丰富。在再分配法案中，无论是按投票人数还是人口基数来分配，结果都是完全一样的配额，完全一样多的议员。（部分内容省略）

尊敬的圣乔治区哈瓦那广场议员先生，曾打算建立一个"年值一百镑"的投票权财产资格制度。在这个国家，这一标准远非看上去那么高。我并未当场跟这位议员先生争论，说他的特许制度不够公平，或者不是特别真诚和仁慈的代议方式。但是很显然，一年一百镑的财产资格对布尔人的不利远远超过对英国人的不利。因为城镇生活成本是那么高，几乎每个住在城里的人，只要不是赤贫，都有"年值一百镑"的财产资格。但是乡村里的许多人，虽然都非常贫穷却很值得尊敬，配得上公民权——如临时工、农民的儿子，等等——就没有这个资格，因

---

① 原文为：one vote one value，意为选举投票中人人平等，每一张选票等值。

而也就被财产资格排除在外，尽管这个标准已经考虑到了南非的条件，定得并不高。撇开南非的问题和事务，陛下的政府公开表示出以成年男子投票权对抗财产资格的强烈倾向性，因此我们已经决定，让成年男子投票权作为分配投票权的基础。

确实，在就这一问题进行的旷日持久的谈判和讨论中，一个政党主张成年男子投票权，另一个政党却主张投票人资格，双方达成了一个虽然很不正式却心照不宣的协议，即一个原则应当与另一个平衡。可是，这却不是陛下的政府考虑这些议题的立场。我们保护双方的长处。我们保护"一票算一票"，也保护成年男子投票权，以公平平等的原则在德兰士瓦全境严格保护他们的长处。因此我们已经决定，凡是年满21岁的成年男性，在德兰士瓦居住满6个月，不属于英国卫戍部队者，都应当获准以不记名的方式投票选举议员。

现在，有个问题我必须顺便提及。女性投票权问题已经在各种场合以各种方式引起了各种政府官员的注意。对此，我们已经非常认真地考虑过，而且已经得出结论：让一个无法为自己说话的年轻殖民地受制于一种我们自己都没有勇气去承受的危险，是不对的。我们将把这个问题留给新的立法机关去解决。

我现在要谈到选举分组问题。我们有两个选择——平等的选举区，或者是老的地方行政选区。当我说"老"时，意思是这些地方属于依然存在的行政区域。两种方式都有争议。平等选举区的好处是能保持对称，还能进行更严格、更精确的分配。但是布尔人已经表达了非常强烈的愿望，想要保留老的行政选区。我认为这对他们来说是相当感情用事的想法，因为总的来说，因某些选区胜出票数太多而造成布尔人投票意愿的损耗，这种情况在老行政选区要略大于平等选区。然而，布尔人一直很渴望，他们以前的老选区和他们在当地的生活尽可能地少受干扰，这是陛下的政府需要严肃对待的问题。

……

现在，让我谈谈语言的问题吧。在尊敬的圣乔治区汉诺威广场议员的宪法里，如果议会成员提出申请并得到发言者的准许，可以使用荷兰语。我们不能屈从于这个条件。我们认为，这种歧视招人反感。所用的语言被承认对一个小群体来说弥足珍贵。我从来不会因为南非有些地方的荷兰人希望由荷兰教师来教荷兰孩子荷兰语，就让自己感情用事。英语拥有无价的文学瑰宝与遍布世界的商业联系，我对它的评价不会那么低，以致不相信它能安全地与"塔尔语"这样的方言公开竞争。我们认为，在未来几年中保护像塔尔语这样的语言唯一可靠的方式，就是使它成为被禁止的语言，这么一来，人们就会故意怀着恶意说起它，作为对当局看法的抗议，而当局此举也确实会被视为不宽容。因此，我们已经决定，允许德兰士瓦议会成员无差别地使用荷兰语或英语演讲。

有人会问我，我们如此安排将带来什么结果。我拒绝就此做出推测或预言，那将是不合适也不正式的。在这个国家，我甚至无法预言下次选举中自由党的得票数会是多少，更不用说让我托付议员先生来预言一场没有他们的候选人的竞选结果如何了。我说不出德兰士瓦的英国人会怎么投票。这里有许多社会和政治的新问题，正在给旧的种族创伤涂上一层有益的抗刺激剂。两个族群之间的分隔，感谢上帝，已经不像过去那么清晰了。但是我知道，德兰士瓦的英国投票人无疑比荷兰人要多，这些英国人在宪法解决方案的任何一点上都没有被不公平对待，得到英国人多数支持对他们来说可轻松实现，如果他们合力去争取的话。我希望，由这些选举产生的政府将是一个由双方政党都接受的温和领导人组成的联合政府，一个在其党内包含了两个族群的政府。这样的解决方案将是南非的天赐之礼。但不管结果如何，国王陛下的政府都确信，未来的大臣们不管来自哪个党，无论属于哪个族群，在任何情况下都不会辜负他们对王权的责任。

我还想说，这届议会将拥有高度代表性，无论谁被召唤来此代表下院殖民事务部来处理各种无理干扰，都将尽职尽责。

现在我要讨论上议院的问题了。这不是个特别吸引人的题目。我们这边的人不是特别喜欢上议院，我不知道随着岁月流逝我们对这一机构的爱能否变深一些。但我们不得不由殖民地的实际情况支配，帝国里还没有哪个殖民地是没有上议院的。越来越多的人被任命为上议院议员，我认为，被任命为上议院议员的人的素质和实践能力并不比那些民选议员差。陛下的政府渴望为本地利益设立某些特殊保护，我要说，很遗憾，任何选举的方式都无法提供这种保护。然而，我们也不能支持这种任命上议院议员的形式永久存在。但是从本地事务的立场出发，考虑到选举复杂化——德兰士瓦的各阶级一直盼望着如此——的弊端，最主要是因为要创造一套新的选举体制会带来额外的时间成本，内阁决定，作为一种纯粹的临时安排，为这届议会成立一个由十五名成员组成的立法委员会。他们将由国王任命，如果因死亡或辞职而出现空缺，将在负责大臣的建议下由高级专员填补。在德兰士瓦首届议会建立一个选举性上议院的过程中，如果需要，将发放进一步的专利特许权。

……

1906年11月30号，在中国招募中国人的协议就将终止。我们的领事将收回曾经委托给矿业经理的权力。我完全相信，没有哪届英国政府会再次下放这些权力。在一段合理的间隔之后，宪法中将为废除现存的《中国劳动力条例》增加一个条款。我还不能说合理的间隔是多长，但必须给新议会以充足的时间去审时度势，整体考虑劳动力问题。我刚才说过，宪法中将有一个条款涉及白人和其他人之间的区别立法问题，在这一条中还要加上这些话："没有任何维系或服务于奴性的法律会被同意。"我们被邀请使用"奴隶制度"这个词或者"奴隶制度的伪装"一词，但类似表达将造成不必要的伤害，我们所选择的字眼要有效得多，因为更准确且更克制，它们精准地描绘了我们渴望阻止的罪恶。

现在，我已经向议院完整提交了宪法解决方案，我还想说，我们的建议是相互依存的，它们必须被视为一个整体，必须作为一个整体被接受或被拒绝。我这么说无意冒犯委员会，因为很显然这是政府应当在自己的职责范围内决定的事情。如果我们宣布的政策被修改了，就必须寻找新人来执行另一个计划。我们准备以自由党的名义制订这一解决方案。我们对此有充分的权力，但是我们还衷心希望得到更高一级的权力。我没有提出申请，但我要特别向坐在对面、长久以来精通公共事务，一生都不能从对南非的沉重责任中逃开的绅士们指出一点，他们是这个党公认的向导，虽然在议会里属于少数，却依然代表着将近半个国家。我要严肃地请教他们，在他们致力于激烈而轻率地斥责这一伟大的安排之前，是否丝毫不会迟疑停顿。我还要进一步地请教他们，能否和我们一起以国家批准的方式对德兰士瓦的自治给予认可。以我们党所占的大多数席位，我们只能使这一决定成为一个党派的礼物，而他们，能够使它成为英格兰的礼物。若果真如此，我敢肯定，我们衷心期盼的不可估量的祝福将从这个决定中流出。他们要迈出的实实在在的第一步，就是英国的党派政治退出南非事务，在这个问题上，他们两败俱伤。我请求各位予以考虑。但无论如何，我们都已准备好独自前进。如果我们继续得到议会的大多数支持，专利证书将会严格按照我下午解释过的解决办法进行颁发。

3. 高谈阔论于竞选讲坛

酒馆激情之风

维多利亚歌剧院，伯恩利，1909年12月17日

1908年，阿斯奎斯代表自由党人战胜甘贝尔-班纳曼成为首相，丘吉尔被任命为商务部长，步入内阁。两年后他更进一步，成为内政大臣。当时他还不满四十，如此升迁可谓平步青云，说实话，在近年来的政治历史上还鲜有人可以匹敌。

在此期间，他深深地卷入了国内事务和社会改革之中，与劳合·乔治合作（更多的是受其影响）颇多。政府的立法计划任务繁重，丘吉尔频繁发言，强有力地支持劳资协商、职业介绍所、失业及医疗保险。当上议院在1909年轻率地驳回"人民预算"时，他进行了野蛮、嘲弄、幽默而机智的攻击，效果仅次于劳合·乔治。

1909年12月16日，在就此议题进行的两次大选中的初次斗争中，柯曾勋爵在奥尔德姆充满激情地捍卫了贵族政治。第二天，丘吉尔在附近选区给予其令人难忘的回击。此文是他早期演讲风格的杰出例证，表明他是多么机智而又成功地学会了让自己那种正式而华丽的下议院风格变得更激烈粗犷，以适应竞选演讲的要求。

主席已经以朴实但简洁有力的方式告诉大家，未来几周大家必须表态的三个重要议题。伯恩利必须交出一个清晰明确的答案，而且最重要的是，一定不能冒险交出完全歪曲绝大多数选民意见的答案（喝彩）。

三个议题中的第一个，主席已经说过，就是捍卫我们的自由贸易体系（喝彩）。我曾被张贴于兰开夏郡的关税"改革"海报深深震惊。描绘一幅凄惨场景的图画并将"自由贸易"写在上面，是非常简单的。这就像在同一幅画上印上"酒后驾驶的牺牲品"，或者"土地垄断的牺牲品"一样简单，但我不能肯定这是否更不准确（喝彩）。毕竟，认识一种罪恶是一码事，辨别其原因则是另一码事。试图在没有真正发现其原因时根除某种恶行，没有什么比这更糟糕了。我们的国家有人失业，如果失业是因为自由贸易，那么我估计将德国和美国的失业归咎于两国追求的财政体制，也将是合情合理的了。因为他们追求的体制不是自由贸易，而是保守，我们的关税"改革"朋友会发现，自己的主张就是，我国的失业由自由贸易导致，而德国和美国的失业是保守贸易造成的（喝彩）。

我想问一个问题，希望我们兰开夏郡的关税"改革"朋友们尽量予以回答。那就是：关税"改革"将如何消灭工时不足的问题？我看到一份保守党报纸批评我最近几次在兰开夏郡的演讲，大意是说兰开夏郡将放弃自由贸易，因为它饱受工时不足之苦。但是，自由贸易是如何影响到工时不足的呢？导致棉花贸易繁荣的原因非常复杂，所有终生研究者即使知道了这些原因，就像你们大家这样，也极不愿意武断地认定它们，给出一个简单的解释。原材料供应，棉花能达到的价格，都是棉花贸易繁荣的重要因素，在我们刚刚度过这段时期——贸易飞速扩张，大量工厂建成，兰开夏郡工厂的扩张和发展似乎已经受到限制，远远超过这世界能容纳的棉花田的增长——之后，这些因素比任何时候都更加重要了。这对我们来说是非常严肃的事情，我在殖民部时曾尽我所能极力发展棉花种植区域（喝彩）。只有当我们能从许多不同的国家而不仅仅是一个国家买到棉花时，我们才能得到棉花供应的安全。这也是我们目前在玉米生产上所做的事情，我们能从每个有玉米出售的国家买进。当然，你不可能在一瞬间发展一大片棉花产区，在这些地方开始影响国内市场之前，还需要好几年——十年或者十五年。

在我国所有大型贸易中，可以说只有棉花贸易没有从关税制度中得到任何补偿（喝彩）。这一制度被吹嘘成包治百病的良方，我们被告知，它将治愈困扰人类心灵的所有烦恼，还保证给每个人优厚的工资和长久的工作。但我敢肯定，这些都是谎言（喝彩）。关税改革是残忍的，使英格兰和苏格兰各地都误入歧途，但是在兰开夏郡，它格外残忍，误导特别严重（喝彩）。如果兰开夏郡精明能干的公民们在某个脆弱或者头脑发热的时刻，听任这种危险而又不现实的观点的引诱，那么兰开夏郡所有关键的经济和商业力量都将深受其害（喝彩）。

某一天我在利物浦演讲时看到，作为对关税改革提案的批评，利物浦船运协会通过了一项非常古怪的决议，大意是如果关税改革来了，利物浦将不得不成为一个自由港口（笑声）。我特别能理解他们的动机。没有什么比这更清楚的了：这项政策的目标就是减少越洋运送货物的数量，要求到达这个国家的每一包货物履行各种费事的手续，交付各种关税。它将对利物浦的繁荣极其有害，因此根据常识，利物浦公民必然会抵制这项政策。然而我们在利物浦的关税"改革"朋友们还想要左右逢源呢。他们想投票赞成关税"改革"，又想让利物浦仍然做自由港（笑声）。我们为什么要在利物浦停下来？曼彻斯特凭借闻所未闻的努力建造了一个四十英里小岛的海港，那里该怎么样？（喝彩）邓迪又该如何？（笑声、喝彩声）还有伦敦港、赫尔港、纽卡斯尔港和伟大的泰恩港，它们都像利物浦一样，宣布要成为自由港。我的建议是，我们应该按照其逻辑，将这一原则贯彻到底，让全英格兰变成一个自由港，全世界的伟大自由港，就像它目前这样（喝彩）。这项政策不必费多少事就能执行，因为通过它已经成就了不列颠的伟大事业。（喝彩）

我们面前的第二个议题就是预算（大声喝彩）。做预算是为了付账单。债务已经出现，支出正在增长，领取养老金者每周都在为养老金而来（喝彩），无畏战舰正在建造当中（笑声）。关于这些，现在我们听到的已经不多了。保守党已经不得不设法平息海军的恐慌，因为事实证明支付恐慌（笑声）在他们的支持者中要强烈得多。我们认为，议会在征收必交赋税时，不单有权将更重的负担加给富人，还务必使这税负成比例地增加，为确保平等奉献而累进地增加（喝彩）。此外，我们认为，我们有权向某些明显来自于社会的财富课以特殊税负。但有人可能会说，"你的计划包括了除海军和养老金之外的其他支出，那国民保险该怎么办？失业保险怎么办？职业介绍所呢？经济和农业发展呢？"这些项目，按照我们的对手所说，是无论如何都不可或缺的。

　　完全正确，我们今年所征的税收足够支出，未来几年将产生更大量的税收；与此同时，如果减少军费支出成为可能——这是非常重要的事情——那么我们就有巨大的收益可供支配（喝彩）。可是，这就是反对预算的理由吗？未来几年我们打算怎么花掉这些因预算而增长的税收？啊，致力于增加税收的预算案中的每一个建设性提议的目标，与分配税收的方法一样，就是支持和巩固人民的家园（喝彩）。

　　当我在兰开夏郡开始竞选活动时，我向所有保守党发言者挑战，请他们屈尊下来讲一讲，为什么贵族议会就像现在的上议院一样，有权力统治我们，为什么上议院的孩子们有权统治我们的孩子（笑声）。柯曾勋爵（哼声）以巨大的勇气（笑声）回应了我的挑战。不，在周三的奥尔德姆，上议院不会找到比他更能干——我还要加上一句——比他更傲慢的捍卫者了。你们听说过奥尔德姆吧（笑声）？我也听说过（笑声）。哦，柯曾勋爵对待一场大型公共集会的态度，我只能说像是对待有关中世纪的获奖论文（笑声）。我并不是说它不是一场非常雄辩的演讲——它是场漂亮的演讲，我怀着最强烈的快乐和艺术愉悦感及满足感读了它，因为我想要柯曾勋爵在我国的每一个城镇都做这样的演讲。他若有机会使出浑身解数将这些观点呈现给全国的伟大观众，我将别无所求，我敢肯定它将于重重苦难中拯救我们（笑声）。

让我们来看看柯曾勋爵所依赖的一两个论据吧。他从捍卫世袭议员开始。这么做非常大胆（笑声）。他说，"看看我们的君主制度吧！"可是君主并非世袭议员。在我们的国家，君主是国家元首，但不治国事。国王依据首相的建议行事。英国国王已经好几百年没有立法权，已经两三个世纪无权在法律已通过时否决之。这么安排非常明智，每个国家的最高机关都应该超越个人野心，应该超脱于党派冲突的冲击和变化之上。这就是我们崇敬的英国国王的君主立宪制度。我认为，英国人民连一秒钟都不会同意在王国统治上实践俄国沙皇的做法（"对呀，对呀！"）。柯曾勋爵简直找不到比这更不准确的论证"事实"了。

接下来，他告诉我们，皮特先生、福克斯先生和格伦威尔过去在下议院掌握了巨大权威，四十年后他们的儿子也大权在握，扮演了非常重要的角色。他又说，类似的事情今天已经重现了，虽然，是以较小的规模。鉴于几年前大家在下议院看到了格莱斯顿先生、张伯伦先生和罗伯特·塞西尔勋爵（然后是索尔兹伯里勋爵），所以，现在大家看到他们的儿子也都表现杰出。然后他就提到我了（笑声）。我身上有什么归功于我父亲呢？哦，当然了，我的一切都归功于我父亲（笑声和喝彩声）。但是这就能成为世袭议员的辩护吗？正因为我父亲是伍德斯托克议员，我认为我就不应该无视伍德斯托克选民对我的看法，永远霸占伍德斯托克议员的位置。的确可以举出一些人做例子，他们有成就非凡的父亲，自己也获得了相同甚至更伟大的荣耀。可是我们能举出多少相反的例子（笑声，一个声音说："哪壶不开提哪壶。"）？世袭的例子你几乎用手指就能数过来。实际上柯曾勋爵根本没举出他手指那么多的例子来。只要想想那些被体面仁慈而含含糊糊地掩盖的数量惊人的反例，大家就明白了（笑声）。如果某个选区的选民愿意让老关系算数——假如他们说:"我们会投票给这个年轻人,因为我们认识他父亲"——这对他们的自由选择权将是怎样的损害?他们充分选择自己的代表的权力以什么方式、受到了何种程度的影响?如果说柯曾勋爵的论证还能证明什么,它不过证明了:如果这种世袭主张还有点可取之处的话,这种主张无论如何都必须在代议制下考虑。

然而,上议院的主张并不是说,如果选民喜欢,杰出人物的儿子就能得到立法职能委托;他们主张不管选民是否喜欢,杰出人物的儿子、孙子、曾孙子、子子孙孙直到无穷无尽,都能得到立法职能委托。这个主张最后归结为,我们应当在国内保留一个优越阶层,他们的血液中有与生俱来的立法职能,这个职能通过血液传给他们最久远的后代,实践这职能不需要考虑其目前载体的人格、智力或者经验(笑声),也完全与公众需求及公众意愿无关。这个提议只要对英国任何普通陪审团提出,都会立刻被充满鄙夷地拒绝(喝彩)。为什么它以前从未被拒绝过?我认为,它从未遭到拒绝,是因为上议院以前从未被民主的选区认真考虑过。这些选区自1885年就已经存在了,他们从未被认真考虑是因为,他们被认为处于昏庸和衰落状态,死亡将逐渐降临。现在,我们看到上议院正步入政治最前列,它对所有被多数通过的立法行使否决权,不管它是多大规模,也不管它来自哪位新当选的下议院议员;不仅如此,它还要求掌握全部财政大权——可以使他们成为国家主要统治中心的权力(喝彩)。这就是我们不得不彻底地审视他们主张的原因,我们一旦进行审视,我敢说他们必将暴露无遗(喝彩)。

"哦,可是,"柯曾勋爵继续捍卫这种世袭制度并说道,"我们不必整理风帆去捕捉短暂的民众激情之风。"哦,这就是他们正在做的事。他们的全部论点就是认为这个预算很糟糕,错误而邪恶,将在这个国家做尽坏事。但他们说如果在选举中,选民们随着一阵流行的激情之风,大多数都赞成这一预算,他们将立刻通过这一预算(笑声和喝彩声)。此举也许相当精明,可能还非常妥当,但显然不是在抵抗民众激情之风嘛（笑声和喝彩声）。那《交易纠纷行动法案》又该怎么样？噢，我要毫不犹豫地说，上议院或者议院的绝大多数都认为那是个恶劣透顶的法案。索尔兹伯里勋爵，前首相，说它像某法案一样有害而邪恶，该法案某章节之无耻在其他任何法案中都未曾出现过。可是这个法案就有上议院认为的那种"民众激情之风"，他们躲到一边，它就通过了（笑声和喝彩声）。

接下来，就是养老金问题了，此事遭到兰斯道恩勋爵和上议院其他许多议员的公开抨击，他们毫不留情地说它是设计好来破坏和削弱工人阶级自尊的制度，按照上议院的观点，工人的自尊只能通过自由申请济贫院来维持（笑声和喝彩）。贵族们对这一措施的厌恶如此强烈，以至他们当真拿出了一个修正案，说五六年之后整个养老制度都要重审一下，如果不更新，就会终止。可惜，这又是"民众激情之风"吹进来的地方（大笑与喝彩），这个法案通过了，虽然他们认为它将毁掉整个国家（笑声）。我非常高兴它通过了。但是，上议院所做的唯一一件事，就是在那些它认定为错误的措施得到公众支持时自觉地让路，这种时候，它自告奋勇来扮演我们命运的坚定而独立的仲裁者，却拒绝传达对它来说毫无用处的选民的任何想法（喝彩）。实际上，我对上议院指控的要旨就是，他们正在发展为竞选拉票的陈规陋习（喝彩）。我的意思是他们非但不反对民众激情之风，反而一直在努力玩着托利党的党派游戏（喝彩）。

当大家谈到像《授权法案》这样的问题时——我承认这法案不是好的拉选票方式，但它诚心努力想要消除最令人痛苦的社会罪恶（高声喝彩）——当你们谈及类似的问题，当上议院认为他们通过抵制它能够轻易得到某些区域的些许党派威望，那么无论上议院里最好的人提出什么样的请求，无论政府做出什么样的让步，无论教会——是大主教，还是他们自己的英国戒酒学会向他们提出什么样的呼吁，无论想要克服邪恶的愿望是多么诚恳，他们都会在瞬间将其铲除干净，因为他们希望抓住的，不是民众激情之风，而是小酒馆激情之风（大声而持久的喝彩）。

现在我要谈到柯曾勋爵的第三个伟大论据了。"所有的文明，"他说——他引用一位伟大的法国作家、不可知论者勒南的话——"所有的文明都曾是贵族的杰作"（笑声）。在奥尔德姆他们喜欢这句话（笑声）。奥尔德姆没有一个公爵、伯爵、侯爵和子爵不认为，那是对他的恭维（大笑）。柯曾勋爵的贵族意味着什么？他在演讲中清楚地表明，他的意思不是指天然的贵族。我心目中的贵族是指每个国家每一代人中最优秀、最有才华、最明智、最勇敢、最慷慨、最灵巧、最美丽、最强壮也最活跃的人。如果他的意思是这样，我认为我们也许应该赞同他的话。民主的正确理解是指所有人在最优秀者的领导下联合起来，然而柯曾演讲中的引证和上下文，全都被设计来证明一点：上议院是我们特别渴望其保持现有形式的机构，它们清楚表明他所谓的贵族政治是指世袭的立法者，男爵，伯爵，等等——我用"等等"没有任何不敬的意思（笑声）——还有其他国家中他们的同类。这就是他在奥尔德姆演讲中提到贵族政治的意思。哦，我又说一遍只会被以荒唐为由驳回（喝彩）。

"所有文明都曾是贵族的杰作。"噢，还不如说供养贵族曾是所有文明的苦差事呢（大声喝彩，有人喊："再说一遍！"）。几乎所有伟大的思想和精神以及有益于人类的伟大服务，都来自于人民大众。作为文明的伟大代表——信仰，全世界的信仰都来自于人民，来自于穷人，尤其是基督教。基督教被穷人和地位最卑微的人宣扬，也向穷人、流浪者、艰难时世中被鄙视和被排斥者布道——今天统治世界的基督教，曾为文明贡献了使我们今天的生活纯洁健康的所有宝贵思想。历史上可曾有什么伟大画卷由一位公爵描绘呢（笑声）？我听说过一位写好诗的勋爵——拜伦——但他写的可不是上议院喜欢的那种诗。科学界所有伟大的发现，都是这个柯曾勋爵以为包括了所有天才的小圈子之外的人做出的。在机械发明领域——文明的另一伟大代表——使我们繁荣的文明生活得以建立的最著名的发明，有许多都要归功于兰开夏郡的劳动人民（喝彩）。甚至当你谈到战争时——虽然大家很难称战争为文明的目标，但它依然是人类命运和发展特别强有力的代表——当然，有许多伟大的将军出身贵族，但是只有极少的贵族能成为伟大的将军。柯曾勋爵提醒我们，许多贵族都曾担任过国家高级职务。他历数上议院曾出过四十一位首相而只有十六位来自贫穷可怜的下议院，还有什么国务大臣、海军大臣，上议院拥有的一长串的高官，同时下议院能举出的却少得可怜。我很愿意相信他的话。但它只能说明这些年来，一个小小的、有局限的、无代表性的阶级一直独占着过分的政治权力（喝彩）。柯曾勋爵又告诉我们，在以前，许多杰出人物都为进入上议院而骄傲。我认为，他们急于踏上这条如此简单、对为国效力来说有时又是绝对不可或缺的道路，这再自然不过了。"所有文明，"柯曾勋爵告诉我们，"都是贵族的杰作。"他有他的出处，我也有我的。我的引用远非他的摘录那样高雅或深奥，你们以前都听到过。让我们用罗比·彭斯的话来说吧："男儿当自强。"（喝彩）我反对我的马踏上兰开夏郡的任何道路，但我支持它踏上苏格兰的任何一条道路（笑声）。

所有这些问题原本可能任其沉睡，但它们已经被上议院的行动唤醒了。既然已被唤醒，大家就一定要给出自己的答案。我注意到，张伯伦先生在写给报纸的信中悲叹说，关税"改革"将不是选举中唯一的议题。是的，它将不是唯一的议题。我认为保守党在任何一个问题上都会遭到暴击，但如果两个问题双管齐下，他们就会被推翻（大声喝彩）！

4.
海军的任务

"我们必须使它强大"
市政厅，伦敦，1911年11月9日

作为当时国内支出日益增长的两位主要政府责任人之一，丘吉尔增加1908年海军军费的提议遭到反对，他还曾公开低估英国与德国开战的可能性。但是，德国舰队的显著扩张，1911年7月的阿加迪尔危机，海军明显的无能和低效，以及丘吉尔对军队事务持久的兴趣都表明，他急于接受现代化挑战，改革英国海军。

1911年10月，他代替雷金纳德·麦肯纳成为海军大臣，麦肯纳做了内政大臣。直到1915年5月，海军的扩充一直是丘吉尔的当务之急。他建立了海军参谋部，改善了下层甲板的条件，将舰队燃料由煤改为石油，支持重炮创新和舰船设计改进，极大地扩充了海军规模。

他在议院的大部分演讲都极其冗长复杂，不值得在此复述。但是在他刚被任命的那几天，他在市长的宴会上讲到了海军防御问题。他巧妙地提及了他的前任，坚定了对不列颠海军无敌威力的信心，同时又极其清晰地表明，改革和提高也是刻不容缓的。

这是我第一次享受殊荣，在这样的场合如此开心而又受宠若惊地献上祝酒词。同时我也非常高兴，在服役期间结识了我的老朋友和前指挥官威廉·尼科尔森爵士，我最初认识他并为他工作时，他是西北边境驻军的参谋长，我是威廉·洛克哈特的传令官。我可以向各位保证，我曾怀着对海军伟大传统的深深敬意承担了我的职责，同时又简朴而诚挚地渴望自己离职时没有辜负国家的信任（喝彩）。我在非常有利的环境下开始工作，为了回报他们在这个节骨眼上给予我的公平和善意，我想对所有党派尽到责任，尤其是对我政治上的对手。我也继承了这一大好形势。海军很强大，它的确强大，它相当强大，它效率很高（喝彩）。今晚大家赞美的官兵，是我们人类所能培养的最优秀者（喝彩）。他们对每个型号的船只都检查得非常仔细，比其他舰队里相应的舰船更精确，英国海军的优势非常明显，这是可以确信的。这很大程度上要归功于我的前任麦肯纳先生的勇气和深谋远虑（喝彩）。我注意到，同时也请你们注意，议会在近年来为维持海军的第一道防线所制定的自由条款。此外，我们的海军和国家还欠了费舍尔勋爵一笔长期巨债（喝彩），费舍尔勋爵，是这个国家众所周知的最能干的海军大臣（喝彩）。目前，真正的改革与他那种强势性格招致的仇恨之间的矛盾正在消失，我们正在享受他伟大工作的成果，而并未出现似乎无法避免的那种摩擦。今晚，我代表一个团结友爱的集体，祝愿全体官兵在专业意见的正确指导下自由发挥，怀着诚挚的渴望，充满活力地为国家服务（"好！好！"）！因此，请大家允许我使用这样一个适合我职位的比喻：我的航程将在明媚宜人的天气里开始。

　　海军很强大——我们必须保持它的强大（大声而持久的喝彩），——就是说，强大到足够去做它必须做的一切。不仅要强大，还要准备好，每时每刻都准备好尽最大的可能和优势发挥它最强大的力量（喝彩）。我讲话当然有所保留，作为一个新履职的大臣这是必要的。不过据我所知，我们目前没有理由拒绝一项双重任务：既要保持海军立即作战的能力，又不能辜负我尊贵的朋友内务次官的期望,他说明年的预算将在目前那反常的高水平上降下来("好,好!")。倘若这个国家每一片土地上的安全都并未遭受丝毫危害,这样的下降将令人神往("好,好!")。

但是,请允许我在此说几句最坦率的话。我们的海军战备必须基于其他大国的海军战备。假装德国海军突然而迅速的扩张并非我们决定是否增加海军支出或建设的主要因素,这是感情用事——而且是一种相当无用的感情。掩饰这一点,对近年来因德国的活力和德国科技带来的非凡而巨大的发展,将是不公平的。正是两个强大的帝国——一直拥有如此巨大的共同利益,一直没有任何争吵理由的帝国——之间的海军竞赛,是两国之间为友好而反复努力(伦敦城曾采取积极行动)却遭到阻碍的根基和背景,否认这一点就更加愚蠢了。随着竞争的继续,每个猜疑和不安的因素都是危险多变的,一个灾难带来另一个灾难,形成漫长而丑陋的连锁反应。我们不会那么狂妄自大,以致认为伴随着人类前进脚步的过失和错误完全在某一方。但是维持海军优势是一切的基础。依赖它的不仅是帝国,不仅是我国人民的商业繁荣,不仅是动荡世界中一个美好的所在,我们的生活和我们曾经捍卫近千年的自由,都要依赖我们的海军优势。

明年海军法——待其完备时将为德国带来一支宏伟而强大的舰队,仅次于我们的海军——规定,海军扩充已达极限,德国海军的年度新船增加配额将下降到近年来的一半。迄今为止,还不曾有任何国家以任何方式超越这部由议会确定的法律。我也很高兴见证下列事实:德国大臣们关于这一点的声明已经得到事实的严格印证。目前的世界形势就是,只要德国遵守法律,不继续增长,对欧洲来说就将是一个莫大的安慰。我们应当明白,尽管海军的支出负担毫无疑问太过沉重,但无论如何,高水位线已经达到,全世界的人都将更自由地呼吸,国与国将进入更信任更友好的氛围当中,我们应该欣然加入其中。另一方面,我尊敬的市长先生,如果其他大国已十分庞大的海上作战计划因为新的扩张而膨胀,对我们和其余国家来说将是极其遗憾的事情。但是，我一定要代表陛下的政府说，在全世界所有国家和民族中，不列颠将是最能承受压力、最不可能逃避责任的那一个（喝彩）。

5.
达达尼尔海峡替罪羊

"我已竭尽全力"
邓迪，1915年6月5日

多亏了丘吉尔的改革热情，海军在面对1914年战争挑战时的装备比他刚就任海军大臣时要好得多。那一年10月，丘吉尔将年事已高但老当益壮的费舍尔勋爵从退休中召回，担任第一海军军务大臣，开启了一段绝妙的合作关系。不过到1915年5月，意料之中的性格差异与战略分歧导致了费舍尔的辞职。

没过多久，丘吉尔本人也被迫离职。他因达达尼尔海峡的灾难遭到许多人当面指责，如果他被免去海军大臣职务，保守党反对派将加入阿斯奎斯领导的联合政府。他为留任努力斗争，但最终还是被迫接受了兰开斯特公爵郡大臣这一闲职。与此同时，A.J.贝尔福接替了他在海军部的职务。

1915年6月5日，丘吉尔赴邓迪在选民前捍卫他的海军大臣职务，他骄傲地谈到海军的成就，谴责报界对政府和他本人无休止的攻击，结尾是对整个民族掷地有声的呼吁，清晰地预示出他在1940年所做的伟大演讲。"丘吉尔先生，"《星报》评价说，"讲出了这个国家想听到的话。"不过，还需要过一段时间他才能再次如此表现。

考虑到最近发生的所有事件，也考虑到距我上次在邓迪的演讲已经过去一年多，我认为借此机会来这里与选民见面是正确的。我来这里不是要用私事来麻烦大家，或是进行解释，或一味沉溺于责难或反驳。战争时期，一个人必须承担他的责任，接受运气的降临或离开。在这里或在议会，我都不会讲任何让我感觉与这件要紧事无关的话——我关心的唯一一件事就是——我们与敌人这场胜利之战的进展（喝彩）。

1911年，在阿加迪尔危机差点将我们带入战争后，我被委派到海军部，首相赋予我的明确责任，就是让舰队始终保持战备状态，以免遭德国的打击（喝彩）。从那以后将近四年，按多年前我本人的话来说，我肩负着"就所有海军事务对国王和议会负责"的沉重负担，当我说"负责"时，我是指它真正的含义——我要为出错的每件事挨骂（笑声和喝彩）。这几年构成了我们海军历史上一个最重要的时期——为战争准备的时期，警戒和动员的时期，在没有任何经验的条件下进行真正战争的时期。我已经竭尽全力（喝彩），海军部档案将以最详尽的细节说明我在已发生的重大事件中发挥的作用。我期待它们来为我辩护。

此外，我还指望海军的总体形势为我做证。战争之初的可怕危险已经过去；大海上已被清扫干净；潜艇的威胁已被控制在明确的限度内；我们战士的个人优势，我们舰船在公海上的优越地位，都已不容置疑地建立起来；与战争之初相比，我们的力量已得到极大的、真正的提高，而且战争需要的各级别战舰每天都在不断地跨越式进步。从现在到年底，英国海军的力量还将进一步增强，若非事实如此，实在令人难以置信。一切都井井有条，几乎每件事都被预见到了，我们的给养、储备、弹药、器械、官兵的招募——万事俱备。我们将所向披靡，我们已经摸清了敌人的老底，我们只需满怀信心地前进（欢呼）。在全世界所有海洋表面，再也不会有敌人飘扬的旗帜（大声欢呼）。

对于这一成就，我将永远为自己所尽的一份绵薄之力而骄傲。我的职权现已交付他人之手，我的任务就是尽我之力做好一切，在行动上、言语上和思想上给予我的继任者忠心支持（喝彩）。我的确非常高兴，贝尔福先生（欢呼）已经能够承担这一伟大使命了（欢呼）。达达尼尔海峡目前正在进行的战事将给他一个机会，去运用他的冷静、勇气和顽强不屈，十五年前，正是这些品质阻止了雷迪·史密斯被命运摆布向敌人投降。

关于达达尼尔海峡，我有两件事要对大家讲。第一，必须预料到陆地和海上的损失，我们在那儿使用的只是在满足其他所有需要后剩余下来的舰队。这支舰队若不是用在这一伟大的事业中，就会懒洋洋地躺在南方港口。组成舰队的大量老舰船，在年底之前无论如何都不得不抛锚，因为工厂急于让新船下水，急需老船上的大量船员来增援。只要官兵宝贵的生命得到了拯救，舰船的损失就像以前任何一次一样——我认为，会轻易地被朋友和敌人双方给夸大。

军事行动也将耗资巨大，但有些人认为，基奇纳勋爵（大声欢呼）没有仔细考虑我们的军队在法兰西和佛兰德斯的所有其他重大需要，就已经着手行动了。这些人想错了，不仅错了，简直是太武断了。

我要讲的第二点是——要公正而冷静地看待你们的失败，同时一定不要忘记，你们正在争夺的战利品。伊恩·汉密尔顿爵士的陆军，海军上将德·罗贝克的舰队，距离这次战争还未见到的胜利只有几里之遥。当我提到胜利时，并不是指挤满了报纸上每日公告栏的那种胜利，我所说的胜利具有光辉灿烂、令人敬畏的真实性，塑造着国家的命运，缩短了战争的进程。我们的战士，我们的法国同志，我们英勇的澳大利亚士兵，和我们的新西兰兄弟们，正在山岭和灌木丛中战斗，这一切后面是一个敌对帝国的垮台，敌军舰队和陆军的毁灭，一个世界闻名的都市的陷落，很可能还有强大的协约国到达。斗争将十分艰苦，冒险无数，损失惨重，但当胜利到来时，一切都将得到补偿。从来没有什么战争辅助行动能像这次一样，将战略、政治和经济利益结合得如此完美和谐，或者像这次一样，真正地配合中心战场的主要决策。穿过达达尼尔海峡的隘口，跨越加利波利半岛的山脊，将是通往胜利与和平的几条捷径。这就是今天下午我对这个问题要说的全部，但也许过些时候，当这个著名故事的结尾章节已经写好时，我会被允许再谈谈这个话题。

我不是来喊冤的（喝彩）。我看到一些报界的朋友因为曾经过分地悲观而责备自己和别人。让他们放下自己的良心，休息去吧。为了让大多数人充满信心地履行职责，报界的基本原则就是在战时维持公众的信心和精神。历史上所有伟大指挥官，危机时代国家的执法者，总是在自己的权限内利用一切手段努力阻止悲观情绪（喝彩）。我们的盟友法国近来有句谚语，说百姓的悲观就是战士之懦弱的复制品。这并不意味着大家无须面对现实。你应该直面现实，但一定要在现实形势中想方设法得到鼓舞。哦，当我们回望过去，想起我们卷入国家间军事冲突的情形，举国为战争准备的情形，想起十个月前我们这个和平文明的国家卷入了冲突，我们发现，我们的国民生活没有任何部分是与海军无关的（喝彩）——英国海军像德国陆军一样准备就绪（大声欢呼），而且已经证明它完成任务是绰绰有余的（欢呼）——但是当我们想起，我们的国民生活中除了海军之外，没有任何部分能够适应大规模的战争，那么在后来发生的一切中，难道我们不是有许多值得骄傲和感激的事情吗？例如，在这么多年的和平之后，我们还能找到一位基奇纳来招募组织我们的陆军（欢呼），一位像约翰·弗兰奇一样无畏的领导者来指挥他们（欢呼），像道格拉斯·黑格爵士、伊恩·汉密尔顿爵士一样专业的将军，像约翰·杰利科爵士那样的海军总司令，像贝蒂、史特蒂和·德罗贝克一样的海军上将，还有那位将指挥旗飘扬在调皮的阿瑞图萨①之上的海军准将，难道

---

① 阿瑞图萨（Arethusa）：希腊神话中的山林水泽女神，头发上饰有谷物花环，颈项和耳朵上都戴有珍贵的珠宝。她的头为海豚所围绕，象征着大海。

这还不够精彩吗？毫无疑问，他们身后还有更多人，只需等到机会的金光一闪，就会为我们的事业做出杰出贡献。在这样的时候，向领导者献上忠诚和信任是所有人的责任，不论对前线的战士们，还是对国内担忧思虑的政治家们，都要献上我们的忠诚与信任。不但要在一切顺利时献上忠诚与信任（因为那样很容易），还要让他们感到，他们不会因英勇事业中出现的必要损失被责备，或在初次走背运时遭到批评。如此一来，你将从你的领导者那里——不论他们是军人还是平民——得到勇气、能量、胆识，承担所有责任，没有这种担当，我们在战争中就不会取得任何伟大的成就（喝彩）。

现在，我想谈些会让我陷入麻烦的事情（笑声）。我认为，无论在战场上还是国内，都不应该允许报纸去攻击尽责的国家领导人（大声喝彩），或者以蓄意传播怀疑、缺乏信心或别有用心的方式去写作，在文章中蓄意制造交战双方对彼此的厌恶感。我认为这条规定不仅适用于那些海军上将和将军，还适用于国内的主要大臣们，特别是伟大的战斗部门的首脑。目前没有哪个参战的国家会给报纸发放这样的许可证，如果报纸上有批评，如果报纸上必须有批评，它首先应该是满怀诚意和中肯认真的批评。但如果要有批评，还是让它出现在议会里吧。如果那些演讲是我们不能允许敌人作为一个党派的意见来讨论的，那就让全体议员行使其权利，暂时闭门闲坐。为了国家未来的利益，为了我们军队的安全和胜利，不负责任和恶意的吹毛求疵不应该继续下去，这似乎是势在必行的。

我们国家的人都是新闻自由的坚定拥护者。在和平生活中，新闻自由是国民生活自然而健康的特征，只要有自由的议会和自由的讲坛；然而，当议会因战争状态而遵守自愿但严格的限言令，当许多话题为避免给敌人透露信息而不能自由地讨论时，社会的平衡将不复存在，报纸无节制的行为将带来严重伤害。

我感到非常遗憾，自由党内阁目前不再有机会在议会里陈述事实了。大家会发现，代表作战部的基奇纳爵士有个非常有力的例证可展示，甚至代表海军部的我也会有几句话要说，但是内阁已经寿终正寝，其长久的职业生涯——在国内事务上那么值得纪念——已宣告结束，它在南非或爱尔兰的工作无论好坏，都已成为历史。我知道，今天下午聚在这里的许多人都是它的反对者，我们将在一个不一样的基础上一起工作，但在我谈到新内阁和它的未来之前，我必须请求你们允许我，为老内阁说几句公道话（喝彩）。这个内阁长期而诚心诚意地寻求和平，但它也坚持我们的海军防御策略，抵御了所有的困难和危险；这个内阁在战场上投放的兵力，是我国历史上任一时期、任一党派所预期的六倍；这个内阁以你们的名义，以国家的名义，为了责任和荣誉，履行着每一项对法兰西和比利时的义务（喝彩）；这个带领我们团结的人民进入战争的内阁，有这样一个记录——在未来的时代，当受伤的世界用探寻细查的目光回顾所有导致这场巨大浩劫的事件时，将给我们留下这样一个记录，它将向所有时代表明，不列颠绝对是清白无瑕的（喝彩）。我想你们会允许我就自由党内阁说上这么几句。这些年来我曾有幸作为其中一员，我会公正对待组成它的成员及领导者，还有那个如此诚心地支撑它的伟大党派。

在我离开它之前，我请求大家允许我就我的一位伟大的朋友说一句，他在苏格兰家喻户晓，目前已经淡出社会生活——霍尔丹勋爵（欢呼）。我深感遗憾，他已停止担任那个他为之增色的伟大职务，不再作为真诚的爱国者为国王服务。过去七年中，在我就座的内阁里，只要有需要，霍尔丹勋爵从来没有哪一次不是凭借他对德国行政体系的渊博知识，提醒我们要警惕其天性中危险的一面（喝彩）。没有一次他不曾支持保卫这个国家、军队或海军的每项条款。正是他，与法兰西商讨那些错综复杂的协议，使我们的陆军能在最佳时机迅速到达现场；正是他，面对众多反对，在资金极难筹措的时候筹备了远征军；正是他，组建了表现出色的地方自卫队，证明了其开创者的正确性。迄今为止，我们的重要军事行动甚至成功本身，即使不是主要地也是显著地依靠了他的勇敢、纪律和数量（喝彩)。直到几个月前,我们在这次战争中使用的全部陆地兵力,都是霍尔丹勋爵组织的产物,在大不列颠拔出荣誉之剑前那痛苦挣扎的重大日子里,当犹疑的寒气扎进许多人的心中,不知是否应当按照义务行动——就在这些日子里,没有谁比他更近地站在爱德华·格雷爵士一边,没有谁比他更清楚地看到我们的责任在何处(喝彩)。

我将带着这一切告别过去。新内阁已经形成,老对手们已经将分歧搁置一旁,个人利益和党派利益已得到调整或抑制,内阁现在可以宣布自己代表所有政治力量,可以要求一个团结的国家对自己忠诚(欢呼)。我们支持这届内阁,要使它成功,使它成为高效的战争机构,对它忠诚,对它公正,怀着关心与尊敬判断它,这并不是个喜欢不喜欢的问题,也不是一个普通的政治选择问题。这是我们大家所有人自我保护的问题(喝彩)。最近三周来,这个国家的注意力已经从战争转向了组阁及区分职责和荣誉这些事情上了,我们的政体中所有那些司空见惯却又必不可少的细节,在和平时期都是如此令人愉快(笑声)。

现在,一切都过去了。这一过程花了足够的时间,但它已经过去了。我问了自己这样一个问题:人民对新的国家政府有什么期待?我可以回答这个问题。我将用一个词来回答——行动(大声喝彩)。这就是全部的需要,这就是唯一的辩护。我们的行动应该有更强烈的民族感情、更强大的推动力,为人民带来更大的满意度,让统治者的领导和设计更有成效。这是所有党派的期望和需要,以回报他们从自身特殊利益和理想出发,在适当考虑之后做出的诸多牺牲。行动——行动,不要犹豫;行动,不要言语;行动,不要激动。全体国民等待着行动的指令。内阁的责任就是宣布该做什么,向议会提出建议,承受结果的好坏成败。这就是大家希望我带回伦敦的消息——行动;立刻行动;满怀信心和勇气行动。相信人民吧,他们从未让大家失望。

长篇大论不适合我们生活的这个时代,因此,我只耽搁诸位几分钟,再谈谈国家在生死关头压倒一切、无须讨论的权力。这些权力是绝对的。除了国民生活和保护自由，任何事都不重要，没有自由，生命将是可憎的。唯一的问题就是这些无可争议的权力可以行使到什么程度。现在，我对大家说实话，如果不强制招募士兵并送他们上战场就不可能赢得这场战争，我会支持这一举措，但我不认为这么做在今后有什么必要（喝彩），我确信它现在也并无必要。恰恰相反，我国人民的性格就表现在，唯一一个永远不会缺少志愿者的地方，就是法兰西和弗兰德斯那血淋淋的战壕（喝彩）。

在历史上任何时候，还不曾有哪个国家像英国这样，有那么一种勇气和牺牲精神在全体国民中广为流传，几乎传遍世界。没有强制，法国大革命不能捍卫法兰西的土地。没有强制，美联邦也无法维持其国家的完整。但今天的不列颠却出现了数百万完全自愿的公民，或急切或冷静地决心在危急时刻为原则而战斗和牺牲，在有史以来最艰苦、最残酷、报酬最少的战争中战斗并且牺牲。啊，这是这个美丽岛屿的全部历史中最为精彩和激动人心的事实之一，在未来的日子里，它将被视为我们种族的男子气概及我们制度之稳固健康的光辉象征（欢呼）。到目前为止，已经有三百万人自愿上路为国王效力——事已至此，抛弃这一伟大的，为我们的军队荣誉和国家尊严加分的道德优势，只为了匆匆忙忙地把相对较少的士兵送上前线——而这些人很可能并不适合这份工作，他们即使被招募了，也好有几个月无法装备——发生这一切之后还这么做，在我看来就是极端的愚蠢（喝彩）。

不过在我看来，在国内服务，为国内防御服务，保证我们的战士在国外得到正常的供给和保养，其立足点就不一样了。记住，我们面对的这个敌人，在消灭我们的男人、女人和孩子时没有丝毫顾虑，只要有机会，他不惜使用任何手段。我们对抗的这个敌人，今天下午如果能按一下按钮就除掉这个国度里每一个灵魂，他绝不会迟疑一秒钟。我们对抗的这个敌人，所思所想和一个用烟熏掉蜂巢的园丁一样少。让我们看清楚,这是世界历史上的新现象(喝彩)——或者,这是个旧现象,兴起于过去的可怕深渊。我们正在与这样的敌人对抗,我们被困在一场致命的战争中。失败就会被奴役,或者,最好的情况,就是被毁灭。不去果断胜利只会在惴惴不安的停战后让一切痛苦重来一遍,和他从头再战,很可能形势不再那么有利,也许,还得孤军奋战。啊,在发生这一切之后,欧洲绝不可能回归和平,除非德国的军事系统已经支离破碎,任人宰割,不能以任何方式抵挡征服力量的意志和决心(大声喝彩)。为了这个目标,我们整个国家都必须组织起来(喝彩)——必须社会化,如果你们喜欢这个词——必须组织起来,动员起来,我认为这一点必须以某种方式被肯定——我无意过早判断——但我认为它必须以某种方式得到内阁的肯定,由一种储备力量给予必要的控制和组织上的权威,确保每一级别、每种条件的每一个人,无论男性还是女性,都能自行其是,公平共享(喝彩)。民主原则喜爱它,社会公平需要它,国家安全要求它,我将借你们的权威为伦敦带回口信:"让内阁遵照它的信心行动吧!"(喝彩)

首先,让我们尽情欢呼吧!(欢呼声,一个声音说:"可耻的魔鬼,下地狱去吧!")让我们尽情欢呼。我已经告诉你们海军的任务是如何被执行的,你们也明白,你们的生活状态是如何在丝毫未受压抑的情况下得到了保持,因此你们一定能认识到,这个巨大共同体的全部力量。我们的战士的勇猛已经赢得欧洲所有军队的普遍尊敬(喝彩)。不列颠这个词,现在被当作超越国界的强大信心的象征和标志。自治领和殖民地的忠诚证明了我们的文明的正确性,敌人的仇恨证明了我们的战争的高效(喝彩)。然而,我会不时地建议大家,在焦虑或沮丧时,仔细想想战争这幅恐怖图画的色彩和光线,此刻在你眼前是什么样子。看看澳大利亚和新西兰吧,在最近和最好的一次出征中击垮了普鲁士与土耳其的联合野蛮力量(欢呼);路易斯·博塔将军为国王守住了南非(欢呼);看看加拿大誓死保卫支离破碎的比利时那最后几英里;再眺望一下那硝烟弥漫、遍地杀戮的无边战场吧，展望我们团结的大英帝国在欧洲解放的宁静背景下美好的未来。

然后再回到你们的任务上来。往前看，不要往后看。重新积聚内心和精神的所有能量，再度用最大努力联合起来。时代很严酷，需要很紧迫，欧洲的创痛无穷无尽，但不列颠团结一致投入战斗的力量将不可阻挡。我们是协约国事业最重要的后备力量，这支后备力量现在必须同心协力向前进（长久的欢呼）！

6.
一个灾难性的建议①

召回费舍尔勋爵
下议院,1916年3月7日

  1915年11月,丘吉尔退出内阁重回现役,最终受命在法兰西指挥皇家苏格兰毛瑟枪团的一个营。他在服役的六个月中表现出的勇气为他赢得了大家的敬意,但也让他远离了政治活动中心。他急于回到政治舞台,他担心贝尔福作为海军大臣太软弱,太呆板,不能适应时代的需要。

  丘吉尔离开战壕时所做的这次不同凡响的演说,表现了他作为一位议会演说家的最佳与最差的状态。演讲首先细致全面地批评了内阁的战时指挥,特别是贝尔福在海军部的表现,吸引了下议院的注意。但是,当丘吉尔最后提议让他从前的对手费舍尔元帅复任第一海军军务大臣时,之前取得的效果便彻底毁了。

  他没有留在下议院听取反响,此举招致广泛的嘲笑和怀疑。就连他最亲近的朋友都认为他最后的提议是自杀式的愚蠢行为。他的中肯批评被遗忘了,第二天贝尔福就做出了毁灭性的反驳,使丘吉尔陷入无助与屈辱之中。

---

  ① 这篇演讲涉及大量当时英国海军的建设细节,同时真实记录了演讲时议会互相辩驳质疑的氛围,为适应读者阅读习惯,译者选译了其中最能表现英国议会气氛的一部分。

大家都认为，他的政治生涯永远结束了。

……

今天下午我来到这里，怀着最深的责任感讲了这些事。我讲这些是因为我确信，还有时间来避免所有危险，因为我确信，现在还为时不晚。假如已经太晚，不如保持沉默。不晚，还有时间。我担心我要说和正在说出的这些警告与规劝的话很可能会激起怨恨，尽管如此，我还是必须说。毫无疑问，这些话会产生有用的结果。可我要告诫诸位，虽然还有时间，但海军部绝不能认为战争已告结束。他们必须振作精神投入到新任务中去，奋力向前，只争朝夕。我所谈及的有关大战舰的一切也适用于各种各样的小型舰队，但尤其适合驱逐舰。战前我们根据1913—1914年的计划略微减少了驱逐舰的数量，为的是花同样的钱建造更大更强的驱逐舰，也是为了发展我们的"阿瑞图萨"轻型巡洋舰计划。战争立刻表明，轻型巡洋舰虽然必要而且令人羡慕，却不能代替驱逐舰，何况是用来对付潜艇的大批驱逐舰呢！因此在路易王子时代，我们就着手制订新规划了。之后，费舍尔勋爵带着新激情来到海军部，1914年秋天我们一起工作的时候，一切安排不仅井井有条，而且完成得超乎想象。如果我们之后着手的各种小型船只的计划能够准确执行，它们将能满足所有不时之需。

（贝尔福先生："小型舰船已经大大加强了。"）

伴随着这些进步，其他方面无疑也跟上来了，但其他危险也接踵而至。我正在处理这方面的问题。但假如让这些工作落在后面，假如允许它们一天天倒退回去，我敢说我们的海军和联合舰队会发现自己失去了安全，也失去了我们为之准备已久的有利条件，我们认为二者都是他们绝对不可缺少的。很遗憾，在下院听过海军大臣至为详细的声明之后，我还得打扰你们，但是这个问题至关重要。"我们正在竭尽全力"，光这么说说没有用，你必须把必要的事情继续做下去。

尊敬的大人谈到了劳动限制。涉及英国海军的事情是没有劳动限制的。正在建设中的大舰队和中队的重要单位是我们海军所有资源的首要消费者,没有什么需要能与最高需要竞争。尊敬的大人现在告诉我们他还没有处理减轻海军劳动强度的问题,我认为议会是不会满意的……

(首相阿斯奎斯先生:"他没那么说。")

我推断他会这么说,无论如何,他还没有接受这一意见。

(一位议员:"又太晚了!")

如果他不这么说,就是我错怪了他。尊敬的大人谈到减轻劳动强度和召回前线战士时,似乎认为那是一个补救办法,我认为这一措施并未使这一问题得到绝对令人满意的解决。我了解我尊贵的朋友的难处,了解他承受的辛劳和负担,但是他必须克服这些困难。英国造船业的资源是无与伦比的,假如以最快速度和最大力量利用……

(贝尔福先生提出了意见,记者在走廊上听不到。)

……

我们现在进入了一种完全不同的境况,无论我的职责是什么,我现在必须说。有段时间我认为我不能说,但我已经离开了几个月,我的想法现在很清楚。时间紧急,问题严峻。大战不断深化扩大,国家和事业的存亡都系于舰队。我们不能失去手上这支最强大、最精锐的部队。任何个人想法都不能成为国家和那些全力为国奉献者的障碍。我认为目前的海军部虽有能力、忠诚与热情,却还欠缺魄力和心理能量,不能允许这种现象再继续下去了,在恶果出现之前,我们必须趁着还有时间纠正它,而且只能以一种方式纠正它。我确信国家和海军部正期待着采取那一必要的措施。我同意我尊敬的朋友(G. 兰姆伯特先生)上次在讲话中的提议,我敦促海军第一大臣刻不容缓,召回费舍尔勋爵重任第一海军军务大臣,帮助他共同激发海军部的活力。

第二部分
蔑视与警告

丘吉尔演讲集

1917—1939

7. 关于预算案的广播讲话

"让我们携手前进"
BBC，伦敦，1928年4月25日

丘吉尔又回到了保守党阵营，于1925年重新加入该党。然而，在1922年和1924年之间，他既无政府职位，又不在议会就座。他被改选为埃平的"立宪派"候选人后，又被任命为斯坦利鲍德温的第二届保守党政府的财政大臣，当时他和许多人一样，感到非常吃惊。

丘吉尔作为财政大臣的功过依然是个历史性的争议问题。但无人能否认他所做的五次预算演讲的才华。就像他做海军第一大臣时介绍海军预算的演讲一样，它们都对高度专业和高度复杂的主题进行了冗长而明晰的阐述。例如，1928年他的这次演讲，长达三个半小时，包含了大量对税率的建议，试图帮助处境艰难的工业和萧条的农业。

紧接着，丘吉尔就发表了这次演讲，他最早的广播演说之一。它本应是毫无争议的声明，但是尽管丘吉尔精心设计了开场白，BBC理事长约翰·里思爵士仍然认为它的党派色彩过于浓厚。比阿特丽特·韦伯同意他的看法，说这次演讲是"经过生动修饰的个人意见展示"。

通过这个令人惊叹的发明①，能够接触到当前真实的事件及事件中的重要人物，这是怎样的一种感受，我深有体会。因此，当被邀于今晚讲话时，我非常高兴。我不会发表任何党派之见，不会讲带有党派政治性的话——说实话我也不需要这么做，因为这一预算衷心为国家事务服务，所有党派，甚至那些根本没有党派的人，都在其中拥有相同的利益。

据我所掌握的全部有关所得税的信息，在我的位置上观察，我可能比任何人都看得更清楚，哪些贸易正繁荣兴旺，哪些工业正举步维艰。我已得出结论，我们必须做出特别的努力来帮助基础工业和重工业。我们国家的基础工业及重工业——冶铁、煤炭、棉花、钢铁和船舶制造，全都处于衰退之中。失业工人数量庞大，大批工厂没有利润，甚至亏损经营。因此我试图对它们施以援手。实际上每个人都同意，最重要也最有效的方式就是减轻它们的税务负担。所以，我已经表明了基本主张：工具和工厂生产——不动产、建筑、土地、用于实用创新生产的机械制造业——不应该缴税。

让我们从利润中收税吧，别再收工具税。目前，这一始于伊丽莎白女王时期的税收系统已经相当不适应现代生活。这种税收系统的特点是，各地区的税收由当地政策决定。失败企业背负的税收远远重于成功企业，哪儿的商业不景气，税也就征收得更重。时至今日，这种做法已经是大错特错，毫无意义。我们的生存依赖于出口贸易，还有几百万人从基础工业中领薪水。铁路货运，则是另一重负担。对于那些依赖大量沉重原料的工业来说尤其如此。

我们赖以生存的农业生产，所有工业赖以生存的煤炭、木材开采，生铁矿、钢材，如果都能在铁路货运上减免税收，将会有助于解决这种困难。现在，让我们来观察一下减税的累积效应是如何形成的吧。首先，让我们看看恶性循环：原

---

① 指的是广播这种形式。

煤征税，焦炭征税，铁矿石征税，生铁也征税，其他征税产品若用于钢铁制造，还要再次征税，更有甚者，上述所有商品必须通过铁路运输，运输还要征税。在这种情况下，你会吃好多地区限制的苦头，若不是这种不公平的税收负担，这部分收入本来可以养活一大批幸福而又健康的产业工人。显然，在很多情况下这么做才更为恰当。现在，让我们看看事情的另一面吧。

免除了税赋的原煤、焦炭和矿石到达钢厂，发现钢厂也免除了税赋，出自钢厂的原料建造了桥梁和铁路，通过它们，钢厂可以用更便宜的船运来原料，便宜不是靠削减工资，而是靠削减税赋。不过，税赋和运费虽然减少了，却还不足以解决全部问题。必须增加进一步的措施，某种能够唤起内心冲动的措施。我们正在工业生产中寻求信誉和合作精神。这对雇主和工人来说，是携手共进清除低效的机会。现在是时候了，只谈减税本身还不够，还要正确而充分地利用其所有优势。这么一来，减税可能意味着一个新时代的开端。机会就在这里，我们千万不要错过一个轻易不会重现的机会！

这就是我们要努力克服的问题，这就是我们正在寻求的解救之道。那么我们打算如何弄到钱来付给当地政府呢？你不可能拿走了他们的税收还一点儿回报不给嘛。这就是另一个复杂的故事了，我不能只是讲个大概。在19世纪，大不列颠的荣耀是她的煤炭。依靠煤炭，我们建立了伟大的工业系统；依靠它，几百万英国人走向了世界；依靠它，我们的强权得以建立。没有它，我们就不能生存。

20世纪，我们已经进入石油时代。19世纪我们曾遥遥领先于对手，但在20世纪的大英帝国，我们几乎没有任何石油。在当今时代，得到石油对我们来说有绝对的必要性，为了得到它，我们不得不从外国购买或进口。我们过去曾卖出大量的煤炭，但去年我们进口石油的费用与出口煤炭的价值相当。我们曾经是燃料之源，今天却正在变成污水坑。我们需要它，我们必须拥有它。难道我们不能自己制造它吗？科学家告诉我们，他们已经能够将英国煤转化成石油了，德国人正在他们国家做着这件事情。我相信，煤变油最终会实现，可是，建立英国宪法和大英帝国需要漫长的时间，去往蒂珀雷里的道路也很漫长！①

我们的祖先并不害怕时间漫长。现在我确信，在我们的公民当中，所有开汽车的人，无论如何都不是运气最差或者最不爱国、最目光短浅的人，他们对外国进口燃油征税一事将采取开放和长远的看法。我希望，他们不要把自己支付的这一加仑四便士的进口燃油税当作蝇头小利，而是应当以大不列颠未来的受托人自居。

我想要你们明白，我们正在努力，我们正在向促进英国产业经济进军，在每个城镇乡村，依靠每一个先令，依靠我们能团结的每一个人和每一杆枪。我必须解释清楚，如此重大的政策只能一步步分阶段开展。如果我们已经减免了产业经济四分之三的税赋，农业的全部税赋，我们就要着手回报地方政府，否则它们如何运转？但在回馈它们的过程中，我们将拥有一个更现代化、更有组织的地方政府。我们已经花费了好几个月的时间在这上头。每个思考这一项目的聪明大脑能够想到的所有困难，都经过了权衡和比较。

始于昨天的预算案处理了两件同等重要的事：第一，是产业经济减税；第二，是地方行政系统现代化。第一部分我们正在做，第二部分工作将占用议会整个冬天的时间。我们不能把两者混为一体，而是要一步一个脚印，走好每一步。让我们携手前进，让我们不辞劳苦，不惧风险。大不列颠不会在这个新时代沉沦，她将坚守阵地，在四邻日益强大的巨大新世界中保持固有地位。但是，只有她的人民更智慧，她的政策更长远，她的经济系统更高效，她的社会规范更公平，她的人民更团结，更加自觉地自治，她才会生存下去。让我们确信，在这个至关重要的时代，我们中的任何一个都不会丧失热情，辜负责任！

---

① 蒂珀雷里：爱尔兰南部郡。

8.
印度的威胁

"煽动人心的中殿律师"
温彻斯特大厦，埃平，1931年2月23日

  保守党在1929年6月的大选中被击败后，丘吉尔理所当然地加入了反对党事务委员会（影子内阁）。同年10月，印度总督发表《欧文宣言》，再次强调自治领的目标，提议在伦敦举行圆桌会议讨论宪法改革。不久后，他力图抚慰印度民族主义者，亲自与甘地会见。

  作为反对党领袖，鲍德温热情支持这一政策。但是，正忙于写作《我的早年生活》，重温世纪之交在印度的当兵生活的丘吉尔，则激烈反对英国政府的任何让步。对英国和印度的未来，他预见到的除了厄运和灾难之外一无所有。1931年1月，他从保守党事务委员会辞职，后来发动了反对1935年印度政府法案的运动。

  不可避免地，他不得不向选民协会为自己的行为辩护，就像他在这次演讲中所做的那样。这是迄今为止他就这个话题进行的最猛烈的攻击，他呼吁选民们支持自己，得到了积极响应。在印度，他对甘地出言不逊的描述一直没有被原谅，被忘记。原因是显而易见的。

你们因我的需要而被召集起来，是因为我将向你们说明，为什么我觉得我有

责任对印度采取独立立场,有责任退出保守党的事务委员会——虽然我曾荣幸地成为其中的一员。对于上下两院中鲍德温先生习惯于就党内大政方针和议会行动垂询的这一小群体,冠以"事务委员会"这个名字非常明智。我高度重视被它接纳的特权,它也给了我一个机会与上届保守党政府中几个主要同事和私人朋友继续保持紧密、互信的联系。因此,不得不从这项有趣而令人愉快的工作中退出令我深感遗憾,我向你们保证,没有正当的理由,我是不会这么做的。如果需要,我还是打算保留保守党财政委员会主席一职,继续进行对工党预算案和其他财政措施的批评。毋庸多言,我会尽我所能帮助我们的领袖在下议院反对政府。我将竭尽全力在第一时间将他们赶出去,给予他们应有的惩罚,在大选中击败他们,尽我所能用一切手段实现保守党联合政府这一决定性胜利。然而我发现,继续做这个小圈子中的一员,就不能充分秉持我对印度的看法。当人们围坐在桌旁,亲切信任地讨论着政治事件时,自然会受到集体决定的极大限制——虽然在办公室外比在内阁里有更多自由,出现在一个共同体中的分歧仍然是大家最不希望看到的。

现在让我们看看这些分歧是什么。我同意保守党派代表参加圆桌会议,因为我认为他们可以阻止工党政府将我们带入危险或愚蠢的偏差中。我们的代表说他们已经这么做了,我赞同他们公正的要求,我们没有因他们的任何行动而去为印度制定新宪法。然而,会议上突然出现的一边倒意见令我吃惊,三个党派一致同意在印度阁僚们向全印联盟负责的前提下确立一部联邦宪法,全国上下和印度都出现这种想法令我惊诧不已。当我看到这个巨大的偏差只是作为临时安排出现,很快就让位于所谓的"充分的自治地位",印度不但可以行使治法、命令和财政控制权,还将控制军队,有权脱离大英帝国,我就更加惊诧了。我认为,在类似的境况下,固守任何需要许多代人才能实现的希望都是不明智的。无论如何,我认为最重要的是我们应该弄清楚,在我们有生之年,或者在对我们有利可图的任何时期，都根本没有机会实现这样一个目标。其次，我不得不遗憾地声明，我完全不同意现任印度总督追求的这一政策，我马上会向大家表明，它已经带来了灾难性的后果，未来还将引发更大的罪恶。

当鲍德温先生对我上月末在众议院所做的演讲表示完全不赞同时，当他说保守党一旦掌权就要努力实现圆桌会议推出的这项计划时，上述危险已达紧急关头。那次演讲之后，每个人都相当清楚，我们在印度问题上的分歧不仅涉及重点或程序，而且覆盖了整个印度政策领域，影响了我们对印度履行职责的总体情绪和精神，是深刻而又现实的分歧。我只能用哈廷顿勋爵和后来德文郡公爵在1886年谈到爱尔兰时对格莱斯顿先生所说的话来表示，关于印度，鲍德温先生和我"指的不是同一件事"。我确信大家会同意，在这种情况下，在这个问题上，我除了以最为友好的方式与我高度尊敬和高度评价的领袖划清界限之外，别无选择。

既然已经在这里公开讨论印度问题了，我必须告诉大家，我的目的是要进行到底。我将尽力引领英国舆论，去反对在我看来会给印度人民、给大不列颠人民及大英帝国体制本身带来最大恶果的一连串行动。当然，随之而来的就是，我不能为任何对印政策令我不放心的机关服务。我宁愿做一个忠诚的保守党成员，而绝不愿为可能给我们帝国的伟大和谐带来致命伤害的行动和事件承担官方的责任。我请大家支持我的态度，我希望你们在我按照信念行动时能够给予我完全的认可甚至鼓励。

当前印度的问题分为两个部分。一个是印度新宪法问题，一个是国家的日常管理和恰当维护英国权威的问题。如果大家允许，我想就这两件事都说上几句。在对待你为其幸福负责的东方人时，企图掩饰你们之间巨大的分歧，企图用一副不那么讨人喜欢的伪装打扮你的建议，忽视或隐藏那些严峻但令人不快的事实，或者将其推到一边，都是错误的。相反，正确的程序应该是，冷静而坚决地声明英国的立场，不要害怕说"这样不适合我们"，"那样对你们不好"，"这个没有机会实现"，"我们不会同意那么做"。所有这些坚决的否定都应该坦率声明，以免激起虚假的希望，导致失望和责备。我们应该始终努力做得比说得更好，让我们所做的任何让步都真实可信。另一方面，工党政府在对待印度民族主义政治家时，却一直采取时常出现在议会或英国政治讲台上那种谄媚和巴结的态度。我不想看到保守党，这个保卫大英帝国的主要装置，被错误拖得更远。我不想看到印度政治家，误导我们真正的意图。

现在你们会注意到，鲍德温先生在最近几天所做的权威声明中表示，我们会公允考虑所提出的任何建议，除此之外什么都不会做。听到这些声明我非常高兴。毕竟，对有关任何问题的任何建议给予公正考虑是每个人的责任。但是这与整个国家保持的印象非常不同，与传达给印度政治家的印象也非常不同。我们的领袖为圆桌会议准备的"执行"新宪法这个词和这次演讲的整体意图，已经用电报发给正坐船返回印度的代表们了。我们得知，他们因读到的东西喜出望外，他们当然以为伟大的保守党与工党和自由党意见一致，已准备好执行以负责政府为中心的联邦宪法。在这种想法的鼓舞下，他们又起草了一份给印度国会的声明，从此一直努力说服更极端的成员加入他们，要求在印度举行进一步会谈。他们应该知道，就像我们得知的那样，保守党与此完全无关，他们被无意地误导了。但是拉姆齐·麦克唐纳先生，我们的首相，显然也存在误解。因为他上周在众议院回答我的问题时说，在印度问题上，政府认为他们"已经从议会那儿得到进军的指令了"，意思就是所有党派都已同意。我认为最重要的是，这些对保守党官方态度的误会，在这里和印度都应该以最高权威尽早予以澄清。

议会采用的恰当宪法程序是考虑各党派代表签署过的《西蒙报告》。毫无疑问，这份报告里有许多事情必须非常仔细地考察，其中有些已不再适用。但它是唯一适当的宪法基础,在此基础上对印度政府改革的讨论应该由所有党派的联合行动推进。圆桌会议也许已经在印度事件上投下了几束新鲜有趣的光,对此我们当然应该充分注意。但是有关印度问题三个党派联合行动的全部基础就是《西蒙报告》,一旦这份报告被抛到一边,就像工党政府惯用的轻蔑置之的方法那样,保守党恢复最大限度的决策自由就是势在必行。有关宪法的问题我就说到这里。

现在我要谈到印度的行政管理问题。我认为,我们应该以最公开、最正式的方式从工党和印度总督合谋造成的虚弱无力、执迷不悟而又最不可取的管理责任中脱离出来。看到甘地先生一副东方著名的苦行僧模样,半裸着走上总督官殿的台阶,同时还组织并领导着国内的不合作示威运动,平等地与国王、皇帝的代表谈判,实在是令人惊讶。如此奇观只会加剧印度的动荡和白人在当地的危险。它只会鼓励所有对英国当局有敌意的武装力量。如此离奇的谈判能带来什么好处呢?最近几周甘地已经说过,他要求印度实质上的独立,虽然他慷慨地补充说英国可以保留其庇护权。他宣称抵制外国布料的运动必须继续下去,直到印度国会通过针对它的禁令或者禁止性关税。这一要求如果被采纳,会引起兰开夏郡最后的崩溃。他还迫切要求否认印度的债务,要求控制军队,处理涉外事务。这些就是他为人熟知的目标。

工党打算让所有这一切作为另一次印度圆桌会议的预演,他们希望说服那些极端分子参加这次会议。在这一崭新的集会上,圆桌会议那影响深远、半生不熟的建议将只作为起点被接受。这一起点将着手打击那些至今一直谦卑地隐藏在幕后的防护措施。我认为最关键的是,保守党应该立即表明其强硬的反对立场,应该唤醒全国公众舆论反对这些最不明智、最为危险的做法。我无论如何都将竭尽全力,如果你们倾尽全力支持我,我将力量大增。印度问题绝非普通的党派政治问题,它是我们时不时就会碰到的最大问题之一。当它们出现时,在全国各地,忠诚保卫着不列颠和大英帝国生命的各阶层各行各业的男人女人们，都会感受到同样的震动。1914年8月4日，他们就感受到了这种震动。他们在大罢工中感受到了这种震动，现在又一次感受到了它。

在过去的一百五十年中，我们在印度的责任已经逐渐形成。这种责任就是尽可能将和平生存和发展的好机会给予大约三百五十万无助的原住民，他们被一条近乎无边的鸿沟与西方世界的思想和制度分隔开来。我们现在依靠英国官员照顾他们，这些拿固定薪水的官员别无他图，绝不以权谋私，正直廉洁，公平对待种族、信仰和阶级，由一个中央政府领导，这个政府又反过来被以两千九百万选民为根基的英国议会控制。目前有人提议将这些本属英国的责任转让给一个数量相当小又几乎完全未受教育的选区。印度国会和其他机关在这次骚乱中既不代表印度人民的数量和力量，也不代表其利益。他们只是代表着那些得到了西方文明皮毛的印度人，这些人读过的所有关于民主的著作，在今天的欧洲正在不断被抛弃。他们当中有许多可敬而聪明的人，将他们尽可能地与印度政府机构结合起来，一直也必须是我们的政策。但是，将普通大众的幸福托付给印度统治阶级则大错特错。那就不是"为印度人的印度"了，那只是为某些印度人服务的印度，只是为极少数印度人服务的印度。毫无疑问，任何对我们责任的取消都意味着印度人将被剥削，被压迫，被摧毁。目前，印度政府对英国议会负责，后者是世界上最古老、最明智、最民主的议会。把这种责任转交给印度政治家这种高度仿制、高度局限的寡头政治，将是倒退行为。这是可耻的行为，这是懦夫、逃兵、不光彩的行为。它会给印度和大不列颠都带来巨大的灾难，它会令大不列颠在道德上蒙羞，永远威胁着大英帝国作为人类历史上一支英勇仁慈之师的声名。

真诚地卸下我们在印度的责任不仅是一项事业，还是一个象征。在目前的艰难时期，它是我们命运的试金石。如果我们无法履行在印度的职责，我们就不配拥有依然统治着这个小岛的庞大帝国。同样，在精神上缺乏想象力，力不胜任，软弱的妥协，懒散的随波逐流，都将使贸易与商业瘫痪，阻碍财政重组和经济复苏。现在我们要做的，就是挺身而立，直面世界，不偏不倚地履行我们的职责。决定性的机会不久就将唾手可得。胜利会再次奖赏保守党。让它成为真正意义上的胜利吧！让这胜利向全世界宣告，帝国的心真诚无欺，帝国的手公平而有力！

9.
不列颠的空防
"我们不堪一击"
下议院，1934年2月7日

丘吉尔极力反对印度政府法案的最后阶段，与他大力反对德国重整军备及领土扩张的运动相重合。在为写作马尔巴罗传记而赴奥地利访问之后，1932年11月，他在众议院做了有关德国野心的第一次重要演讲。不到一年后，他首次警告世人，德国正在积极地重整军备。

只是在本次演讲中，他才开始讨论不列颠自身在军事上准备不足的相关问题，尤其是在空军领域。一月末出版的政府裁军白皮书，一再重申麦克唐纳和鲍德温保证会继续推动欧洲军备限制。但正如丘吉尔痛切指出的那样，此举有效地给法国增加了更多裁军压力，而德国却依然坚持不懈地重整军备。

在一个激动人心（但并不特别准确）的句子里，他警告说"我们现在是前所未有的脆弱"。作为回应，鲍德温谈到丘吉尔"雄辩"和"生动如画"的语言，说他的演讲"极有趣味，品质卓越，充满高明之见"。赫伯特·萨缪尔爵士的看法则远非赞美，他告诉众议院，丘吉尔的政策实际上意味着"无政府万岁，会让我们全都惊慌失措，同归于尽"。

我记得在上届保守党内阁里，我曾有幸在上院议长手下服务。议长今晚要回答下面的问题，即我们认为在十年内不会发生我们参加的主要战争，这应该作为一条原则来遵守。当然，这条原则对那些必须制订作战计划的陆军及海军首脑来说，只能是个异常残酷的指导，在每年伊始都必须进行前瞻性的重新考虑。我相信，这么做在任何境况下都是正确的。想当年，有《洛迦诺公约》照耀着世界的柔和光芒，怀着高涨的希望，我们日复一日、年复一年地以这一原则为指导也许是正确的。但在今天，没有一个人会以这一原则为导向。没有哪个内阁，无论其多么热爱和平，会让他们的海军和陆军组织建立在如此的假设之上。在最近三四年中，通过不断摩擦裁军会议这块溃疡使它变成肿瘤，也由于德国纳粹主义的突然爆发，大量秘密武器层出不穷，新的形势已经形成。每个坐在政府交椅上的人都知道局势的变化是多么严峻。就在昨天，我们再次明确了对其他国家的承诺。它们都是非常严肃的承诺。我们昨天讨论的《白皮书》里有这么一句严肃的话：

> 陛下的政府……有权期望，如果这些规定和保证得到严肃讨论，它们将不会遭到丝毫亵渎，任何对它们的侵犯都将遭到最实际、最有效的一致反对——立即召集支持国际和平的各国政府，达成协议，对抗那些破坏者和侵犯者。

我认为，文件中所用的这些字句非常严肃，对我们来说，继续执行单向外交政策，不在其他领域做必要的准备，是最不明智的做法。上院议长今年在伯明翰还特意非常严肃地发布了有关欧洲局势的警告，指出我们应该如何严格地遵守我们曾讨论过的所有条款。我们必须考虑我们的陆军、海军和空防的实际情况。

我们正在尽可能地要求大陆各国——法国、德国、波兰和意大利——保留数量相等的陆军。假设几年后有人问，海军也应该有相等的数量吗？当政府被问及此事时,他们回答:"噢,不,那不合适,我们不会同意的。"假设未来某一刻我们被问起是否会恢复托管的殖民地,政府会说:"当然不会,我们不会以任何方式讨论这个问题。"我们用什么来支撑自己的观点?在严肃表达的观点背后,有什么武器和军队可以依靠,可以支持我们的愿望和权力?比方说,如果我们已将法国的军队减少到与德国相等的水平,在如此变化之下脆弱的欧洲会有什么样的反应?如果之后德国还说"你们怎么能让一个六千五百万人口的大国无权拥有与海上最大舰队相当的海军呢",又会发生什么?

你会说:"不,我们不同意。陆军——他们属于别人。海军嘛——这个问题关系到不列颠的利益,我们一定要说'不'。"可是,我们将站在什么立场上来说这个"不"呢?

战争的来临非常突然。我曾度过这样的日子——就像我们现在这样,人人心怀焦虑和不安,注视着未来会发生什么。突然之间,事情就发生了——排山倒海,迅捷无比,压倒一切,无法抵挡。请允许我向议院回顾一下1914年发生的类似情况。当时,德国和法国之间绝对没有争吵。7月的一个下午,德国大使驱车前往多尔塞码头,对法国总理M.维维安尼先生说:"我们被迫发出动员令,即将向俄国宣战,法国打算怎么办?"法国总理在征得其内阁同意后回答:法国会按照对己有利的方式行动。大使说:"你们和俄国有联盟,不是吗?"

"正是如此。"法国总理说。

接下来的进程就是,几分钟之内,由于西边两个大国的入场,东部争端已经很严重的区域急剧地增宽、扩大。然而有时候,即便是中立声明都无济于事。在当时,正如我们今天已经知道的那样,德国大使得到了政府的授权,万一法国不履行他们作为俄国同盟的职责,万一他们表露出任何退出这场由德国主导的冲突的倾向,就要求法国将图勒和凡尔登要塞交给德国军队作为抵押品,防止已经宣布中立的法国在日后变卦。

由此可知，在我们这个时代，重大事件是如何发生的。我必须说，在目前的德国政府中，我看不到任何迹象能保证他们在紧要关头会比当年的帝国政府更好些，而帝国政府正是德国对法国政策的责任人。不，先生，在有限的一段时间内，在各位的有生之年，如果我们不能保证自己的绝对安全，也许我们也会在某些场合面临一位大使的来访，也不得不在短短数小时内做出答复。如果答复不令人满意，接下来的几小时内，伦敦的炮弹轰鸣声和烟火砖石的洪流将告诉我们，我们的空中防御是多么不充分。我们从未像现在这样不堪一击。战前我经常听到有人批评自由党政府。我只能说，现在更严重的抱怨落到了掌权者身上，万一事态违背我们的心愿和希望，麻烦就要来了。

过去的教训没有一个被吸取、被采纳，形势已无比危险。那时，我们有海军，空中威胁无须多虑。海军才是不列颠"可靠的堡垒"。只要它及时准备就位，我们就能对任何外国政府说："喂，你们能拿它怎么样？我们不会宣布我们的想法。我们要慢慢来，我们会制定自己的进程。我们不想伤害任何人，我们也不会迫于压力被动匆忙地行动，除非我们认为合适。"可现在，我们不能这么说了。来自空军的这个可憎的、地狱般的发明①和战争的发展已经彻底改变了我们的地位。我们已经不再是二十五年前那个岛屿国家的样子。我对这一点的确信压倒一切。这不是我们喜不喜欢的问题，不是野心和欲望的问题，不是权力和利益的问题，而是有关安全和独立的问题。这个问题前所未有地复杂难解。

在我看来，现在有三个决定我们必须立刻作出，不应有片刻耽搁。第一个有关陆军。我们应该重组民办工厂，以便它们能迅速转向战争目标。整个欧洲都在这么做，而且程度惊人。这一过程比战前普鲁士帝国主义的效率高出不知多少。那些国家的每家工厂都在准备为供应大屠杀原料而开动起来了。我们又做了些什

---

① 这个发明指战斗机。

么呢？一个小时都不能浪费了，这些事情不可能一蹴而就。这个过程应该启动了，从今天开始，该花的巨款要继续花——如果我们的行动够明智的话。

接下来，是海军的问题。无论如何，我们应该恢复海军的设计自由。我们应该摆脱《伦敦条约》，它限制我们造船想要的型号，还阻止美国建造本无一丝理由拒绝的大战舰。它强迫我们愚蠢地浪费自己的血汗钱——就为了那么一些微不足道的目标。它强迫我们让本来在护送舰船上有巨大作用的大型船只去给这些岛屿运送食物，在它们还有十到十五年使用寿命时，就将其沉入海底。我们必须尽快恢复我们的自由，条约的另一当事人（日本）也已决定恢复他的自由，这一事实对我们这样做会有帮助。

然后，就是空军了。我无法设想，以欧洲目前的状态及我们在欧洲的地位，我们怎么能推迟制定这样的原则：建立一支至少像别国武装一样强大的空军。我认为这是非常合情合理的做法，它只会将我们推回到原来占据的位置上。我们曾生活在海军的庇护之下，拥有一支像法国或德国空军一样强大（不管哪个更强大）的空中武装，这个决定应当由议会做出，由国家政府宣布。

只有一点我还要提及，那就是三个部门的协调配合。我十分怀疑在这个阶段，三者中的任何一个是否还有调整的空间，但在我看来，如果能从核心的观点来研究问题，无论如何都将大有裨益。因为事情变化得非常厉害。思考的重点应该按照条件的需要置于这里或那里，应当有比现在的合作更高效的配合。我请求在这次会议的某个时候，能就三个部门的联合进行讨论。这将是极有价值的讨论——前几年常常允许类似的讨论，当前比以往更有必要这样做。

陛下政府的责任的确十分重大，下述事实又使这份责任更加重大：如果他们选择卸下这份责任，是不会有困难的。我们听说，他们必须等待公众的意见，他们必须带动公众舆论，必须能向这里的好人们保证所做的每件事都出于最和平的目的——他们必须给出理由。但是，没有什么能阻碍他们对国王和议会保证国家安全的责任。政府在立法机关的两个分支中都占据压倒性多数，他们的要求不会被拒绝。他们只需提出建议，就会得到支持。不要让他们担心，自己怀着信心和决心为国家的安全提出建议，可自己的国人却不支持他们。为什么要如此小看这个国家给予那些忠于责任者的爱国主义支持呢？在目前，我感觉不到政府在履行国防职责，尤其是在空军方面。在我看来，我们一边越来越深地卷入欧洲局势，一边却时刻在努力削弱我们在欧洲大陆上的朋友，我们最终也会遭受到致命的打击，被剥夺原来意义上的安全和独立，而这两点，正是我们这个岛国创建文明的基础。

10. 重整军备的失败

"蝗灾之年"
下议院，1936年11月12日

到1936年秋天，丘吉尔已经确信，德国的空军力量超过了英法两军之和。11月初，他力劝首相批准对防御问题进行为期两天的全面讨论。丘吉尔在讨论期间发表的这次演说，无疑是他职业生涯中最伟大的演说之一，它在下议院产生了真正的影响——虽然只是一段时间。

即便按照丘吉尔的标准，演讲中的引证也是非同寻常地详尽，其措辞异常有力，论证过程才华横溢。"他的演讲风格，"哈罗德·尼科尔森记录道，"比平时更加深思熟虑、慢条斯理，他仿佛用铁锤砸钉般将自己的观点讲得一清二楚。"开头那句"因此他们继续矛盾着，唯一的决定就是不做决定"，必须排进丘吉尔的最佳句子之列。就连这个阶段常常敌视他的《泰晤士报》，都说这次演讲"精彩绝伦"。

鲍德温软弱而蹩脚的回答——他那著名的"骇人的坦率"的演讲——只是增加了下院议员在丘吉尔言辞之光下感觉到的不安。首相的声望似乎出现了严重下降。但突然爆发的英王退位危机①在随后几个月中恢复了首相的权

---

① 指1936年12月，爱德华八世放弃王位与辛普森夫人结婚的事件。

威，同时再一次对丘吉尔的判断力和可靠性投下浓重的疑云。

我和一些朋友一起，发表了修正案草案。与我两年前提交的修正案完全一样，而且恰好是同一时间，因为我认为，提醒议会这两年里所发生的一切是件好事。我们1934年11月的修正案是一系列漫长努力的顶点。一直以来，一些无公职议员和保守党员都在警示陛下的政府，德国重新武装的宏大工程已经蓬勃高涨，它正借此对欧洲和我们的国家构成威胁。当时我所做的演讲被主要的保守党报纸谴责为杞人忧天。我记得，劳合·乔治先生还祝贺当时的首相即后来的议院议长，说他令人如此满意地消除了我那夸大其词的恐惧。

我想知道，如果两年前我能向议会预测事件的真实进程，人们又会说些什么呢？假设那时我们就知道，德国将以每年八亿英磅的花销用两年来做战争准备；她的工业生产将以其他国家从未有过的方式为战争而改组；通过撕毁所有签订的条约，她将以普遍义务兵役制为基础，建立庞大的空军和陆军。截至目前，即1936年，其陆军数量已上升至三十九个装备先进的师，其中包括一些几乎战无不胜的机械化师。在这一切背后，在那些已经无懈可击的军队之外，还有几百万全副武装、训练有素的人，可以迅速准备好编队和装备，组成另外的八十个师。假设我们那时就知道，两年义务兵役制和一年劳动营预备训练是德国的法律；知道莱茵兰地区将被强大的武装占领，并以娴熟的技艺筑起工事，德国将在我们的同意和条约的声明之下，建成一支大型潜水舰队，人们会说些什么呢？

假设我们也能预见到国外局势的恶化，我们和意大利的争吵，意德联盟，比利时宣布中立——如果对它的最坏的解释被证明是真实的，我国安全所受的影响将非常大——会导致中欧较小国家的混乱。假设所有这一切都被预见到了——唉，没有人会相信这样一个噩梦的真实性。我们当时会怎么做？然而才过去两年，我们就在光天化日之下看到了一切。未来两年我们将何去何从？我现在很犹豫要不要做预测。

然而，若让我说，我不会接受恐慌或者绝望的情绪。事情还有另一面——值得我们研究的一面，而且它不会以任何方式损害本应刺激我们军事准备的紧迫形势。英国海军一直是，也将继续是欧洲最强大的、无可匹敌的力量。在未来的很长一段时间内，法国陆军至少能在数量上与德国持平，而熟练程度则更胜一筹。英法空军联手，与他们各自单打独斗不可同日而语。虽然没有人能预知未来，在我看来，假如西方民主国家能紧密地团结在一起，在未来相当长的时间里欧洲仍然是相当安全的。没有人能说清楚，这个相对平衡的阶段会持续多久，一两个月，甚至一两个季度？但有一点似乎是确定的，在1937年间，德国陆军的数量将超过法国陆军，而且将远比现在更高效。还有一点似乎是确定的，德国空军将继续提升它已经领先我们许多的水平，尤其是在远距离轰炸机方面。1937年肯定会以不利因素的巨大增长为特征，我们只有加倍努力才能与之抗衡。

法国和英国正在努力进行的重整军备是不充分的。对西方民主国家来说，即便是需要冒险，集合所有集体安全因素或联合防御力量来抵抗侵略——如果你们像我一样，更喜欢用这个词的话——依然是必要的。我们可以在国际联盟的基础上召集大家。因此，我希望我们可以成功地再次夺回优势兵力地位，到那时，我们再不要重复当初最强大时所做的蠢事，而是要邀请德国联手抚平欧洲的创伤，打开通往和平与裁军的新大门。

现在我要直接谈谈这次讨论的主题。让我们审视一下自己的处境吧。没有一个人不对国防协调大臣（托马斯·英斯基普爵士）表示同情。我这位尊贵的朋友一次次列举事实，慷慨陈词，表明他比席间的任何人都更清楚我们所处的危险。几天前的一个晚上，他就说过这样的话。他谈到"蝗虫吃掉的那些年月"，让我们看看哪些是"蝗虫吃掉的年月"吧，虽然我们在寻找吃掉那些珍贵年月的蝗虫时不会过于深究。为此，我们必须回顾过去。从1933年初希特勒掌权起，德国就开始紧张地重整军备,这在我国人所共知。局势已发生变化。三年前,在伯明翰的保守党会议上,我们国家精力充沛而又忠诚的仆人劳合爵士,提出的决议案中有这样的语句:

这次会议希望记录下它对帝国防御准备不足的严重担忧。

那是三年前,我在《泰晤士报》上看到了那时的报道,我这样评论道:

过去四五年来,这个世界已经越来越黑暗……我们一直在逐渐裁军,部分是因为真诚地渴望给其他国家做个榜样,部分也是因为当时严重的财政压力。但现在必须做出改变。我们切不可再继续这条道路了:只有我们在不断削弱,而其他国家却越来越强。

决议案得到全体一致通过,只在附言里告知财政大臣,所有必要的税收负担都要欢欢喜喜地承受。无论如何,那时没有蝗虫。

我非常高兴地看到首相(鲍德温先生)恢复了活力,也知道他通过休息恢复了健康,而且精神焕发。我曾有幸与他一同经历政治生涯上的起起落落,总的来说也许下落占主导,但无论如何我们一直保持着融洽的私人关系,这一点我本人非常珍视。我确信,他不希望在他处理公共事件时人们对议题的批评有任何保留,我自然会知无不言。我尊贵的朋友已经大权在握好多年,因此政府做过或没做的每件事,以及什么该做或不该做的主要责任,都不可避免地落在他身上。就空军而言,甚至在他成为首相之前,他就应当承担直接的个人责任。我必须提到他在大概三年前,1934年3月8日的讨论中用到的话,为了回答我向他提出的既是公开也是私人的请求,他说:

我国的任何政府——胜过任何其他国家的政府,政府也就是本届政府——都要确保我国的空军实力不再弱于任何在我们海岸打击距离内的国家。

哦,先生,我接受这庄严的承诺,但我的一些朋友,像爱德华·格里格爵士和格斯特上尉,希望得到国防协调大臣在另一种情况下提供的"更多、更好的细节"。他们在晚餐后发起了一场讨论,当时的首相即后来的上院议长亲临议会,斥责议员们竟然怀疑政府在各方面履行他下午所做的庄严承诺的意图。他的确表现得有失风度。但我认为,这责任不应始终由个人来承担。首相未能完成这一任务,一年后他果断地承认,他在英德空军力量对比这一重要问题上犯了严重的错误。

毫无疑问,陛下的政府作为一个整体,在接受德国重整军备这一不受欢迎的事实时非常迟钝。他们依然紧抓着单方面裁军政策不放。我们听说,这是那种用俗话说"试他一下子"的实验之一,正如已经试过的对意大利实施非军事化制裁的实验。两个实验目前都已试过,大臣们习惯于将非常清楚的实验结果粉饰、美化一番,用来证明导致实验的政策大错特错,十分愚蠢,应当永远不再实施。正是当初极力推动实验的这些人,现在又在极力揭示并谴责实验依据的谬误。他们已经买到了教训,他们高价买到了这点教训,却让我们蒙受了巨大的损失,但不管怎样,让我们对这最终的醒悟表示感激吧。

1935年7月大选之前,议院里出现了一场非常激烈的运动,要求任命一位大臣来协调三个作战部门的行动。而且那时国务部都在忙于起草涵盖各部门的庞大再装备计划。这一计划已经呈现在白皮书当中,我们目前正在执行。人们都认为那时正是任命这位新大臣或协调者最为必要的时刻。然而事实上他却未被任命,一直拖到九个月后的1936年3月。我们没有得到任何解释,说明为何在采取这一公认必要的措施之前，白白浪费了这九个月。几天前的一个晚上，首相非常恰当地详细阐述了任命国防协调大臣的巨大好处。他用来证明大臣所做工作巨大好处的每条论据，都是在指责政府没能早九个月任命他，如果能节约出这段时间，我们将得到无法估量的好处。

最终，在经历所有耽搁之后的3月，首相终于做出了任命，任务的分配考虑得如此不周，以致没人能有效地履行职责，甚至没人能不带尴尬地就此发表演讲。我已经一再指出，这种安排明显的错误在于把军需部和防御功能混为一体——实际上议会里每个人都同意这一点。正确的组织方式，请容我再重复一次，是四个部门——海军、陆军、空军和军需部，在国防协调大臣的协调下，实施统一管理，协同行动，根据全盘战略来确定装备生产的优先权。议会了解，有许多人请求并争论，认为政府应设立一个军需部。这些争论已经得到了另一角度的强有力支持——皇家调查委员会有关武器制造的报告。

新一届议会的首要工作，也是国防协调大臣（如果他刚被任命时就像今天一样了解情况的话）的首要工作，就是成立一个军需部，它应当逐步地接管空军和陆军所有军需的设计和制造事务，还有海军需要的一切，除了战舰、重型武器、鱼雷和一两样辅助设备之外。英国其余所有工业都应从整体立场出发进行考察，一切现有的可利用资源都必须执行整体计划。

国防协调大臣仍然像以往一样反对建立军需部。他的论证很有分量，甚至颇为沉重——它将破坏并延迟现有的计划；它将弊大于利；它会颠覆国家的生活和工业生产；它会毁掉出口贸易，它会在最关键的时刻让财政陷入混乱；它会将这个国家变成一个巨大的军火库。这些理由当然都非同小可，如果都能成立的话。我本以为对任何接受它们的人来说，这些理由足以令人信服。但接着，我尊贵的朋友就令人有点儿惊讶地说："这并非最后的决定。"几周后还要对它进行再讨论。可是，对于你现在并不了解，一年前应该也不了解，最近六个月一次也没听人提起过的事情，几周之后你又能了解多少？在接下来的几周里，会发生什么样的重大转折，能使你深信不疑的所有这些冠冕堂皇的论点通通无效，还使你突然觉得值得为之令出口贸易瘫痪，毁掉财政，将整个国家变成一个巨大的军火库？

海军第一大臣在几天前的演讲中走得更远。他说："我们一直在重估形势。"他向我们保证，一切都在变动当中。我也相信此话不假。任何人都能看出形势如何。政府只是无法下定决心而已，或者，是他们无法让首相下定决心。因此他们一直处于奇怪的矛盾之中，他们决定不去决定，决心踌躇不前，坚定不移地动摇，一成不变地改变，无所不能地保持无能。我们就这样，将更多的年月——珍贵的年月，也许对英国的伟大是至关重要的年月——献给了肆虐的蝗虫。他们会对我说："军需部并不必要，因为一切运转良好。"——我否认。"形势令人满意。"——绝非如此。"一切都在按计划进行。"——我们知道那意味着什么。

让我谈谈本土军的问题吧。今年3月我抨击了陆军部备忘录上有关本土军的一句话，它说本土军的装备要在正规军装备完成之后才能着手。可从那以后我们又做了些什么呢？毫无疑问，问题还未解决。我由衷地赞同温特顿勋爵几天前就陆军和本土军所说的一切。当我想到这些加入本土军的年轻人，是怎样孤独地挺身而出，挑起在世界上的任何角落服务的重任，甚至没法保证在他们自己的家乡服务；他们不顾所有阻碍挺身而出——尽管还不够编制却已达十四万之众——却发现政府并不怎么重视他们的努力，甚至不给他们合适的装备和武器，我不禁为他们的爱国主义深深惊叹。这是一个奇迹，也是一种光荣，但我们无权利用它，除非我们保证为他们提供合适、有效的装备。

几天前，我的一位朋友在伦敦附近看到许多人在忙于特殊的队形变换的练习，屈膝、打手势。他的好奇心被激发了。他不知道这是不是某种新颖的体操，或是一种新的宗教信仰——现在，新宗教在一些国家很流行——或者，他们是个出来兜风的疯狂团伙？再走近些，他明白了，原来他们是伦敦本土军的探照灯连，正在没有探照灯的情况下刻苦演练。然而我们却听说，根本不需要建立军需部。

正规军演习时，许多最重要的新式武器都不得不用旗子和圆盘来代替。考虑到我们的陆军力量之小——加起来只有几十万人——下列事实似乎是难以置信的：高度灵活的英国工业，就算调配得当，也无法满足他们简单的需要。意大利的工业规模要小得多，其财富和信贷只是我国的一个零头，那位独裁者却能夸口说他有八百万人的刺刀和装备。你若喜欢，将这数字减半，其中的意思仍然令人信服。

陆军几乎缺少现代战争所需的每一种武器。反坦克机枪在哪里？短程无线电设备在哪里？打击低空飞行装甲飞机的战地高射炮又在哪里？我们很想知道，为什么这个国家有那么多汽车和摩托车，却无论正规军还是本土军都不能拥有强大的机械化师？当然，如果大批年轻一代的兴趣爱好都转向机械化，战马随着骑士精神的告别而逐渐消失，创造一支在数量、力量和机械化程度上都达到最高的军队，应该是可能的。

看看坦克团吧。坦克本是英国人的发明，这个已彻底改变现代战争条件的创意，本是由局外人强加于陆军部的一个英国创意。要我说，他们已经努力把一种新观念强加给陆军部了。我这么说是因为我了解情况。在世界大战中我们几乎垄断了坦克战，更不用说遥遥领先了。战后的几年里我们仍然保持着领先地位，所有的眼睛都随着英国转动。现在这一切都已一去不返。在"蝗虫肆虐的年月"里，我们没有给坦克军团装备任何新机器。他们拥有的中型坦克，当年曾是世界最佳，现在看上去都老掉了牙。不仅是数量——因为我们从来没打算要在这上面和别国一争高下——就是在质量上，英国武器目前也已经被德国、俄国、意大利和美国所超越。军队中所有的炮弹及枪支制造厂，撇开极少量的单件服务不谈，都处于初级阶段。在高效的军需供应实现之前，即便是为装备那些小规模部队，也还要等待相当长的一段时间。可我们却依然被告知说，军需部并无必要，没有任何紧急情况需要我们破坏正常的贸易程序。如果我们继续这样下去，我看不到有什么力量能阻止我们不这样下去，总有一天会秋后算账，那些自愿承担全部责任的人，要么是性格强硬，要么是预见不到这种可能性。

现在，我要谈到最重要的事情了，空军。星期二晚上，我们得到了第一海军大臣（萨缪尔·霍尔爵士）的保证，所有那些说我们的空军计划"极其落后"的说法都是没有根据的。他的言下之意很明白，我们的确是落后了。唯一的问题是，第一海军大臣提到"极其"一词是什么意思？他在谈到空军的扩张过程时，用了这样的说法："并非令人不满意。"真不知道他的标准是什么。他的标准在不时地变化。在9月11日关于国防联盟的演讲里是一个标准，在《霍尔-赖伐尔协定》中显然又是另一个。

今年8月，我们当中有些人作为代表拜见了首相，想表达我们对国防事务的担忧，同时也发表了一些我们不愿意公开的声明。我个人表达了对空军情况的看法，我为此准备了好几个星期，结果很抱歉，竟只用一个小时就读完了稿子。我尊贵的朋友首相大人，以他惯有的堪称典范的耐心倾听着，我想我以前说过他是个好听众，也许他会反驳说，他是在我与他共事时才学会这么做的。无论如何，他耐心地听了，这总是聊以自慰的。在过去的这三个月里，我根据当前事件和最新了解的信息，重新研究了那些事实，若不是外国人也聆听着我们这里所说的一切，如果我们是在开秘密会议，我就会把那时候讲过的话重复一遍。即便我的话只有一半是真的，我也敢肯定议会将认为我国存在着非常严重的紧急情况，而且我还要遗憾地说，其中无法排除处置失当的嫌疑。我不打算探究那些细节，这是我的原则，在议会里，我尽可能不谈那些我不确定外国总参谋部是否已经知道的事情。但是国防协调大臣在周二的演讲中做出了一个非常重要的声明。他说：

建设空军中队以及组建培训小队和精编中队的过程，所有与空军有关的人都很熟悉。在目前情况下，我们本土的中队数量是八十个，其中还包括十六个后备中队，但不包括海军航空兵，当然，也不包括国外的中队。

从这个数字和前面提到的那些预备部队数量，议会和外国都有可能相当准确地推断出我们的空军扩大的过程。因此，我觉得自己可以对其自由评论。

议会得到承诺，空军将在1937年3月31日之前增加七十一个新中队，使本土防御力量总共达到一百二十四支中队。这个数字被认为是保卫我们安全的最低标准。在上个财政年度结尾，我们的力量是五十三个中队，包括后备中队。这个财政年度，在已经过去的三十二周里，我们增加了二十八个中队——也就是说，平均每周不到一个新中队。为了取得向议会承诺的进展，为了最低限度地维持这项计划，在剩下的二十周里我们将不得不增加四十三个中队，或者每周增加两个以上。组建新中队的这个速度要从现在一直保持到3月末，几乎是之前的三倍。我无意去分析我们现有的八十个中队的组成，但首相在他的演讲中用了一个颇具暗示性的说法"骨架中队"——至少应用在一部分中队上——可即便这八十个中队的每一个都有十二架飞机的平均力量，每架都配备了战斗装备以及我尊贵的朋友详述过的预备队，我们仍然只有总共九百六十架本土防御一线飞机。

那么德国的相对力量如何？我不打算做出估计，说德国人的飞机还未多于某个数字，但我要负责地说，他们此时肯定不会少于某个数字。十分确定的是，他们已经拥有不少于一千五百架的一线飞机，组成了不少于一百三十或一百四十个飞行中队，包括后备中队。还有一点必须记住：德国开始飞行中队的设计和打造不过三年。另外还有一点必须记住：德国专门研制了远距离轰炸机，其在这方面的优势远远大于上述任何数字。

政府曾向我们郑重承诺，我们与德国空军的实力均衡将由本土防御力量来维持。目前，根据国防大臣给出的数字，就算一切都在最佳状态，假设我没有过分低估他们现在的实力，我们也只有德国空军大约三分之二的力量。因此，第一海军大臣怎么能认为这么说是对的呢？

总的来说，我们对别国空军的估计已证明是准确的；另一方面，我们对自身的估计也已证明是准确的。

我有权这么说：形势是令人满意的。

对此我完全无法理解。也许首相会说清目前的形势。我很想提醒议会，除了国防大臣已提及的数字和官方已公布的预估，我并不曾泄露什么影响国家安全的机密，我也不曾介绍任何有关空军防御的新事实。

我们应该做些什么？我知道只有一种方式能让这件事继续发展下去。议院应该要求进行一次议会质询。应该任命六、七或八位独立的议员，负责的、经验丰富、小心谨慎、对这些事件有一定了解的议员，代表各个党派去面见各部大臣，找出一系列问题真正的答案。然后，给议院做一个简短报告，要么对补救失误做出保证，要么提出建议。我认为，这才是任何称职的议会在当前形势下应该做的。在我国历史上曾创造过辉煌的议会，会毫不犹豫地这样做。他们会觉得，如果自己没能有效地维持国家的安全，就不能把责任推卸给选民。

法国议会通过它的各个委员会，对国防形势有非常广泛深入的了解，而且我没听说他们的秘密以任何异常的方式泄露过。我们的秘密也没有理由以任何异常的方式泄露。正因为法国议会的许多议员以这样那样的方式关注着国防事业，才促使法国政府在六年前，斥资六千万英镑打造马其诺防线，而此时我们的政府还在向他们保证，战争已经过去，法国切不可在裁军上落于英国之后。即便是现在，我还是希望下议院的议员们能克服党纪的顾虑，坚持要求了解决定着我们自由和生命的真相。我认为政府，尤其是任重道远的首相先生，是会欢迎这样一个建议的。

因为忽视了过去那些最清楚不过的警告，我们现在进入了一段比U型潜艇战失败后更危险的时期。也许这个时期比那时更加痛苦，因为那时我们至少拥有保护自己并击败对手的方法。现在我们却没有这样的保障。那个拖拖拉拉、两边折衷、又安抚又打击的权宜之计、一拖再拖的时代，正在走向终结。取而代之的，是我们正在进入的这个自食其果的时期。我们已经进入了这样一个时期：一年多内，或者是一年半之内，英国目前正在进行的重要准备，正如首相表明的那样，不会对现实战斗力产生有效的结果。可就在这期间，德国将达到其庞大的军事准备的顶点，同时迫于财政与经济紧缩的压力而酝酿着一次急剧下滑，或者是其他摆脱困难的出路。正是各种事件错综复杂的这种可悲状况，使欧洲的危险呈现出最令人不安的形态。我们无法逃避，我们已身陷其中。毫无疑问，如果我们能将这一阶段删掉哪怕几个月，如果我们能在德国军队大大超过法国军队、英国空军开始发挥其作用之前，缩短这段时间，我们就将成为在稳定基础上建造世界和平的工程师。

我承认，担任议员这么多年，参加过这么多次辩论，有两件事情曾让我动摇。第一件，就是短短几年内那些危险竟然如此迅速地降临到我们头上，改变了我们的地位和整个世界的景象。第二件，是下议院没能对那些危险做出有效的反应。对此，我必须说，我从未想到过。我根本不会相信我们竟能容忍自己继续陷入这种困境，日复一日，年复一年，甚至在政府都承认了自己的错误后，议会仍然不能统一认识、集中力量、采取有力措施应对危机。我要说，除非议院下定决心要查明真相，否则它将犯下史无前例的玩忽职守罪！

11.
慕尼黑

"一次完全彻底的失败"
众议院，1938年10月5日

1938年9月30号，内维尔·张伯伦怀着对希特勒"和平"保证的确信，自慕尼黑返英。一时间，他成了全国最受欢迎的人，议会对他的多数支持也毫无疑义。但是，在10月3日到6日下议院就协议进行辩论期间，有些议员发表了极为有力的演讲，反对英国出卖捷克斯洛伐克。特别是辞职的海军大臣杜夫·库珀，以及阿奇博尔德·辛克莱、克莱门特·艾德礼、安东尼·艾登和理查德·劳。

如往常一样，在所有指责中，又是在辩论中发言达四十九分钟的丘吉尔通过另一场杰出的演讲做出了最强烈的一份指控。《每日电讯报》认为，他的警告目前正在不断得到事实的印证，"他有资格发言"。最后投票时，三十位保守党议员弃权——最令人信服地证明了张伯伦的支持者阵营中有反对者。

然而当时，保守党内对丘吉尔的反对其实非常强烈。《泰晤士报》声称，他"对议院所做的预言，令耶利米都像个乐天派了"。比弗布鲁克的《每日快报》则对这次演讲不屑一顾："这是由一个满脑子都是马尔巴罗征服的人所做的危言耸听的演讲"。

如果今天下午一开始，我没有照惯例就首相对这次危机的处理表达必不可少的赞美，当然不是出于我个人的不敬。许多年来，我们一直拥有非常和谐的关系，而且根据我在类似危机中的亲身体验，我深深理解他所承受的压力和紧张。但我确信，明确说出自己对公共事件的看法会更好，而且现在也绝非任何人博取政治声望的好时机。两天前我们在前海军大臣身上看到了性格坚定的光辉典范，他的坚定之处表现在：完全不为舆论潮流所动，不管它们是多么迅急狂暴。我尊贵的朋友，西南赫尔选区议员（劳先生），议会在周一聆听了他咄咄逼人的演讲，他非常正确地提醒我们，首相先生本人在处理这些事务的过程中，无论是对欢呼还是嘘声、批评或是喝彩，始终表现出一种坚定的淡漠。

如果真是如此，这种品格和崇高的精神会使下列情形成为可能：所有观点都可在议会里得到尽情表达，大家互相交换最坦诚的意见而不会破坏个人关系。受到他人榜样的鼓舞，我将起而效仿。因此，我要在开头讲那些最遭人厌、最不中听的话。我要说些所有人都想忽略或忘记，但却必须说的话，那就是，我们已经蒙受了一次完全彻底的失败，而法国遭受的一切甚至比我们更惨。我尊贵的朋友首相先生，凭借他所有的巨大努力，在这个国家兴师动众、竭尽全力，还拼上我们经历的所有痛苦和压力，最终能够保证的极限，能够为捷克斯洛伐克争取的最大好处，就是那位德国独裁者没有把桌上的食物一下抢走，而是满足于让美食一道一道为他奉上。

财政大臣（约翰·西蒙爵士）说，无论如何这是希特勒先生第一次做出让步——我认为他是这么说的。在对贝希特斯加登、哥德斯堡和慕尼黑会议后的形势进行了长久讨论之后，我们实在不可以再浪费时间了。如果议会允许我打个比方的话，我可以非常简单地概括这些讨论。他拔出手枪要一英镑，一英镑到手，他又拔出手枪要两英镑，最后，这个独裁者同意只拿一英镑十七先令六便士，其余的我们保证将来会付清。

现在我要说到要害了，刚才部分议员已向我提到的，有关拯救和平的问题。没有哪个人在为和平奋斗时能比首相先生更坚决，更强硬了。每个人都知道。从来没有人以如此强烈而不屈不挠的决心来争取和维护和平。的确如此。但是，我仍不太明白，既然英国和法国实际上始终准备牺牲捷克斯洛伐克，为什么在这个节骨眼上它们卷入对德战争的风险还会这么大。我认为，首相带回来的协议，在这个夏天的任何时候，都可以通过普通的外交渠道轻而易举地达成。我要说，我相信从西方力量那儿得不到任何帮助而只能靠自己的捷克人，本来可以制定比现在这个更好的条约，可是在如此巨大的干扰之后，他们的局势简直不可能比现在更糟糕了。

从来没有任何绝对的把握说，如果一方决定彻底让步，战争就会爆发。当人们读到《慕尼黑协定》，目睹捷克斯洛伐克每时每刻发生的一切；当人们确信，我不说议会同意而是议会默许时；当财政大臣的演讲力图以非常强势而循循善诱的方式表明，这一切毕竟在所难免而且着实很公正；当我们目睹所有这一切时——议会里的每个人，包括许多高度警惕并小心保卫着国家利益的保守党议员，都十分清楚，现在根本没有任何与我们切身相关的事情处于紧急关头。在我看来，人们必须问，麻烦到底是什么？又有什么可大惊小怪的？

决定是英国和法国政府做出的。请允许我说，这绝不是英国政府不得不决定的问题，认识到这一点至关重要。我非常钦佩议会里一切互相指责的言论都会被压制的风气。但是必须认识到，这一决定并非由哪一个政府单独做出，而是双方都必须承担责任的决定。当这个决定做出而后果随之出现时——你可以说它明智或愚蠢，谨慎或短视——一旦决定不因保护捷克斯洛伐克而引发战争，而且假设事情在夏天以正常方式解决，那就实在没有理由去发动所有这些可怕的危机处理装置。我认为这一点应当予以考虑。

我们被要求为这一动议投票——即议会赞成陛下的政府在最近的危机中为

避免战争所采取的政策,并支持他们为争取保障长久和平所付出的努力。它已经被提交到文件当中,而且肯定是个以非常平和、不引起争论的措辞表达的议案,就像反对党提出的修正案一样。我本人对已经采取的措施无法表示认同,而且既然财政大臣已经以高超的技巧阐述了他的看法,如果允许的话,我打算从另一个角度谈谈我的看法。我一直坚持这个观点:维持和平要依靠积聚遏制侵略者的力量,再伴之以伸张正义的真诚努力。希特勒的胜利,像许多支配了世界命运的著名斗争一样,都是以最微弱的优势而胜出的。在3月份德国吞并奥地利之后,我们的讨论中就面临着这一问题。当苏台德问题正在由国联或者其他中立机构考察之时,我曾冒昧地请求政府走得比首相稍远一些,与法国和其他大国协力保证捷克斯洛伐克的安全。我依然相信,如果照此行事,局面不会沦落到如此糟糕的状态。我十分赞同我尊贵的朋友,斯巴克布鲁克区议员(埃默里先生)当时所说的话:"只有两条路供选择:要么说你对这件事根本不感兴趣,要么采取措施,利用机会,保证那个国家的安全。"

法国和大不列颠携手(如果他们与苏联也保持密切关系就更好,当然,这并未实现),就能够在这个夏天,他们的威望尚存时,影响欧洲的许多小国;而且我相信他们也能决定波兰的态度。我相信,这样的联合,在那位德国独裁者尚未不可挽回地深陷于他的新冒险时,也能够鼓舞德国国内所有抵制这些新阴谋的力量。这些力量包括各种各样的人——有宣称德国不准备进行世界大战的军界人物,还有无论是本身温和还是随波逐流但同样惧怕战争的群众,以及一些仍然对政府有影响力的人。这样的行动将鼓舞无助的德国群众与英国、法国同伴们所共有的强烈的和平渴望,并且像我们所提醒过的,在首相先生于慕尼黑发表的兴高采烈的声明中,给这种渴望找到一个激情澎湃、不可多得的发泄出口。

所有这些力量,加上其他或大或小力量的联合遏制,都准备站在法律面前,坚决拥护有序地解决不公平问题,如果能形成规模,可能会相当有效。在屈服与立即迎战之间，还有第三种选择，它不仅带给我们和平的希望，还有公平的希望。为赢得成功，这一政策要求英国在很早以前就明确宣布，她将与别国一起加入保护捷克斯洛伐克抵抗侵略的阵营，这显然非常正确。但陛下的政府在此举还能挽回局面时拒绝做出这一保证，最后却又在时机已晚时做出保证，现在，在他们已经无力回天时，为了将来，他们又一再重申这一保证。

一切都完了。沉默，悲痛，被抛弃，被分裂，捷克斯洛伐克陷入了黑暗之中。她已吃尽与西方民主国家及国联合作的苦头，她一直是两者恭顺的仆人。她尤其受尽与法国合作之苦，受其指导和政策操纵已久。陛下的政府在英法协议中采取的措施——即在那些德语居民超过百分之五十的地区不进行全民公决这一举措，本想为她争取最佳机会，却让她大受损害。因为在更多的地区也将进行全民公决，而且其他大国也向这无助的受害人提出了要求。那些地方自治选举，正是根据其投票结果确立了百分之五十的标准，但其行为却与德国没有任何关系。当我在这里会见亨莱因①先生时，他向我保证，那并非当地人民的心愿。在捷克斯洛伐克明确的声明中，这只是个地方自治问题，一个在捷克斯洛伐克国家之内拥有自己地位的问题。谁都没有权利说，在萨尔州进行公决和直接由百分之五十人口决定，这两种操作方式加起来就能达到最低限度的民族自决权。这是以自主为名的一场骗局，一出闹剧。

我们这个国家，和其他自由民主的国家一样，完全有权利提升自主自治的原则，但是当它出自那些极权主义国家之口，就变了味道。那些国家对他们治下任何领域、任何观念的异端都是零容忍。但是，无论你如何处置，这片土地，这片土地上将被转手的人民，都从未表达过加入纳粹阵营的愿望。我相信即便是现在，如果有人问起他们的意见，他们也不会做出这样的选择。

---

① 苏台德地区德意志党人领袖。

残存的捷克斯洛伐克将何去何从？它不但在政治上残缺不全，经济和财政也完全陷入了混乱。他们的银行系统和铁路调度被切断、被破坏，他们的工业生产被削减，尤其是他们的人口迁移运动，最为残酷。苏台德矿工都是捷克斯洛伐克人，其家族都已在那里生活了几个世纪，现在必须逃到一个几乎没有任何煤矿让他们工作的地方。这样的悲剧已经发生。英国人内心对捷克斯洛伐克的遭遇和不幸必定会永远怀有最深的遗憾和苦恼。他们的不幸还未完结。计划随时都会遇到障碍。戈培尔随时都会受命重启他那诽谤加谎言的宣传活动；事变随时都会被挑起，目前防线已被击溃，还有什么能阻止那征服者的意志？很显然，在这个时候，除了每个人都乐于听到的，政府及时提供的财政资助之外，我们已经没有能力给予他们最微不足道的帮助了。

我冒昧地认为，未来的捷克斯洛伐克将不可能作为独立实体维持下去。我想大家会看到，也许是几年，但也可能是几个月之后，捷克斯洛伐克就会被纳粹政权全部吞掉。也许他们会因绝望或出于报复而加入纳粹阵营。无论如何，捷克斯洛伐克的故事已经讲完。但我们绝不能仅凭上个月发生的事情来看待捷克斯洛伐克的被弃和毁灭，这是过去五年来我们所做和未做的一切导致的最悲惨后果——五年徒劳的好心好意，五年急切地寻求最小的阻力，五年来英国势力不断地退却，五年来对我们的空军防御的忽视。这就是我要站在这里揭示的真相，它表明大不列颠和法兰西的管理工作代价高昂却完全白费。五年前，我们已经丧失的安全地位曾是那样压倒一切，那样不可挑战，以至我们竟从来没想到会有这么一天。我们已经失去了原来的地位，那时大家认为"战争"这个字眼只有精神病人才会使用。我们已经失去了过去的安全和力量——那种惩恶扬善的力量，对失败的对手宽容以待的力量，和德国谈判的力量，对其不幸予以恰当救济的力量，阻止她重新武装的力量，采取我们认为正确的宽容、公正、有力的举措的力量——仅仅五年之内，我们就从一个安全无忧、不可挑战的位置沦落到了今天这步田地。

当我想起1933年初，希特勒先生刚刚掌权的时候，长久和平的希望仍然摆在欧洲面前；当我想起我们扔掉了所有阻止纳粹权力增长的机会，想起我们曾忽略的绝好合作机会和浪费掉的丰富资源时，我无法相信，整个历史进程中还能发生类似的事情。就我国而言，责任必须由那些曾经在政治事件中拥有绝对控制权的人承担。他们既未阻止德国的重整军备，也没有及时地重新武装自己。他们与意大利争吵不休，却不去解救埃塞俄比亚。他们利用又败坏了国联这一庞大机构的名声，他们忽视了可能弥补以前错误的结盟行动，结果让我们在面临考验的时刻，既没有充分的国家防御，也没有实在的国际安全。

我在休假时曾研究过埃塞雷德国王那"没准备好"的统治。议院应当记得，那是一个极其不幸的时期，我们刚从阿尔弗雷德国王手里继承了强盛的国势，却飞快地陷入了混乱。那是受制于丹麦金①和外国压力的时期。我必须说，写于一千年前的《盎格鲁-萨克逊编年史》那诘屈聱牙的语言，在我看来非常贴切，至少像我们有幸聆听的反对党议席上最后一位发言人引用的莎士比亚名言一样贴切。下面是《盎格鲁-萨克逊编年史》所说内容，我认为这段话特别适用于我们对待德国和英德关系的态度——"所有降临于我们的灾难，皆因有害的协商，因为我们的贡品没有适时地奉上，他们也没有拒绝；但是当他们犯下最恶劣的罪行后，我们就只能乖乖讲和了。"这是过去时代的智慧，因为所有智慧都不是新的智慧。

我已斗胆表达了为自己辩护的观点，表明我不能支持今晚提出的这项动议。但我明白，捷克斯洛伐克这一大事件以及英法应承担的责任，都已经成为往事了。新的进展会出现，但我们在这儿不是为了辩论那些措施是否应当采取。决定已经做出，由那些有权决定的人做出，因为他们在君王之下承担着最高的行政职

---

① 中世纪英格兰为筹措抗丹麦军费或向丹麦进贡而征收的一种年度税，后作为土地税沿袭下来。

责。无论我们怎么想，这些措施都是木已成舟，不可挽回了。过往不再来，如果一个人觉得自己已经尽力及时、正确、明智地给出了建议，也就只能聊以自慰了。因此，我将放眼未来，转而关注我们今天的形势。此刻，我想我又将不得不说些完全不受欢迎的话。

大不列颠和法兰西目前正处于大难临头的第一阶段。请不要对此视而不见。我们现在必须认识到，所有中东欧国家都将尽力与胜利的纳粹政权妥协。法国安全曾依赖的中欧联盟已经烟消云散，我看不到有任何办法使之重生。从多瑙河谷到黑海的道路，还有远至土耳其的道路，都已向纳粹敞开。实际上在我看来，中部欧洲的所有国家，所有的多瑙河流域国家，都将一个接一个被卷入这庞大的，以柏林为中心的强权政治体系——不仅是军事政治权力，还包括经济、政治权力。我相信纳粹达到这一目标会相当顺利，相当迅速，而且不必费一枪一弹。如果你想全面考察英法外交政策造成的浩劫，就看看《泰晤士报》每天报道的事情。哦，我今天早上读到了这段关于南斯拉夫的报道，了解了这个国家的一些细节：

> 南斯拉夫危机的影响立即就能描绘出来。国王亚历山大被谋杀之后的1935年选举以来，塞尔维亚和克罗地亚反对斯托亚丁诺维奇博士政府的运动，为了下届选举一直在高喊这个口号："回归法国、英格兰和小协约国①，回归民主。"过去两周的事变已如此成功地证实了斯托亚丁诺维奇博士政策的英明……（他的政策就是与德国紧密合作）反对运动其实已在一夜之间瓦解，日期未定的新选举很可能马上就会举行，而且只会是以斯托亚丁

---

① 小协约国是第一次世界大战后，捷克斯洛伐克、罗马尼亚、南斯拉夫三国在法国支持下建立的军事政治联盟。

诺维奇博士政府的绝对胜利为结果。

有个国家，三个月前本应与其他国家一道，阻止南斯拉夫发生的一切。

那么，华沙又发生了什么？为了请求波兰减轻在特申地区针对捷克斯洛伐克的严厉措施，英国和法国大使拜访或者试图拜访其外交部长贝克上校，他们吃了闭门羹。法国大使甚至未得到正式会见的批准，而英国大使得到的是一位政治教导员再草率不过的回答。整个事件被波兰报界描绘成两个大国犯下的政治泄密行为，今天我们读到的正是贝克上校攻击成功的消息。我必须说，我不会忘记近二十年前，是英国和法国的刺刀将波兰从一个半世纪的奴役中解救出来。我认为它实在是该国历史上一段令人遗憾的插曲，我们当中曾有那么多人，对她的自由和权利倾注了温暖而长久的同情。

这两个例子都很典型。你们会看到，这些地区（中、东欧地区）和我们一天又一天，一周又一周地彻底疏远。其中许多国家因惧怕纳粹政权的上台，已经出现亲德派政治家、亲德部长和亲德内阁，但在波兰、罗马尼亚、保加利亚和南斯拉夫，一直存在着声势浩大、范围极广的运动，期望西方民主国家的帮助，厌恶极权主义体系强加于他们的专制统治，希望能挺身反抗。但这一切全部落了空。我们正在谈论的这些国家还有很长的路要走。然而我想知道，今年及以后，法兰西与英格兰将何去何从？作为西方全权担保人的我们将何去何从？德国军队目前已经在数量上超过了法国，尽管还不及后者那么成熟完善。明年其规模将更为庞大，也更加成熟完备。解除了东面所有的后顾之忧，还有能够极大降低（如果不是完全解除的话）我们海上封锁威慑力的资源保证，纳粹德国的统治者们可以自由选择把眼光投向何方。如果纳粹独裁者选择往西看，法国和英国将为损失了古老的波西米亚精锐部队而扼腕痛惜——上周我们还估计过，要摧毁他们至少需要三十个德国师。

我们还能对军事形势发生的巨大变化、对我们必须面对的危险视而不见吗？我相信，我们将在四年内为英国军队增加四个大队，至少有两个已经建成。目前必须考虑到，法国前线至少有三十个师，此外还有奥地利被吞并时被俘虏的那十二个师。毫无疑问，许多人都真诚地相信他们只是在出卖捷克斯洛伐克的利益，而我却担心，我们已经深深地，也许是致命地危害了大不列颠和法兰西的安全，甚至独立。这绝不仅是放弃德国殖民地的问题，我敢肯定德国会提出这种要求，也不仅是失去在欧洲的影响力的问题。它的影响远比这些深远。你必须考虑纳粹运动的性质及其隐含的规则。首相先生渴望看到我国与德国之间热诚的关系。两国人民保持热诚关系毫无困难，可惜他们毫无权力。你绝不要指望与现任德国政府保持友谊，你必须和它保持正常的外交关系，但在英国的民主和纳粹的极权之间，绝不可能存在友谊。纳粹极权将基督教伦理一脚踢开，高唱着野蛮的异教信仰一路向前，鼓吹侵略和征服精神，从迫害行动中汲取力量，享受快乐，残酷无情地利用杀人力量的威胁。这种极权绝不可能成为英国民主依赖的朋友。

　　最让我感到无法忍受的是，我们的国家竟已堕入了纳粹魔爪，堕入了纳粹德国的轨道和影响之中；我们的生存要仰仗他们的善意或喜好。正是为了阻止这一切，我一直竭尽全力敦促坚守每一个防御壁垒——第一，是及时创立一支在我们的海岸打击范围内优于任何力量的空军；第二，是凝聚众多国家的集体力量；第三，是在条约框架下缔结同盟和军事协定，为不惜一切代价阻止这种极权的推进而凝聚力量。可惜，这一切都是徒劳。每个阵地都在花言巧语、似是而非的借口下遭到破坏和抛弃。

　　我们不想被带上这条"阳关道"，成为纳粹德国统治欧洲体系中的一颗卫星。用不了几年，甚至用不了几个月，我们就会面对德国提出的要求，这些要求将涉及领土割让或者放弃自由，对此，毫无疑问，我们不得不俯首听命。我预见到，伴随投降政策而来的，是对议会和公共平台及报界言论自由、辩论自由的各种限制。有人会说——其实我现在就听到一些——我们绝不容许平庸的英国政治家批评纳粹独裁体系。然后，随着新闻界被直接但更多是间接地潜在控制，随着每一个公众意见的喉舌被麻醉而变得顺从，我们将被引领到旅程中更远的地方。

插入这样的讨论是微不足道的小事，但就在本周，我听到了一些蝌蚪和烛芯式①的言论。他们特别热衷于举行一场大选，就是一种——如果我可以这么说的话——反向的、非常时期大选。但愿首相先生听到了我尊贵而勇敢的朋友，威斯敏斯特修道院选区议员（西德尼·赫伯特爵士）在昨晚做的演讲。我知道，没有谁能比首相参加会议更有规律，更具耐心，他能够全程聆听我们如此之多的辩论，实在不可思议。但是当时运气不佳，他恰好不在场。不过我敢肯定，如果他听到了我尊贵而勇敢的朋友的演讲，会为这种谣言竟能如此传播而感到非常生气。我简直无法相信，当今首相或者任何一位拥有议会足够多数支持的首相，竟有本事做出这等历史性的下流之举。我太高估了他。当然，如果我误判了他的正确立场，《慕尼黑协定》会失效，盎格鲁-纳粹的友谊会破裂，我们的防御会崩溃，那么每个人都将不得不遵照他的信念战斗，只有先知能预言事情的最终结果；但无论结果怎样，整个国家在这一外交政策上分为两个阵营，对我们作为大国幸存的机会来说，没有什么能比这更致命的了，在这个时候，无论首相是谁，只有团结努力才能使我们安全。

我一直在努力搜寻能使我们免受纳粹极权之害，能确保我们可贵生命的措施。那唯一可行的方法是什么呢？对我们来说唯一可行的方法就是，通过取得空军优势重新获取从前的岛屿独立，获得我们曾保证过的空中防御安全，从而使我们再次成为一座安全岛屿。面对黑暗、恐怖的前景，这压倒一切的事实将散发光亮。迄今未见的重新武装的努力应当立即付诸行动，我国的所有资源和力量都应

---

① 蝌蚪和烛芯是英国首相本杰明·狄斯累利创作的政治小说《康宁斯比》中两个小气的政治家。

专注于这项任务。我非常高兴地看到,鲍德温勋爵昨天在上议院说,他明天就将动员全国的工业界。但我认为,如果鲍德温勋爵在两年半之前人人都要求设立军需部时就这么说,效果要好得多。我将斗胆对在座各位尊敬的先生,我尊贵的朋友们说,感谢他们耐心倾听我的演讲,但他们对目前的一切也负有责任,因为如果他们将倾注于捷克斯洛伐克这一交易的掌声的十分之一拿出来,给予那一小群极力推动重整军备的议员,我们现在就不会是这种处境。尊敬的反对党先生们,尊贵的自由党议员们,他们也同样没有资格向我扔石头。我没有忘记,两年来我一直得面对的不仅是政府的强烈贬损,还有他们的坚定反对。鲍德温勋爵现在已经释放出这一信号,尽管有些迟缓,还是让我们听从它的指引吧。

毕竟,我们目前在空军和防空动员方面,已无秘密可言。这些事情,就像我尊贵而勇敢的朋友威斯敏斯特修道院选区议员所说的那样,成千上万民众都看在眼里。对于各位大臣不断就此问题所做声明的性质,他们自会形成自己的看法。现在谁还会假装我们的空军与德国势均力敌?谁能假装我们的防空准备已经有充分的兵员和装备?我们知道,德军总参谋部已对这些事情了如指掌,可下议院迄今为止都没有真正弄清楚它在这些事情上的责任。不久前,内政大臣(萨缪尔·霍尔)说他欢迎调查。行政机关做过的许多事情都反映出它们有最好的信誉,但最关键的是我们想知道的那些事。这三年来我一再请求召开秘密会议以研究解决这些事情,或者由议会的特别委员会进行一次调查,抑或是某种其他方式。我现在请求,我们在秋季再开会时,政府在这些问题上应当信任议会,因为我们有权了解我们身在何处,也有权了解政府正在采取什么措施来保证我们的安全。

我不怨恨我们忠诚勇敢的人民。无论付出什么代价,他们都准备履行职责,他们在上周那种压力下也从未退缩——我不怨恨他们在得知自己无须经受严酷考验的时刻,那自然而然地爆发出的快乐和欣慰,但他们应该知道真相。他们应当知道，我们的防御有严重疏失和缺陷；他们应当知道，我们经历了一场没有战争的战败，并将长期深受其害；他们应当知道，我们刚刚走过了历史上一个可怕的里程碑，当整个欧洲的均衡被打乱时，有骇人的话语散布出来反对西方民主："你被称在天平里，显出你的亏欠。"①不要以为这是结束，这只是清算的开始。这只是第一口啜饮，是对敌人年复一年提供给我们的苦酒的初次品尝，除非我们振作精神，恢复我们的战斗激情，我们才能重新站起来，像旧时代那样捍卫自由！

---

① 语出《圣经·但以理书》，先知但以理向巴比伦王伯沙撒解释神在王宫墙上显示出的文字的意思，预言其王国气数将尽，归于异族人之手："所写的文字是，弥尼，弥尼，提客勒，乌法珥新。讲解是这样，弥尼，就是神已经数算你国的年日到此完毕。提客勒，就是你被称在天平里，显出你的亏欠。毗勒斯（与乌法珥新同义），就是你的国分裂，归与玛代人和波斯人。"

第三部分 英语总动员

1940

丘吉尔演讲集

12.
新政府

"热血,辛劳,泪水和汗水"
下院,1940年5月13日

1939年9月战争爆发时,丘吉尔再次被任命为海军大臣,他发现自己恰好担任了1914年那个相同的职位。但是在1940年5月,英军在挪威行动的失败(讽刺的是,丘吉尔本人对此负有极大责任)导致下院的一场关键性辩论,内阁多数席位的减少让张伯伦感觉自己必须辞职。丘吉尔取代了他,用几天时间组建了自己的内阁。

在五旬节下院集会那天,丘吉尔发表了这篇简短的演讲,意在寻求议会的认可。反应褒贬不一。进入大厅时,张伯伦得到的掌声比新首相多,而且丘吉尔早期的大部分支持者都来自工党议席。哈罗德·尼科尔森称它是"非常简短但切中要害的声明"。杰弗里·道森则高人一等地评价它是"相当不错的好战小演说"。

正如《泰晤士报》很快指出的那样,这篇演讲中有对加里波第(饥饿,口渴,急行军,战斗和死亡)和克里孟梭(我要作战)的模仿。但是在《世界危机》一文中,丘吉尔本人也使用了非常相似的话语:"他们的泪水,他们的汗水,他们的热血,浸湿了这片无边的平原。"这是最好的修辞手法再利用。

上周五晚上，我接受国王陛下的委任组建新政府。这届政府应当在最广泛的基础上构建，还应当包括那些支持上届政府的党派和反对党在内，这是议院和全体公民明明白白的期望和意图。目前我已经完成这一任务中最重要的部分。由五位成员组成的战时内阁已经形成，包括了工党、反对党和自由党，代表着整个国家的团结一致。三党领袖已经一致表示，愿意在战时内阁或者最高执行机关中服务。陆、海、空三军大臣已经就任。考虑到局势的极端紧急和严酷，在一天之内完成组阁非常必要。其他一些关键职位昨天已经任命，今晚我就会向国王陛下呈交更详细的名单。我希望在明天完成各主要大臣的任命，其他大臣的任命一般要花更长时间，但我相信，下次召开议会时，我的这部分任务就将大功告成，新政府将全面建成。

考虑到公众利益，我建议今天召集议院开会。议长先生表示同意，并按照议院决议授予他的权力履行了必要的程序。今天议程的最后一项，就是建议休会到5月21日，并准备在必要时提前开会。那一周要考虑的事宜将在第一时间通知各议员。根据以我的名义通过的决议，我现在请求议会，记录其对履行程序的认可，并宣布它对新政府的信任。

组建这样一个规模庞大、结构复杂的政府本身就是个严肃的任务。但我们必须记住，我们正处于历史上最大战争之一的初期，我们正在挪威和荷兰等许多地方采取行动，我们必须准备在地中海行动，空战连绵不断，国内还有许多准备工作要做。在这危机时刻，如果我今天对议会的演讲不够详尽，希望能获得原谅。我希望我所有的朋友、同事或者前同事，凡是受到政治重组影响的人，都能体谅今天缺少了以往必不可少的隆重仪式。我要对议院说，就像我对本届内阁成员所说的那样："我一无所有，只有热血、辛劳、泪水和汗水。"

我们面临的，是严酷考验中最为痛苦的一种。我们面临着许许多多漫长岁月的战斗和苦难。你若问，我们的政策是什么，我会说："那就是作战，在海上、陆地和空中，凭借上帝给予我们的全部威力和兵力，与人类黑暗悲惨的罪恶史上从未有过的最穷凶极恶的暴政作战，这就是我们的政策。若问我们的目标是什么，我可以用一个词来回答：胜利——不惜一切代价，夺取胜利；抛开所有恐惧，夺取胜利；不论道路如何漫长艰难，都要夺取胜利。因为没有胜利，就没有生存。我们必须认识到：没有胜利，大英帝国将无法生存；大英帝国所代表的一切将无法生存；促使人类向着目标前进的渴望和冲动将不复存在。但我挑起重担时，仍然充满乐观和希望。我确信，我们的事业不会遭受失败。此刻，我有权要求全体国民的支持，我要说："来吧，让我们齐心协力，并肩作战！"

13.
迫在眉睫的考验

"做勇敢的人"①
BBC，伦敦，1940年5月19日

5月10日头几个小时，德国入侵了荷兰和比利时，四天之内，他们便突破了法国在色当的防线。5月15日，荷兰投降，丘吉尔飞往巴黎与法国领袖交换意见。情况很快明朗，法国的抵抗将难以为继，欧洲大陆上英国军队的处境非常凶险。在5月18日的战时内阁会议上，张伯伦催促首相对全国广播，表明"我们的处境举步维艰，绝不允许任何个人考虑妨碍夺取胜利的必要措施"。

第二天，只经过三个小时的构思，丘吉尔便实况广播了他作为首相的第一次演讲。他对法国的继续抵抗还抱有希望，同时也警示听众德国对英国的袭击可能迫在眉睫，明确表示他决心要"唤起人民竭尽他们的全力"。

很显然，这次广播讲话击中了全体国民的想象。安东尼·艾登告诉丘吉尔，他从来没有"做过如此精彩而伟大的演讲"。《旗帜晚报》认为这是一次"拥有不朽决心"的演讲。就连哈里法克斯②爵士都认为它"很有价

---

① 语出《圣经·撒母耳记下》，"现在你们要加强自己的力量，做勇敢的人，因为你们的主上撒乌耳已经阵亡……"。

② 哈里法克斯（1881—1959）：英国保守党人，在外交大臣任上，对纳粹德国实行绥靖政策。

值"。丘吉尔的战争演讲从此郑重开始了。

这是我第一次作为首相,在这庄严的时刻,为了我们国家的生存,为了我们帝国的生存,为了我们盟军的生存,最重要的是为了自由事业的生存,在这里对你们演讲。一场巨大而恐怖的战役正在法国和佛兰德斯持续着,德国军队凭借空中轰炸和重型装甲坦克的联合作战,已经突破了法国北部的马奇诺防线,他们强大的装甲部队正在蹂躏那里辽阔的原野。最初的一两天,法国毫无防备,德军长驱直入,沿途散播惊恐和混乱。他们后面是装满卡车的步兵,而在步兵的后面,大队人马正浩浩荡荡地开来。法国军队重新集结,迎面抗敌,对几天来一直在推进的楔形入侵攻势予以打击,得到了英勇的皇家空军的大力支援。

德国装甲部队在我们的防线背后神出鬼没,但我们切不可自乱阵脚。如果他们出现在我们的前线,法国军队也会在他们背后的许多地方激烈战斗。这样他们就会腹背受敌,处境极其危险。如果法国军队和我们的军队指挥得力——这点我毫不怀疑——如果法军能保持他们久负盛名的恢复及反扑能力,如果英国军队能够表现出顽强的忍耐力和可靠的战斗力——以前曾多次展示过——那么,局势就很有可能会发生突变。

然而,掩饰此刻形势的严重性是愚蠢的。但失去信心和勇气,或者认为三四百万训练有素、装备精良的军队会在几周或几个月内被一支装甲部队征服,无论它有多么可怕,这么想都是愚蠢的。我们可以满怀信心地期待法国前线固若金汤,期待民众的普遍参与使英、法战士的作战能力正好与对手相匹敌。至于我本人,对法国军队及其领袖的信心也是不可战胜的。法国的辉煌之师中只有很小一部分卷入了激战;只有很小一部分法国领土遭到了入侵。有强大的证据表明,敌人其实已经将所有专门化和机械化力量投入了战斗;我们还知道他们蒙受了非常严重的损失。无论军官还是士兵,无论中队还是大队,无论在何处,与敌人遭遇近身格斗的他们，都能够为最后的战果做出宝贵的贡献。军队必须抛弃在混凝土防线或天然屏障后抵抗的想法，也必须认识到，主动权只有靠猛烈而坚持不懈的进攻才能夺回。这种精神不但要鼓舞统帅部，也必须鼓舞每一位正在战斗的人。

在关于空军的争执中，这种想法常常占压倒的优势——一直以来我们击落敌机的数量与敌人相比是三比一或四比一；与战争初期相比，英德空中力量的相对平衡目前对我们要有利得多。在消灭德国轰炸机时，我们既是在为自己战斗，也是在为法国而战。我相信我们有能力决一胜负，直到德国空军完蛋的那一天。我的信心因已经发生和正在发生的激战而大大加强。与此同时，我们的重型轰炸机正夜夜打击着德国机械化力量的根基，已经给纳粹统治世界所依赖的炼油厂造成了严重损害。

我们必须明白，一旦西线达到稳定，在短短几天内摧毁并奴役荷兰的大部分侵略机器，就会转向我们。我们准备好了面对它，忍受它，并将在未成文的战争法所允许的范围内报复它，我确信我是代表所有人这么说的。当磨难降临时，这个岛屿上将有许多男人和女人会感到欣慰甚至骄傲——因为他们正在和前线的小伙子们（战士、水手和飞行员，上帝保佑他们）分担危险——他们正在分担一部分小伙子必须承受的猛攻。这不正是所有人都应该发挥其最大力量的时刻吗？如果要打赢这场战争，我们必须为战士们提供源源不断的武器和弹药。我们必须拥有，而且要迅速拥有更多飞机，更多坦克，更多炮弹，更多枪支。军队迫切地需要这些重要军火，它们提升了我们对抗强大武装之敌的力量。它们补充了顽强战斗带来的消耗。知道消耗将迅速得到补充，能帮助我们更轻松地利用我们的储备，解除我们的后顾之忧。

我们的任务不仅是打胜仗——而且要打赢整个战争。在这次战役重创法国军力之后，战争将降临到我们岛上——这就是英国要面对的，英国的意思就是要打仗。在这最紧急的关头，我们将毫不犹豫地采取各种措施，哪怕是最激烈的那种。我们要激发民众贡献他们的最后一份力量。财产利益、劳动时间，比起为生命和荣誉、为正义和自由的英勇斗争，我们曾发誓献身的斗争，实在一文不值。

我已经得到法兰西共和国首脑，尤其是不屈不挠的总理雷诺先生最神圣的誓言：无论发生什么，他们都将战斗到最后，无论那意味着痛苦还是光荣。不，如果我们战斗到最后，那只能是光荣。

我接受国王陛下的委派，建立了各党派各观点的男女组成的行政机关。我们过去曾有分歧和争吵，但现在有一条纽带将我们全部连成一体——坚持作战直到赢得胜利，绝不让自己向奴役和耻辱屈服，无论付出什么样的代价，经历什么样的创痛。这是法国和英国悠久历史上最令人畏惧的时期之一，无疑也是最令人崇敬的时期。肩并肩，只有依靠广大领土上的亲朋好友，只有依靠他们的庇护，辽阔的帝国才不会孤立无援——肩并肩，英国和法国人民勇往直前，既要拯救欧洲也要拯救人类脱离那最邪恶、最摧残心灵的暴政，这暴政曾玷污并抹黑了历史的篇章。在他们身后——在我们身后——在英法部队和舰队身后——聚集着众多破碎的国家和遭受重创的民族：捷克斯洛伐克人、波兰人、挪威人、丹麦人、荷兰人、比利时人。——暴虐的长夜将降临于他们全体，就连希望之星也无法照亮这黑暗，除非我们夺取胜利，我们必须胜利，我们终将胜利。

今天是圣三主日。几个世纪前，这些话就被写下来，召唤并鼓舞着真理和正义的忠诚仆人："武装自己，做勇敢的人，时刻准备迎接战斗，与其坐视我们的国家和祭坛遭受凌辱，不如在战斗中英勇死去。成事在天，谋事在人！"

14. 敦刻尔克

"战争胜利不能依靠撤退"
下院，1940年6月4日

英国远征军在德国猛攻敦刻尔克桥头堡之前撤退了。法兰西还前途未卜，大军撤退已于5月26日开始。海面平静，数千只私人小船冒险穿过海峡，英国皇家空军英勇战斗，对抗敌人的空中霸权。到6月4日，三十三万多盟军部队到达英格兰，其中包括两万六千①名法国战士，远远超过原来的期望。

就在同一天，丘吉尔向下院报告，演讲只有半个多小时。他力求抑制全国上下在这次意外脱险之后表现出来的轻松愉快。他警告说，英国未来可能将不得不孤军奋战。在结束语里，他向美国发出了多次请求中的第一次。

大家公认这是一次极为成功的演讲。"这个下午，"哈罗德·尼科尔森报告说，"温斯顿所做的演讲是我听过的最好的一次。议会被深深地打动了。"工党议员约书亚·韦奇伍德认为，它"抵得上一千门大炮和一千年来的所有演讲"。就连亨利·夏农这位顽固的绥靖主义者和热情的张伯伦支持者，都深受感动。"他雄辩滔滔，语言华丽，好几位工党议员流下了热

---

① 这个数字不太准确，根据《丘吉尔传》的记载，撤退的法军官兵有十一万。

泪。"的确如此。

自从5月的第二个周末法国在色当和默兹河上的防线失守，应比利时国王请求进入该国的英国和法国军队，只有迅速撤退至亚眠和南部，才能获救。但是这一战略事实并未被立刻认识到。法国最高统帅部希望能堵上缺口，而北方的部队正在他们指挥之下。而且，这样的撤退几乎肯定会让比利时二十多个师的精锐部队陷于毁灭，导致整个比利时被抛弃。因此，当认清德国入侵的兵力和范围时，当新的法军总司令魏刚将军代替甘末林将军担任指挥时，比利时境内的英法军队曾试图坚守比利时的右翼，并将自己的右翼完全交付给一支新组建的法国部队，该部队曾打算跨过索姆河并尽力死守那里。

然而，爆发的德军如锋利的镰刀横扫北边部队的右翼和后方。八个或九个装甲师，每个拥有四百辆不同种类的装甲车辆，但都精心组合成可分的独立作战单位，切断了我们和法国大部队的所有通信联系。德军断绝了我军的食物和军火供应，我们的军需补给之前先到亚眠，后来又通过阿比维尔。德军沿海岸线北上到布洛涅和加莱，差点儿到达敦刻尔克。在这波装甲机械化猛攻之后，又来了许多坐着卡车的德国师，再后面是相对缓慢地开过来的大批迟钝而残忍的普通德国军队，他们永远准备好了被人牵着鼻子走，去践踏别国自由而安逸的土地，那里有他们在自己的土地上从未体验过的自由和安逸。

我说过，这个全副武装的镰刀攻势差不多到达了敦刻尔克——差不多但还差一点儿。布洛涅和加莱就是决一死战的现场，布洛涅守军抵挡一阵之后就遵照国内命令撤退了。而步枪旅、第六十步枪团和维多利亚女王步枪团，与一个英国坦克营及一千法国士兵一起，共计四千多人，守卫加莱到最后一刻。德军给英军旅长一小时时间考虑投降，旅长嗤之以鼻。四天激烈的巷战过后，寂静重新笼罩了加莱，它标志着一次英勇抵抗至此结束。只有三十个未受伤的幸存者被海军救出，但我们不知道其他战友的下落。尽管如此，他们的牺牲并不是徒劳。因为至少有两个德国装甲师，本来可以去攻击英国远征军的，却不得不派来对付他们。他们为轻型步兵师的历史添上了光辉的一页，他们赢得的宝贵时间保证了格拉弗林水域涨潮，让法国军队守住了海岸线。

于是敦刻尔克港得以畅通无阻。当北方部队发现已经不可能恢复与亚眠法军主力的通信时，只剩下最后一个选择了。他们似乎真的陷入了绝境。这支由比利时、英国和法国士兵组成的部队几乎全部被德军包围。他们唯一的撤退路线就是去往唯一的港口，去往邻近的海滩。众寡悬殊，他们在各个方向遭到德国空军猛烈的攻击。

一周前的今天，当我请求议会确定这个下午为演讲时间时，我担心，公布我们悠久历史上最大的军事灾难将是我的苦差事。我以为——几位优秀的军事专家也赞同我的观点——也许只有两万或三万人能上船，而整个法国第一军团和亚眠－阿比维尔隘口北边的英国远征军，似乎都将在这片开阔的土地上灰飞烟灭，或者因弹尽粮绝而被迫投降。这就是令我一周前呼吁议会和国家做好心理准备的残酷而沉重的消息。英国军队的根基、核心和灵魂，我们在战争后期以其为基础、为中心计划建立并将要建立的伟大军队，似乎就要毁灭在这片战场上，或者沦为可耻而饥饿的俘虏。

这就是一周前的战争前景。但是另一重可能致命的打击还未降临。比利时国王曾请求我们施以援手，若不是这位统治者和他的政府与曾在上次战争后期使他们免遭灭绝的盟军划清界限的话，若不是他们寻求后来证明是致命行为的中立庇护的话，也许战争伊始法国和英国部队不但能救比利时，还能救波兰。然而在最后的时刻，当比利时已遭到侵略，列奥波德国王又请求我们施以援手时，即便已是最后关头，我们还是来了。他与他的英勇高效的部队，将近五十万之众，保护了我们的左侧翼，从而保证了我们通向大海的唯一撤退通道畅通无阻。可突然，没有事先磋商,没有引起一丁点儿注意,没有任何大臣向他建议而仅凭他的个人行为,他就向德军统帅部派出一位全权代表,交出了他的军队,暴露了我们的整个左侧翼和撤退计划。

一周前,我请求议会暂缓决断,因为局势尚不明朗。但我觉得,我们现在完全有理由对这段可悲的插曲发表自己的看法。比利时军队的投降,迫使英国在最短的时间内掩护通往大海的三十多里左侧翼。否则的话全军就会被切断,全体将士就会与比利时精锐部队遭受同样的命运,那是列奥波德国王对其国家历史上最优秀部队所做的宣判。因为如此,因为暴露了左侧翼,就像所有在地图上追踪作战行动的人看到的那样,英军和法国第一兵团的三分之二部队失去了联系,他们距离海岸比我们还遥远,似乎不太可能有任何大规模的盟军部队能够到达岸边。

敌人以重兵从四面八方发起猛烈攻势。他们的主力,即数量遥遥领先的空中力量,全部投入到这场战役中,要么阻击,要么围攻敦刻尔克及附近海岸。敌人从东西两面不断逼进这个狭窄的出口,用加农炮向唯有船只可通行的海岸开火。他们在航道和大海上密布了磁性水雷;他们派遣一波波敌机,有时一个编队便有一百多架,将炸弹倾泻到唯一残存的码头上,倾泻到我们军队赖以藏身的沙丘上。他们的U型潜水艇——有一艘被击沉——和他们的汽艇,都给我们当时已经开始的繁忙运输造成了巨大困难。激烈的战斗持续了四五天。他们所有的装甲师——或者说所有装甲师的残余——以及大量的步兵和炮兵,都向英法联军坚守的这截日益狭窄、日益收缩的盲肠猛扑过来,但却徒劳无功。

与此同时,皇家海军凭借无数商船水手的自愿帮助,竭尽全力让英军和盟军登船。二百二十艘轻型战舰和六百五十艘其他船只投入了行动。他们必须在困难重重的海边作业,常常面临恶劣的天气,顶着几乎无休无止冰雹般的炸弹,以及不断增强的火炮打击。而且如我所说,海上也是一样,遍布躲之不及的水雷和鱼雷。就是在这样的条件下,我们的人夜以继日,绝少休息,一次又一次穿过那片危险的水域，带回他们要营救的战士。他们带回战士的数量，就是衡量他们奉献和勇气的标准。营救了成千上万英法伤兵的医疗船，因标志明显而成为纳粹轰炸的特殊目标，但船上无论男女，执行起任务来都绝不踌躇。

与此同时，早已参战的皇家空军，过去一直在航程允许的范围内从国内基地出动打击敌人，现在则利用其在各主要城市防空战斗机的部分力量，袭击德国轰炸机及掩护他们的大批战斗机。这场战斗持久而激烈。突然之间，战场局势明朗起来，轰鸣声和雷声暂时——但也只是暂时——停息了。我们依靠勇敢，依靠坚持不懈，依靠完美的纪律，依靠无瑕的服务，依靠资源，依靠技艺，依靠不可征服的忠诚，实现了一个救援奇迹，这一奇迹展现在所有人面前。敌人向撤退的英法军队猛扑，但遭到重创，无法有效追击。皇家空军进攻德国空军的主力，对敌军造成的损失至少是我军损失的四倍；海军呢，动用了近一千艘各类船只，解救了三十三万五千多名英法战士，使他们脱离虎口，免遭屈辱，安全回到家乡，得以执行迫在眉睫的任务。但我们一定要非常小心，不可将这次救援定性为一次胜利。战争不是靠撤退来打赢的。但还是应该指出，这次救援里有胜利，这胜利是由空军夺取的。许多回来的战士并未见到空军的战斗，只看到德军轰炸机在躲避它的防御性攻击。他们低估了空军的功绩。我听到了许多这样的言论，所以我要特意提起这一点。我要告诉你们这方面的情况。

这是英国空军和德国空军实力的大比拼。对德国空军来说，让我们从海滩撤退的行动化为泡影，击沉几乎数以千计的船只，你还能想象出比这更不可能的事情吗？对战争的整个目的来说，还会有比这更具军事重要性的目标吗？他们竭力尝试，却遭击退；他们的任务以失败告终。我们的军队成功逃脱，敌人付出的代价是从前造成的损失的四倍。庞大无比的德国飞机编队——我们知道他们是非常勇敢的民族——有好几次被只有他们数量十五分之一的皇家空军击退，被打得落花流水，四处逃散。十二架敌机被我军两架飞机击落，有一架飞机遭到我军一架耗尽弹药的飞机穷追不舍，坠入大海。我们所有的机型——飓风、喷火式战斗机和新挑战者——以及我们所有的飞行员，都用行动证明，他们比目前要对付的敌人更加优秀。

当考虑我们在本岛上抵抗越洋攻击的优势到底有多大时，我必须说，我从上述事实中看到了坚实的基础，可以寄予现实而可靠考虑的坚实基础。我要向这些年轻的飞行员致敬。目前，庞大的法国陆军遭到几千辆装甲车猛攻，大受干扰。文明的事业本身不也是靠数千名飞行员的高超技术和献身精神来保卫的吗？我想，在全世界，在整个战争史上，年轻的战士从来不曾有过这样的机会。圆桌骑士，十字军战士，都已经成为过去，不但遥远还平淡无奇；而这些年轻人，每个黎明出发去保卫祖国和我们珍视的一切，手中紧握着威力巨大而骇人的装备，可以这样来形容他们：

> 每个黎明都会产生高贵的机会，
> 每个机会都能造就高贵的骑士。

他们与所有以多种方式、在各种场合随时准备为国捐躯的勇士们一样，值得我们致以最诚挚的感激和崇敬。

我再谈谈陆军的情况。在一连串极其惨烈的战斗中，他们时而在这边前线，时而转移到那边，有时甚至要在三条战线上同时作战，两三个师对抗同等规模或数量更多的敌人，在一些人们耳熟能详的老战场上激烈拼杀。在这些战役中，我们因阵亡、受伤和失踪而损失的兵员超过三万。借此机会，我要代表议会，向所有遭受丧亲之痛的父母和那些依然在担忧的父母，表达深深的同情。贸易委员会主席今天没有到会，因为他的儿子阵亡了，议会里的许多人都体会到了那种撕心裂肺的剧痛。但我还要说说那些失踪者。我们已经让大批伤兵安全地回到了家，那些依然下落不明的勇士，相信他们会有一天，以某种方式回到家乡。在一片混战中，难免会有许多人遭遇这样的处境——他们已经不需要为荣誉而继续抵抗。

与我军三万多人的损失相比，我们给敌人造成的伤亡比这惨重得多。然而，我们在物资上的损失极其巨大。与1918年3月21日战役头几天相比，我们目前的人员伤亡也许只有三分之一，但损失的火炮却几乎一样多——将近一千门——更不用说北边陆军的全部交通工具和全部装甲车辆了。这一损失将导致我们军力扩张的进一步延迟，而扩张的速度本来一直都没能达到我们的预期。我们所有最好的装备全都给了英国远征军，尽管他们的坦克和某些急需装备的数量不足，但仍然是一支装备精良的部队。他们拥有我国工业提供的第一批全部成果，而这一切现在丢失殆尽，所以只能再推迟。延迟会有多久，会持续多久，取决于我们在本岛上的辛勤劳动。我们正在付出前所未有的努力，到处都在如火如荼地工作，夜以继日，加班加点。劳资双方放弃了个人利益、权利和习惯，齐心协力，同仇敌忾，军火产量已经开始飞跃。我们没有理由不在延迟国民经济发展的前提下，在几个月内弥补曾经蒙受的突然而严重的损失。

然而，我们对自己的军队和这么多战士（他们所爱的人度过了痛苦难耐的一周）成功逃离的感激，一定不能让我们无视这个事实：法国和比利时发生的一切是一场巨大的军事灾难。法国军队遭受重创，比利时军队全军覆没，大部分被寄予厚望的防线失守，许多珍贵的矿区和工厂被敌人占有，整个海峡港口落入敌手，在所有随之而来的悲剧后果之外，我们还必须准备好，再一次针对我们或者法国的打击可能立刻就到。我们已得知希特勒先生有入侵英伦群岛的计划。这个计划早在希特勒之前就有人设想过。当拿破仑率领大军和他的平底船在布洛涅驻扎了一年时，有人曾告诉他"英格兰遍地荆棘"。现在，既然英国远征军已经归来，这里的荆棘自然多出了许多。

当然，国内反抗入侵的全部问题受到下列事实的严重影响：我们岛上目前拥有的军事力量和这次或上次战争中任何时候都不能同日而语。但是这种状况不会再继续下去了。我们将不再满足于打一场防御战，我们对盟军负有责任。我们必须在英勇的统帅戈特爵士的领导下，再次重建并加强英国远征军。一切都已准备就绪，但在这期间我们必须使本岛防御进入这样一种高度系统的状态：要以最少的人员保证有效的安全，同时充分预料到敌人进攻的猛烈程度。我们目前已经着手于此。如果议会愿意，在秘密会议上讨论这个话题将更加方便。并不是说政府就一定会泄露许多军事机密细节，但我们想自由地进行讨论，无须承受它们第二天会被敌人知晓的压力；而且，通过来自全国各地的议会各党派议员自由地表达观点，政府也能从中获益。我明白大家会对这一问题提出一些要求，它们将很快得到陛下政府的同意。

　　我们已经发现，有必要采取更加严厉的措施，不但针对外敌和其他国家的可疑分子，也要针对战火蔓延到联合王国后可能成为危险或麻烦的英国国民。我知道，有许多受我们命令影响的人其实是纳粹德国狂热的敌人。我对他们非常抱歉，但当此危急时刻，面对重重压力，我们无法划清所有该划的界限。如果德军空降并随之爆发激战，为他们也为我们自己着想，这些不幸的人最好不要妨碍我们的抵抗。不过，还有一种人我丝毫都不同情。议会已经授权我们以铁腕镇压第五纵队的行为，我们将在议会的监督和纠正下，毫不迟疑地行使这一权力，直到我们满意地，乃至十二分满意地看到，我们当中的这个毒瘤被彻底清除。

　　下面我再次转到入侵问题上来，这一次谈得会更概括。我认为，在所有漫长世纪中，我们从未像今天这样，能够就反抗侵略乃至猛烈攻击，向我们的人民做出如此有把握的承诺。在拿破仑时代，就是那阵将他的船送过英吉利海峡的风，也赶走了封锁港口的舰队。这样的机会始终存在，也正是这种机会，刺激并愚弄了欧洲大陆许多暴君的想象。类似的故事层出不穷。我们确信敌人会花样翻新，当我们看到敌人展示出来的邪恶创意和侵略天才时，我们当然要准备好应对各种稀奇古怪的战略，各种野蛮凶残的策略。我认为，没有任何想法是稀奇古怪到不值得以敏锐的目光去观察的，但与此同时我希望，我们还要以镇定的眼光看待它们。我们永远不要忘记，我们有海上力量提供的坚实保证，我们的空中力量如果能在本土得到正规训练，也将爆发出巨大威力。

我本人有充分的信心，如果大家各尽其责，如果一切虑无不周，如果事事都像现在这样安排妥当，我们将再次证明，我们能够保卫自己的家园，能够安度战争风暴，能够经受暴政恐吓，如有必要，我们就持久作战，如有必要，我们就孤军奋战。无论如何，这就是我们将尽力去做的事情。这就是陛下政府中每一个人的决心。这就是议会和整个国家的意志。大英帝国和法兰西共和国，因事业和需要紧紧联系在一起，将誓死保卫他们的土地，像好同志一样竭尽全力，互相帮助。尽管欧洲的大片土地和许多古老闻名的国家已经陷落或可能落入盖世太保及一切可憎的纳粹机构的魔掌，但我们不会投降，不会失败。我们将坚持到底，我们将在法兰西作战，我们将在大海大洋上作战，我们将在空中作战，越战越强，越挫越勇。我们将保卫自己的岛屿，不惜一切代价，我们将在海边作战，我们将在登陆场作战，我们将在田野和街道作战，我们将在山丘作战，我们绝不投降，即使整个岛屿或大半领土沦陷，即使我们要忍饥挨饿——我从来不相信会发生这种事情——即便如此，我们跨越海洋的帝国，由英国舰队武装和保卫的帝国，仍将继续战斗，直到上帝认为时机已到，新世界挺身而出，以其全部力量来营救并解放这个旧世界！

15.
独自作战

"他们最光辉的时刻"
下议院，1940年6月18日

尽管丘吉尔一再努力，法国几近崩溃的抵抗还是没能维持多久。6月10日，法国政府离开巴黎；丘吉尔最后关头的两次访问均无功而返；6月16日，贝当元帅组建了新政府；第二天，法国向德国求和。正如首相在这次著名演讲中正确预言的那样，法国的战争已经结束，英国的战争即将开始。

这次演讲一方面是汇报近期混乱的局势，一方面是让国内国际确信英国政府独自作战的决心。作为一次议会演讲，人们普遍认为它不及敦刻尔克的演讲，但其结尾被普遍地——也是正确地——评价为崇高壮丽。

四小时后，同样的演讲对全国广播，下文就是被几百万听众聆听和铭记的版本。丘吉尔原本希望演讲能从议院现场直播，以节约他宝贵的时间和精力；但这一提议遭到反对，因此他没有固执己见。这并非一次不同凡响、慷慨激昂的演讲，但在丘吉尔的所有战时演讲当中，它也许仍是最令人难忘的。"华丽的辞藻，"他后来写道，"绝非生存的保证。"但是在法国沦陷之后，其实已经找不到其他保证了。

几天前我曾讲过，法国最高统帅部在得知法国前线的色当和默兹已经彻底失守时，没能立刻从比利时撤回北方部队，导致了这场巨大军事灾难。这一延误导致法军损失了十五到十六个师，并且令整个英国远征军在关键时刻失去了作用。我们的军队和十二万法军的确被英国海军从敦刻尔克救了出来，但代价却是全部的大炮、汽车和现代化装备。这一损失不可避免地需要好几周来弥补，但就在其中的前两周，法国境内的战争就已经失败了。考虑到法国军队在这场敌众我寡的战争中所做的英勇抵抗，考虑到敌人遭受的巨大损失，以及敌人明显的筋疲力尽，我们会认为这二十五个训练有素、装备精良的师也许能扭转乾坤。然而，魏刚将军不得不在没有他们的情况下作战。只有三个英国师或相当规模的部队能够与法国战友并肩作战。他们虽已遭受重创，却一直在英勇战斗。我们派出了每一位能动用的战士，尽最快的速度为他们重新装备并完成运输。

我复述这些事实不是为了指责。我认为指责完全无用，甚至有害无益，我们不能这么做。我叙述这些是为了解释，为何我们在这场大战中，前线只有区区三个师，而不是像应有的那样有十二到十四个师。现在我将这一切问题都放在一边，我将其束之高阁，等历史学家有空时，会从中选取资料来讲述他们的故事。我们必须思考的是未来而非过去。从小的方面来说，这一原则也适用于国内事务。下议院有许多人主张质询政府和议会在导致这场灾难的几年中所起的领导责任。他们试图指控那些对事件负有领导责任的人。此举将是愚蠢且有害的，因为牵涉的人实在太多了。就让每一个人都探究一下自己的良知和言论吧，我就常常这么做。

如果我们公开就过去和现在进行争吵，就会发现我们已经失去了未来。对此我相当确信。所以，我无法接受在目前的政府成员间所做的任何区分。我们的政府成立于危机时刻，旨在团结所有党派并协调不同政见，它得到了议会两院几乎一致的支持。议会两院成员打算团结起来，服从下院的权威，我们将共同领导国家，打赢战争。在这样的时刻，让每一位天天努力尽责的大臣都得到尊敬，让每位下属都明白自己的长官并非受到威胁、朝不保夕的人，他们的指令必须得到准确而忠实地服从，这是绝对必要的。没有这种集中的权力，我们就无法面对眼前的一切。我认为议会在公众压力下延长今天下午这场辩论没有什么好处，许多不甚明了的事实将在短时间内澄清。我们将在周四召开秘密会议，我认为对于许多渴望表达意见的议员来说，那将是一个更好的机会，想讨论关键事务的议会也不必担心一切都在第二天早晨被我们危险的敌人所知晓。

过去两周糟糕至极的军事局面一点儿都不令我惊讶。说实话，两周前我就尽可能清楚地向议会指出，最坏的可能就在眼前；同时我也最清楚不过地表明，无论法国发生什么，都不会改变不列颠和大英帝国继续战斗的决心。"如果需要，我们就持久作战，如果需要，我们就孤军奋战。"在最后几天里，我们成功救出了在法国联合战线上的绝大多数部队，我们从战争开始派到法国的八分之七部队——也就是说，大约四十万人中的三十五万人——都安全地回到了祖国。其余部队仍然在与法军共同战斗，并在与敌激战中取得了相当大的成功。我们还带回了大量补给、枪支，以及过去九个月来在法国积累的各种军火。

因此，我们的岛上现在已经拥有一支规模庞大且强劲有力的军事武装。这支武装全部由最为训练有素、最精良的部队组成，包括数以万计已经在对抗德军中久经考验、实力相当的战士。目前，我们在本岛上的武装超过一百二十五万人。此外我们还有五十万地方志愿军，但其中只有一部分装备了手枪或其他武器。我们的防御力量已经吸收了每一个能得到武器的人。我们期望在不远的将来，武器能大量增加，同时准备立刻召集、培训更大数量的士兵。那些未被征召的公民，或其他投身于各军需部门——其分支不计其数——庞大生产的公民，在接到国家的召唤之前，将继续在本职工作中为国家服务。我们还有各自治领的军队。加拿大军队其实已经在法国登陆，不过现在已经安全撤回，战士们虽然非常失望，但秩序井然，还带回了所有大炮及装备。这些来自自治领的一流部队，今后都将投入到保卫宗主国的战斗中来。

我对这支庞大军事力量的介绍，恐怕会引发这样的疑问："为什么他们不参加法国那场大战？"我必须澄清的是，除了正在国内训练编组的师之外，只有十二个师的装备达到了出国作战的规模。这一数量完全达到了法国在战争第九个月对入法作战部队的预期。其余留在国内的部队也具备本土防御的战斗价值，而且这价值一定会一天天稳步增长。因此，敌军这次若入侵大不列颠，就需要跨洋运输大量士兵，而且在他们这么做之后，他们将不得不一直维持连续作战所需的大量军火和给养——因为接下来的必将是一场持久之战。

到这里我们又要谈谈海军了——毕竟，我们还有一支强大的海军。有些人似乎忘记了我们有海军，我必须提醒他们。最近三十年来，我一直关注着敌人跨洋侵略可能性的讨论，在上次大战伊始，我作为海军大臣，下令允许将所有正规部队派出国门。那是非常可怕的一步棋，因为我们的地方自卫队才刚刚召集起来，相当缺乏训练。因此，这座岛屿实际上有几个月是没有战斗部队的。当时，海军部对海军阻止大规模入侵的能力充满信心，尽管当时德国人拥有一支卓越的、数量比为十比十六的战斗舰队，尽管他们每天且任何一天都能大战一场，然而现在，他们却只有两艘重型舰值得一提了——沙恩霍斯特号和格奈森瑙号。我们还得知，意大利海军即将出动并夺取这片水域的海上霸权。如果他们真有意于此，我只能说，我们将很高兴为墨索里尼先生在直布罗陀海峡提供一个自由安全的通道，以便他能继续扮演他所渴望的角色。英国舰队里有种普遍的好奇心，想知道意大利海军是回升到了他们在上次大战时的水平，还是已经彻底衰落。

因此对我来说，就大规模海上入侵而言，我们今天的对抗能力，远比上次大战中的许多阶段及这次战争的头几个月强大——即使在我们的其余部队还未得到培训之前，同时英国远征军已奔赴国外的时候。但就是目前，海军也绝不会假装出，能够阻止五千或一万人在月黑风高之夜或大雾弥漫之晨于岸边几个点突然袭击并迅速登陆。海上力量的效力，特别是在现代条件下，要依靠入侵部队的庞大规模。必须规模庞大，我们的军事实力才能有效发挥。如果入侵规模庞大，海军就能发现、迎战，或者说，吞噬掉敌人。现在我们必须记住，即便只有五个师，无论其装备有多轻，也需要两百到两百五十艘船来运输，在现代空中侦察和摄影技术条件下，集结这样一支无敌舰队，将其编组并指挥其穿越海洋，没有任何强大的海军为它护航，并不是件容易的事。说得委婉些，这支舰队将极有可能在抵达岸边很久以前即遭到拦截，所有人都会葬身大海，或者更有甚者，在他们企图登陆时与装备一起粉身碎骨。我们还有一个庞大的布雷系统，最近得到了显著加强，只有我们知道穿越雷区的通道。如果敌人企图扫雷通过这些布雷区，海军的任务就是摧毁他们的扫雷舰及其他用来防护的力量。这么做并无困难，因为我们在海上优势巨大。

这就是多年来我们在和平和战争时期一直信赖的观点，它们广为人知，久经考验，确实有效。但问题是，敌人可能还有什么新方法能让我们这些坚定的信念落空。尽管听起来有点儿奇怪，海军部还是对这一问题给予了一定关注，因为其首要职责就是提前或者在登陆时摧毁任何大型登陆活动。深谈细节对我来说不是件好事。对那些还未想到的人来说，这个想法也许很有启发，但他们不太可能把自己的想法拿出来做交换。我能说的就是，我们必须在这个问题上不断内省，保持高度警惕，因为敌人狡猾多变、诡计多端。议会可以放心，大批在战略上训练有素且与时俱进的优秀指挥官，会展示出全部创造力和想象力，以权衡并对抗敌人各种离奇的手段。针对这个问题，我们将要且必须投入不懈的警惕与反复的内省，因为，请记住，敌人诡计多端而且无恶不作。

有些人会问了，那英国海军为什么不能阻止大规模部队穿过斯卡格拉克海峡从德国进入挪威？因为英吉利海峡和北海的条件与斯卡格拉克海峡完全不同。在斯卡格拉克，由于距离遥远，我们无法给予水面舰艇空中支援，而且由于我们与敌人主要空中力量近在咫尺，我们不得不只使用潜艇作战。我们无法实施水面舰艇可以实现的有效封锁与拦截。我们的潜艇孤军奋战，付出了沉重代价，却没能阻止对挪威的入侵。另一方面，在英吉利海峡和北海，我们卓越的海军水上部队既有潜艇的帮助，又有紧密而高效的空中支援，自然如鱼得水。

这让我自然地想到了那个重大问题：空中入侵以及英德空军之间迫在眉睫的大战。似乎很清楚，在我们的空军优势被明确地压倒之前，不太可能发生超过我们陆军的具有迅速粉碎能力的空中入侵。与此同时，可能会有伞兵部队突袭和空降兵企图降落。无论他们在什么情况下抵达空中或地面，如果他们继续挑衅，我们一定能给予这些先生热情的接待。但重大问题在于：我们能破坏希特勒的空中武器吗？当然，非常遗憾，在我们的海岸打击范围内，我们现在还没有一支与最强大的敌人至少数量相当的空军。但我们也有一支非常强大的空军。他们在无数次与德军展开的激烈空战中，已经证明了自己无论是人员素质，还是各种机型的质量，都远远超过了敌人。在法国，我们的局势相当不利，损失了停靠在机场里的许多飞机，我们仍然常常给对方造成2倍到2.5倍的空中损失。在争夺敦刻尔克这种无人之地的战斗中，我们毋庸置疑地痛击了德国空军，掌握了当地的制空权，给德军造成的损失高达三或四比一。一周前公布的照片表明，我们的大批部队集结在海岸边，一连好几个小时都是敌人的理想攻击目标，任何看过照片的人都会明白，若非敌人在当时当地已经完全放弃了夺回空军优势的希望，这次登船行动绝对不可能成功。

在保卫本岛的战斗中，保卫者的优势将远大于他们在敦刻尔克周围的战斗。我们希望能够超过敦刻尔克实现的三或四比一这一数字；此外，希望我们所有的受损战机及其飞行员都能安全着陆——令人惊讶的是，的确有许许多多受损飞机和其乘员在现代空战中安全着陆——希望我们的岛屿被攻击时，他们都能降落到友好的土地上，并且活下去，有朝一日继续战斗；反之，所有受伤的敌机及其乘员,就战争而言,都将彻底灰飞烟灭。

在法国大战期间,我们的战斗机和轰炸机给予了法国陆军非常强大且源源不断的支援。尽管压力重重,我们却从未允许空军的大城市战斗机全部出动,使它们有所消耗。做出这个决定是痛苦的,但也是正确的,因为即便我们砸进所有的战斗力,法国战场的命运也不会受到决定性影响。这场战役输在开局不利,输在敌人装甲部队势不可当且无法预料其威力,输在德国陆军数量上的巨大优势。我们的空军战斗机在这场大战中,很容易就会被无谓地耗尽,然后我们就会发现自己陷入了非常危急的困境。但我要高兴地告诉议会,实际上我们目前的战斗力要比德国人强大,他们已经蒙受了前所未有的可怕损失;所以,我们相信自己有能力在比以前更好的条件下,将空中的战争继续下去。我满怀信心地期待着飞行员战士的功勋,这些神采飞扬的人,这些意气风发的年轻人,将拥有无上光荣,因为他们拯救了自己的故土、自己的家园,并让自己所爱的一切免遭最致命的打击。

当然,这里仍然有被炸弹袭击的危险,敌人的轰炸机肯定会很快降临此地。没错,德国轰炸机在数量上超过了我们,但我们也有一支庞大的轰炸机队伍,我们将动用它不间断地打击德国的军事目标。我丝毫没有低估我们所面临的考验的严峻性,但我相信我的同胞将表现出勇敢面对的能力,就像巴塞罗那那些勇敢的人一样,我们能够经受考验并且坚持到底——至少像世界上其他任何民族一样。太多事情都将依靠这种坚持,每个男人和每个女人都有机会展示他们最优秀的民族品质,为他们的事业奉献至高无上的服务。对我们所有人来说,此时此刻,无论我们是什么地位,什么身份,什么职业或什么工作,回味一下这句名言都将大有帮助:

在那令人难忘的岁月,

他绝不甘于卑贱和平凡。

我想在今天这样的场合，它恰好向议会和国家展示了我们坚定不移、继续战斗的决心所依靠的牢固而真实的基础。有许多人在说："不必担心。无论胜败，无论沉浮，就是死也好过向专制——那样的专制——屈服。"我不否认自己与他们的想法相同。但我能向他们保证，我们三军的专业顾问一致建议，我们应当继续打这场战争，最后的胜利合情合理、大有希望。我们已经详细告知并充分咨询了所有自治领，这些远隔重洋，以我们的法律和文明为基础建立起来的伟大共同体，有选择自己道路的绝对自由，却完全献身于古老的母国，和我一样受到爱国情感的激励，准备将一切奉献给责任和荣誉。我们已经与他们充分协商过，我也接到了他们的首相——加拿大的麦肯齐·金先生、澳大利亚的孟席斯先生、新西兰的弗雷泽先生，还有南非的斯马茨将军——这位才俊心思缜密，始终在远方关注着欧洲战事的全局——我已经收到这些杰出人士的电文，他们都有广泛代表选举出的政府做后盾，代表着自己人民的意愿，电文以最动人的言辞赞同我们继续战斗的决定，并宣布他们已准备好与我们同甘共苦，抵抗到底。这就是我们要做的事。

现在我们可以自问：自从开战以来，我们的局势是怎样一步步恶化的呢？恶化是由于德国人已攻克西欧的一大片海岸线，许多小国已遭到侵占。这一恶化加剧了空袭的可能性，也使海军提高了警惕。但它绝不会减少，相反，却肯定会增加我们远程封锁的力量。同样地，意大利的参战也增强了我们的远程封锁能力。由此，我们已经堵上了最严重的漏洞。我们不知道法国的军事抵抗是否能坚持到底，但如果她没挺住，那么德国人当然就能集中军事和工业两方面力量来对付我们。但由于我已向议会陈述的原因，敌人会发现这样做没那么容易。如果入侵越来越迫近——实际情况肯定会变成这样——正在从维持庞大的英国远征军这一任务中解脱出来的我们，就有更强大、更有效的力量来应对它了。

如果希特勒真能将所征服国家的工业生产全部纳入他的暴虐统治之下，将大大增加其已经极其庞大的武器产量。但另一方面，这种情况不会立即出现，而且我们现在已得到保证，美国会提供各种数量巨大、源源不断且不断增长的补给和军火支持；特别是来自各自治领的飞机和飞行员的支援，它们跨越重洋，敌军轰炸机也鞭长莫及。

我看不出在冬天到来之前，这些因素中的任何一个能对我们造成什么损害；而冬天的到来却会给纳粹政权施加压力。由于冷酷残忍，纳粹一定会残酷压榨欧洲人民，几乎整个欧洲都将在它无情的铁蹄下苦苦挣扎，忍饥挨饿。我们切不可忘记，从我们9月3日宣战的那一刻起，德国就一直有可能倾尽其全部空中力量以及她所能构想的一切侵略手段来进攻我国，而法国为阻止她能做的很少，甚至完全无能为力。因此，我们在这几个月当中基本上一直活在这种危险之下，只是形式略有变化而已。但与此同时，我们已极大地改善了我们的防御措施，我们也清楚地知道一个在开战之初还不敢妄断的事实，那就是，英国空军单机和飞行员个人拥有明确而可靠的优势。因此，在计算这可怕的资产负债表时，在不抱幻想地关注我们危险的过程中，我明白我们有绝对理由保持高度警惕和百分百投入，但无论如何，任何人都不必恐慌，不必绝望。

在上次大战四年中的开始，协约国经历的只有灾难和失望。我们挥之不去的恐惧就是一个接一个的打击，惊人的损失，可怕的危险，一切计划都遭到挫败。德国人已从一个胜利走向另一个胜利，所到之处都是他们成功侵略的土地。然而在那四年的后期，协约国的士气压倒了德国人。在那次大战中，我们一再地问自己：我们将如何取得胜利？没有人能够准确地回答这个问题，直到最后，相当突然也相当意外地，可怕的敌人先我们一步土崩瓦解了。我们被胜利冲昏了头脑，竟然愚蠢地将它抛在了一边。

我们还不知道法国会发生什么，不知道法军在法国境内和法兰西海外帝国的抵抗是否将持续下去。如果法国政府不按照我们觉得不能放弃的条约义务而继续作战，他们就将浪费大好机会，让未来付之东流。议会将读到那份很多法国人渴望的，也是我们内心写照的历史性的宣言——我们宣布，在法国历史上最黑暗的时刻，愿与之在这场战争中形成具有共同公民权的战斗联盟。无论法国及法国政府，或者其他的法国政府发生什么情况，我们本岛及大英帝国的人都绝不会抛弃我们与法国人民的同志情谊。如果我们现在被召唤去经受他们一直经历的磨难，我们将尽力仿效他们的勇气，如果我们的辛劳换来了最后的胜利，他们也将分享这胜利果实，是的，所有人都将重获自由。我们丝毫不会减少正当的要求，丝毫都不会退让。捷克斯洛伐克、波兰、挪威、荷兰、比利时都已将他们的目标与我们结合在一起。所有一切都将得到恢复。

魏刚将军所称的法国战役已经结束，我预计英国战役即将开始。基督教文明的生存全赖这次战役，英国人自己的生命、我们的制度和帝国的长久存续，也全赖于它。敌人的全部怒火与威力一定很快就会转向我们。希特勒知道他必须在这座岛上打败我们，否则他就会输掉整个战争。如果我们能坚决抵抗他，整个欧洲也许都将自由，这个世界的生命会走向宽广无边、阳光照耀的高地。但如果我们失败了，那么整个世界，包括美国，包括我们知道并珍爱的一切，都将坠入深渊，坠入那因邪恶技术而更凶险、更持久的新黑暗时代。因此，让我们勇敢地承担责任吧，这样，如果大英帝国及其联邦延续千秋万代，人们依然会说，"这是他们最光辉的时刻！"

16.
不列颠之战

"少数人"

下议院，1940年8月20日

在1940年夏末和初秋，政府的主要忧虑就是一旦法国战败，德国有进攻英国的威胁。在空中，不列颠战役之火席卷了整个8月和9月。丘吉尔本人时常造访乌克斯桥十一号的战斗机司令部指挥室，就是在一次从那儿返回的路上，他说出了这个句子："在人类冲突的战场上，从未有过这么多人，欠了这么少的人这么多的情。"

这句话稍加修饰，又出现在这次对"黑暗、广阔战场"的纵览当中。演讲持续了大概一小时。他谈到了英国的军事和海上准备，向战斗机飞行员致以伯利克里式的礼赞，展望了1941年和1942年的战役，解释了不久前和美国达成的"驱逐舰换基地协议"①，最后以有关密西西比河的庄严句子结束。回唐宁街的路上，他在车里唱起了《老人河》。

哈洛尔德·尼科尔森欣赏他提到了"少数人"，同时认为这只是个"普

---

① 美国与英国在1940年9月2日达成的协议。按照协议，美国向英国提供五十艘超龄的驱逐舰，英国则把巴哈马群岛、牙买加、安提瓜、圣卢西亚、特立尼达和英属圭亚那等地的军事基地租给美国使用九十九年，同时将纽芬兰的阿根夏和百慕大岛基地无偿提供给美国使用。此项交换协议有力地加强了英国的海上反潜力量，并改变了美国一向的中立立场。

通而中规中矩的演讲"。然而三周后，阿斯奎斯的女儿写信给丘吉尔说："在人类历史上，从未有人在如此伟大的时刻讲过如此朴素、如此庄严又如此真实的话语。你已经将你的老对手——'那些经典'，彻底打败了！"他的确做到了。

开战以来差不多已过去一年，我认为，在我们旅程的这个里程碑暂停一下，审视一下黑暗广阔的战场，是十分自然的。将第二次抵抗德国侵略的头一年与四分之一世纪前的那次做一次对比，也是大有益处的。虽然这次大战只是上次的延续，两者风格的巨大差异依然一目了然。上次大战中，几百万人以相互倾泻巨量钢铁的方式作战。"人和炮弹"就是口号，大肆屠杀就是结果。这次战争中，同类事情还未出现。它是战略、组织、技术装备、科学技术和士气的较量。上次大战的头一年里，英国的伤亡人数达到了三十六万五千人，而这一次，我可以欣慰地说，英国阵亡、受伤、被俘和失踪的人，包括平民，不超过九万二千人，其中还有很大一部分是作为战俘幸存的。放眼整个欧洲，与1914—1915年相比，战争第一年我们的伤亡人数仅是那时的五分之一。

然而，杀戮只是战争的一小部分，战争给交战国带来的后果才是更加致命的。我们已经看到，几个拥有优秀军队的强国在短短几周内就冲破了共存亡的樊篱；我们已经看到，法兰西共和国和著名的法国军队被打得落花流水，彻底屈服，而伤亡还不及1914—1918年战争的六分之一。法国的整个身体——似乎也包括灵魂——都屈服于身体的反应，与二十五年前他们以非凡的勇气和无畏的意志忍受的可怕折磨相比，这一回不知轻了多少。虽然到目前为止，不幸中的万幸，我们的伤亡人数已经大大减少，但我们还是要下定决心战斗到底，因为这决定着国家的命运，这比从洪荒时代到今天我们所面临的任何事情意义都要深远。我们的行动由科技与战略委员会制定，我们的优势靠机械化手段获取，技术进步的结果就是几百万人丧失了继续抵抗的能力，或者主观上认为自己失去了战斗力。一场可怕的棋局从将军取胜进化为配合作战，那不幸玩家的结局似乎已经注定。

与1914年相比，这次还有一个更鲜明的区别。那就是参战国全部卷入了战争，不单是战士，还包括全部人口，男人、女人和孩子。到处都是前线。城市和街道都开挖战壕，村村筑工事，路路设栅栏。工厂亦是前线，工人皆为战士，武器有别而勇气相同。这一切都与我们许多人在二十五年前战争中所见的极为不同。我们似乎完全有理由相信，这种新型战争非常适合英国人及大英帝国的天赋和智谋，一旦我们得到合适的装备并恰当地开始，这种战争对我们来说会比索姆河战役和帕斯尚尔战役那黑暗的大屠杀更有利。如果这次战争需要整个民族并肩作战，共赴国难，它应该也很适合我们，因为我们是全世界最团结的民族，因为我们参战是听从了国民的意愿，睁大了自己的双眼，更因为我们一直在自由和个人责任中成长起来，我们不是极权主义的产品，而是容忍与多元化的成果。如果所有这些品质都能像正在进行的那样转化为战争的艺术，我们就能向敌人展示许许多多他们还没想到的事情。自从德国人将犹太人驱逐出境，导致其技术水准下降以来，我们的科技水平已显著地超过了他们。我们的地理位置、海上优势，以及与美国的友谊，都有助于我们获取全世界的资源来制造各种战争所需的武器，但其中最顶级的种类，至今只有纳粹德国成规模地应用过。

当前，希特勒的势力已扩张到全欧。我们的弹性攻势正受到缓慢的压制，我们必须坚决且系统地准备1941年和1942年的战役。即便是在我们短暂而危险的一生中，两到三年时间也不长，在一个民族的漫长历史上，它更是不值一提。当我们拥有着全欧唯一的自由战士的光荣，正做着世上最光荣的事情时，我们一定不要因这些年的苦苦挣扎和辛劳而怨恨或厌烦。这并不意味着未来几年我们的精力将只限于保护自己和我们的领地。许多机会都会显示出两面性，我们必须取其有益的一面。迅速结束这场战争的方式之一，就是不用言语，而是用行动让敌人明白，我们既有决心也有办法，不仅会无限期地坚持战斗，还要给予他们沉重而意想不到的打击。胜利之路也许并不像我们预期的那么长，但我们不能寄希望于它的短暂。无论它是长是短，是艰难还是顺利，我们一定要到达旅途的终点。

我们打算维持并加强严格的封锁，不仅针对德国，也包括意大利、法国，及所有陷入德国之手的其他国家。我在报上读到，希特勒先生也宣布了对英伦群岛的严格封锁。没有人会为此抱怨。我记得德皇在上次大战中也这么做过。如果我们允许食物进入，因而喂饱了纳粹，从而保护了纳粹的战果；或者允许食物运给被征服的人们，而他们必定会被纳粹征服者抢掠一空，从而延长整个欧洲的巨痛，那才真是要让人人抱怨的大事了。

有许多人出于最高尚的动机，建议应当允许食物通过封锁，以救济那些被奴役的人。很遗憾，我们必须拒绝这些请求。纳粹宣称他们已在欧洲建立了新型一体化经济。他们曾反复声明，他们拥有充足的食物储备，可以养活被俘虏的人。6月27日的德国广播说，胡佛先生救济法国、比利时和荷兰的计划值得赞扬，德国军队早已采取了相关的必要措施。我们知道，德国部队攻入挪威时，当地的食物供应可以维持整整一年。我们知道，波兰虽然不是富有的国家，平时也为她的人民生产着充足的食物。此外，希特勒先生侵略的其他国家在德国人来时都持有相当多的公债，而且他们自己有许多都是充足的食物生产者。如果这些食物现在都无法得到，那只能是因为最近几个月里，它们被挪用去供应德国人，满足他们为换换口味而增加的配给量了。在这个季节及其后几个月，食物短缺的概率最为微小，因为作物刚刚收割完毕。现在和即将到来的冬天里唯一能够制造饥荒的力量，不是德国的压榨，就是德国没能分配他们掌握的供给。

从另一方面来说，许多最有价值的食品在制造至关重要的军事物资中必不可少。脂肪用于制造炸药，土豆可以制作车用燃料所需的乙醇，现在如此大量地用于飞机建造的塑料材料，则是来自牛奶。如果德国人利用这些原料去轰炸我们的妇女儿童，而不是去养活那些生产它们的人，可以肯定，我们进口的食品也会派同样的用场，直接也好，间接也罢，或者用来承担敌人曾肆意承担却并未兑现的诸多责任。就让希特勒大包大揽吧，让呻吟在他枷锁下的欧洲人民，想尽一切办法促成打破枷锁的那一天到来。与此同时，当某一地区已彻底肃清德国武装，并且真正重获自由时，我们会提前安排好食品迅速进入这一被奴役地区的任何地方。我们将竭尽全力鼓励全世界积累食品储备，以便能够一直在欧洲人民——包括（我是有意说起）德国人和奥地利人——眼前出现这样的局面：纳粹的瓦解将立刻带给他们一切，食物、自由与和平。

　　自从新政府在我国执政，已经过去了三个多月。从那以后，倾泻到我们身上的是怎样的灾难洪流啊！我们信赖的荷兰被吞没了，他们敬爱的君主遭到放逐，和平之都鹿特丹惨败的景象就像三十年战争时那般惨不忍睹、野蛮残酷。比利时被入侵并击溃，我们自己优秀的远征军，应列奥波德国王请求去支援他的部队，被隔绝在欧洲大陆，差一点儿全军覆没，能够逃脱似乎纯属奇迹，而且还损失了其全部装备。我们的盟军法国，已经出局。意大利，与我们为敌。整个法国在敌人统治之下，所有兵工厂和大量军事物资都转入或将要转入敌人之手；维希成立的傀儡政府，可能随时都会被迫成为我们的敌人；整个欧洲西海岸从北角到西班牙边境，都在德国人手里；所有的港口，这一大片前线上所有的飞机场，都被用来作为入侵我们的潜在跳板。此外，目前数量超过我们的德国空中力量，已经距离我们的本岛如此之近，让我们过去最担心的事情变成了现实——敌方轰炸机不仅能在几分钟内从四面八方抵达我们的海岸边，还有他们的战斗机一路保驾护航。噢，先生，如果我们五月初就面临这种前景，一切似乎都不可思议。在恐怖与灾难结束之际，或是在恐怖与灾难进行之时，我们应当屹立不倒，相信自己，主宰自己的命运，必胜的信念如熊熊烈火在我们胸中燃烧。也许很少有人会相信我们能够幸免于难，也许没有人会相信，我们现在不但更加强大了，而且实际上比以往任何时候都要强大。

让我们看看天平的另一边发生了什么。发现自己形单影只的大英帝国，毫不气馁地与灾难对抗，没有一个人退缩或动摇。不仅如此，那些从前期待和平的人，现在也只想着战斗。我们的人民前所未有地团结一致，决心坚定。与战败的耻辱或未能尽责相比，死亡与毁灭已经变成小事一桩。我们无法说清未来会发生什么，也许等在前面的是更严峻的考验。无论如何，我们都将勇敢面对。我们相信自己，相信自己的事业，在这几个月的磨炼中，事实就是最好的说明。

同时，我们不仅增强了信心，也巩固了我们的岛屿。我们已经武装并重建了我们的陆军，几个月前人们还认为这不可能。我们已经在七月横渡大西洋，多亏那边的朋友，不费一枪一弹，让一大批各种各样的军需品——加农炮、步枪、机关枪、子弹和炮弹，全部安全抵达。我们自己的兵工厂前所未有地努力工作，其产品已源源不断运往部队。全体英国陆军都在国内，两百多万坚定的战士今晚有步枪、刺刀在手，其中四分之三进入了常规军事编队。这个岛上从来不曾在战时拥有过这样的军队。全岛将士怒发冲冠，随时准备迎战海上和空中进犯之敌。正如我在六月中对议会解释的那样，我们国内的军队越强，敌人侵略的规模也就越大，海军侦察其集结情况并在航行途中拦截甚至摧毁它的困难也就越小；如果侵略者冒着海上和空中持续不断的通信打击而登陆，食物和给养的困难也就会更大，这些都是古老且受人尊敬的信条。纳尔逊时代有句名言："敌人的港口，就是我们的第一道防线。"现在，空中侦察和摄影技术已经给这古老的原则带来了崭新而强大的生机。

我们的海军比战争初期强大了许多。战争爆发时启动的新建设洪流正在如火如荼地展开。我们希望大洋对面的朋友及时增援，帮助我们从和平的1939年跨入战争的1941年。提供这样的援助并无困难，海洋都向他们敞开，德国的潜水艇已被控制。截至目前，磁性水雷亦被有效地控制。挂英国国旗的商船的总吨位，在经历了一年无限制的U型潜艇战争、八个月密集的水雷攻击之后，仍然超过了最初的数量。此外，从被占领国家来到我国避难或者停靠在帝国港口的船只，能为我们所用的已达到至少四百万吨。我们各种粮食的储备远比和平时期充足得多，还有一个增加粮食生产的庞大计划正在进行之中。

为什么我要说这些？绝不是要自夸，绝无半点儿自鸣得意之色。我们面临的危险依然巨大无比，但我们的优势和资源也同样巨大。我叙述这些是因为人民有权利知道，我们的信心有坚实的基础，我们有充分的理由相信，我们能够像我在两个月前非常黑暗的时刻所说的那样，继续作战，"如果需要，就孤军奋战；如果需要，就持久作战"。我说这些还因为，大英帝国屹立不倒，纳粹帝国依然遭到抵抗的事实，将重新点燃全欧洲数千万被蹂躏的绝望男女胸中那希望的火花，而且远不止于此，这些星星之火还会很快成为燎原的烈焰，荡涤一切罪恶。

过去几周在本岛上空进行的大空战，最近已达白热化。这一切来得太快，无法对它的规模或时间做出限定。我们当然期待敌人会付出比以往任何时候更多的努力。在法国和低地国家，敌人的空军基地仍然在发展，空军中队的行动仍然在进行，袭击我们所需的物资仍然在运输。很显然，如果不给他造成最严重的损失，希特勒先生不会承认他对大不列颠空中打击的失败。据他所说，他以自身极小的代价打垮了我们数量庞大的空军；他还说，惊慌失措的英国人挤在防空洞里诅咒有钱有势的议会把他们带进了这种境地；如果在他满世界叫人毛骨悚然地威胁、描述、吹嘘他所造成的破坏之后，他所有的空中攻击却不得不驯服地渐渐消失，元首说到做到的名声显然会严重受损。因此，我们可以确信，只要他还有力气，只要他对苏联空军的成见允许，他就会继续这么吹嘘下去。

另一方面，目前空战的条件和进程对我们更加有利。两个月前我告诉议会，鉴于在法国时，我们的战斗机常常给德国人造成二或三比一的损失，而且在敦刻尔克这种无人之地的战斗中，比例达到三或四比一，我们预期在空袭本岛时可以达到更高的比例。目前这一预期已经成为现实。还有一点必须记住：敌人所有被击落在本岛或周围海上的飞机和飞行员，都要么被毁，要么被俘；而我们的飞机和飞行员中相当一部分都成功获救，有许多很快重新投入了战斗。

一个庞大而极为出色的海上救援系统，由飞机制造部指挥，确保受损战机能以最快的速度回到战斗前线，并尽快、尽量地利用所有零部件和原料。与此同时，在比维布鲁克爵士的天才组织及领导下，仿佛魔法一般，英国飞机与引擎在产量和修理技术上令人满意，不，令人震惊的增长，已经让各种型号的飞机储备过剩，各生产流水线的数量和质量不断提升。当然，敌人在数量上远胜于我们。但是我们的新产品已经大大超过了他们，而且美国的产品才刚刚开始流入。据我从每日报表所见，经历所有战斗之后，我们目前的轰炸机和战斗机实力已经超过他们以往任何时候。我们相信，只要敌人愿意继续空战，我们随时可以奉陪到底。空战持续的时间越长，我们的前进速度就越快，首先达到势均力敌，然后显出空中优势，整个战争的胜负在很大程度上依赖于此。

我们这座岛屿、整个帝国还有全世界除罪恶之地外的每个家庭，都对英国空军满怀感激。他们无所畏惧，不知疲倦地面对着持续不断的挑战和致命的危险，凭借他们的超凡技术和奉献精神扭转了世界大战的局面。在人类冲突的战场上，从未有过这么多人，欠了这么少的人这么多的情。所有的心牵挂着那些战斗机飞行员，他们的光辉业绩我们天天亲眼所见。然而还有一些人我们绝不能忘记。夜复一夜，月复一月，我们的轰炸机中队远程深入德国，凭着最高超的飞行技术在黑暗中寻找目标，依靠精细入微的辨识力瞄准攻击，他们常常冒着最猛烈的炮火，常常蒙受最严重的损失，对纳粹战争机器发出狂风暴雨般的袭击。皇家空军中，没有哪个部分比日间轰炸机背负的任务更沉重，无论进攻还是防守，他们那绝不退缩的热情都在行动中发挥了不可估量的作用。

当然，我们能够查证轰炸德国军事目标的结果，不单是依靠多种来源传给我们的报告，还依靠拍照技术。我要毫不犹豫地说，轰炸德国军事工业和通信设施及空军基地和储油库的过程，将以不断增大的规模持续到战争最后，也许一年后就会达到现在无法想象的规模，在所有通往胜利的道路中，提供若非最短，至少也是最有把握的一条。即使纳粹军团胜利地占领黑海，或者当真进入了里海，即便希特勒已站在印度的门口，他也不会得到任何好处。因为那时德国国内的经济力量和科研机构都已经分崩离析、土崩瓦解了。

自从我们在敦刻尔克成功突围以来，随着时间一周周地推移，大规模入侵本岛已变得越来越困难。极大的海上优势使得我们能够将目光和力量转向地中海上的另一个敌人。这个敌人未经丝毫挑衅，只是出于贪婪和利益，冷酷而故意地，在法国最痛苦的时刻从背后捅了一刀。它目前正在非洲向我们进军。法国的投降当然深深地损害了我们在中东的地位。例如，在保卫索马里时，我们就曾依靠强大的法军打击来自吉布提的意大利人。我们还曾依靠法国在地中海特别是北非沿岸的海军和空军基地。我们曾依靠法国舰队。尽管法国的城市暂时沦陷了，法国海军，大部分法国陆军、法国空军和海外的法兰西帝国，都没有理由不站在我们这一边，继续战斗。

受海上压倒性优势的保护，拥有不可估量的战略基地和充足的资金，法国将依然是战争中伟大的战士之一。通过战斗，法兰西能维持她生命的连续，法兰西帝国能够与大英帝国共同前进，保护法兰西祖国的独立和完整。对我们来说，如果我们落入法国那种糟糕的境地——虽然这种意外现在是不可能了——在此战斗到底将是所有战时领袖的职责，如我在6月4日演讲中所说，尽可能保证加拿大及自治领海军的安全，并确保他们有办法在海外继续战斗，也将是我们义不容辞的责任。大多数已被德国暂时占领的其他国家，一直在英勇而忠诚地坚持斗争。捷克斯洛伐克人、波兰人、挪威人、荷兰人、比利时人依然长剑在手，坚守阵地，作为唯一的法人代表及合法政府，得到了大不列颠和美国的承认。

唯有法国在此刻匍匐于地，这是犯罪，但它不是一个伟大而高贵的民族的罪行，而是所谓"维希政府"的罪行。我们深深地同情法国人民。我们与法兰西曾经的同志情谊并未死去。在戴高乐将军和他英勇的部队身上，这种同志情谊得到了有效的延续。这些自由的法国人被维希政府宣判了死刑，但有朝一日，他们的名字将被纪念、被铭记，在解放的欧洲，在恢复了全部自由和古老声名的法国，他们的名字将被刻在街道和村庄的石碑上。我相信那一天终将到来，就像明天太阳将会升起一样确定无疑。但是，对未来的确信无法影响眼下在地中海和非洲遇到的问题。在战前的一段时间，我们决定不去保护索马里兰。但在战争的头几个月，这一政策改变了。后来，当法国投降，当我们只有几个营几杆枪的小型部队遭到意大利将近两个师——它之前曾在吉布提对战法军——的攻击时，为了其他战场的行动，几乎原封不动地撤回我们的分遣队无疑是正确的。更大的行动将在中东剧院上演，我当然不想对其可能的走向妄加讨论或预言。我们拥有庞大的军队和许多增强兵力的手段。我们拥有完整的东部地中海控制权。我们会尽最大的努力为自己的利益考虑，也会诚心且坚定地履行我们在那一地区的义务和责任。我能够代表下议院所说的也只有这么多了。

许多人曾写信给我，请我在这个场合就我们的战争目标以及我们希望在战后达成何种和平，做一个比秋天那份重要声明更充分的说明。秋天以来，我们已经与挪威、荷兰和比利时联合起来，我们已经承认了伯尼斯博士的捷克斯洛伐克政府，我们已告诉戴高乐将军，我们胜利之时就是法国光复之日。在激战正酣，战争也许还只是开始阶段的此刻，煞费苦心地推测未来应赋予欧洲什么走向，或者如何保证幸存者免受第三次世界大战的苦难，我认为这并不明智。我们脚下的大地并非处女地，它曾被频繁地研究和探索，所有正义之士和自由之人都曾对它表达过美好的愿望。但在我们能履行重建任务之前，我们不仅要让自己确信，还必须让所有国家确信，纳粹暴政将被彻底摧毁。引领世界历史进程的权力就是对胜利的最高奖赏。我们还在艰难地爬坡；我们尚未到达峰顶；我们无法俯瞰山下的风景，甚至无法想象当那个渴望已久的早晨到来时会是什么情况。摆在我们面前的任务更实际、更单纯，也更严酷。我希望——其实不如说我祈祷——在历尽辛劳和磨难之后，我们发现自己没有辜负胜利。为了他人，我们必须赢得胜利，这就是我们的任务。

不过，有一个方向我们能看得稍稍清楚一些。我们要考虑的不止是我们自己，还有我们为之奋斗的长久的安全和原则，甚至整个英联邦国家的长久未来。几个月前，我们得出结论，美国和大英帝国的利益都需要美国从海上和空中保卫西半球，抵御纳粹的袭击，目前纳粹已暂时但也是长期地控制了西欧大部分地区及其强大资源。因此我们主动向美国政府提出，我们很乐意让他们支配这些防御设施，出租我们在大西洋对岸的场地，以此来保证未来的国防安全。在大不列颠和美国之间，为共同目标利益一体化的原则早在战前既已形成，有关太平洋中某些小岛成为重要空军加油点的各种协议已经达成。在这条战线上我们与加拿大政府也非常和谐。

我们得知，目前美国也对其大西洋沿岸防御感到焦虑，罗斯福总统最近明确地表示，他将与我们以及加拿大和纽芬兰自治领讨论在纽芬兰与西印度群岛建立美国海军和航空设施的问题。当然，这里没有任何主权转移的问题——我们从未那么建议过——或是不经各殖民地同意，违背其愿望采取任何行动的问题。但对我们来说，国王陛下的政府完全愿意将防御设施以九十九年为期租给美国，而且我们确信双方将利益共赢，殖民地和加拿大及纽芬兰的利益将因此得到保护。这些都是和平进程中重要的举措。毫无疑问，这个进程意味着英语民主世界两大国家——大英帝国和美国，从此以后，共同发展，互惠共赢。就我自己而言，展望未来，我对这个过程的走向没有任何疑虑。就算我想，我也无法阻止它，没有任何人能阻止它。就像密西西比河一样，它只是不停歇地滚滚向前。就让它奔腾吧，让它鼓动所有的洪流，不屈不挠，不可阻挡，宽厚仁慈地奔向更广阔的土地与更美好的日子吧！

17.
内维尔·张伯伦逝世

"英国伟人"

下议院，1940年11月12日

    1940年9月，情况已经很明朗，在战时联合内阁里忠诚地为丘吉尔服务，负责国内事务的枢密院长内维尔·张伯伦，即将因癌症不久于人世。他辞去了内阁及保守党领袖的职务。丘吉尔被敦促接受党首一职，一个月后他不顾妻子的反对接受了任命。他继续与张伯伦就战况保持着密切联系，直到张伯伦于11月去世。

    1939年之前，丘吉尔与张伯伦存在公开且激烈的冲突，丘吉尔一直认为，张伯伦对英国在战争爆发时的防御不足负有重大责任。然而，他也由衷地钦佩张伯伦的勇气和忠诚，强烈地感觉到自己缺少一位能够掌控战时国内事务的保守党高级官员。

    尽管如此，他的悼词因其视野的包容和宽宏大量，同时也因其语言的崇高和雄辩而引人注目。演讲中没有一个偏激苛刻的字眼，也没有半点儿粉饰的意图。正如国王的私人秘书听后所评价的那样："在当世的演说家中，只有首相能让人觉得自己像是在听伯克或查塔姆演讲。"他说得太对了！

自从上次会后，议院蒙受了非常严重的损失，我们失去了一位最杰出的议员、政治家和人民公仆,在令人难忘的三年中,他是王国政府的首席大臣。

近日来围绕他展开的那些激烈而又尖刻的争论,因他生病的消息而平息,又因他的去世而沉寂。在向这位离开我们的杰出人物表达敬意时,没有人会改变他业已形成并已经成为历史一部分的观点;但是站在停柩门前,我们都会以审视的眼光回顾自己的作为和判断。人类未被赋予预见或预知未来的能力其实很幸福,否则的话生命将变得难以忍受。在一个阶段人们似乎是对的,到了另一个阶段,他们似乎又错了。然而几年之后,当观察时间变长,一切便又针对着完全不同的情况,出现了新的比例安排,产生另一种价值标准。历史携着摇曳之灯沿来路蹒跚而行,企图重建场景,重现回声,以黯淡微光点燃从前的激情。这一切又有什么价值呢?个人唯一的向导就是他的良知;对他记忆唯一的庇护就是他行为的公正诚实。没有这一庇护走完一生是非常轻率的,因为我们是如此频繁地被希望的落空与恼人的计算而嘲笑。但在这一庇护下,无论命运如何捉弄,我们的旅程总是在光荣的道路上。

内维尔·张伯伦遇到了世界上最严重的危机之一,事件错综复杂,希望全部落空,他被一个邪恶的人蒙蔽、欺骗。但是我们要看看,那些落空的是什么样的希望?那些备受挫折的又是什么样的心愿?它们都是人类心灵中最高贵、最仁慈的本能——热爱和平,追求和平,为和平而操劳,为和平而斗争,甚至冒着巨大危险,不顾民众的蔑视和舆论的反对。无论历史将对这可怕惊人的几年说些什么,我们都能确定,内维尔·张伯伦以完美的热诚按照自己的观念行动,运用自己全部的才能和强大的权威,努力将世界从我们现在卷入的这场可怕的毁灭性战争中拯救出来。就所谓历史的裁决而言,仅此一条就对他非常有利。

但它对我们的国家,我们整个帝国和我们体面而忠诚的生活也有所帮助。无论战斗将持续多久,无论笼罩在我们道路上的乌云有多浓重,未来说英语的人们——那是我们所企求的法官——都不会怀疑,在吞噬了这么多土地和人口、依然在寻找受害者的这些杀戮、恐怖和灾难中，我们是完全无罪的。希特勒先生用疯狂的语言和手势表示，他一心渴望和平。这些胡言乱语和狂轰滥炸，将如何面对内维尔·张伯伦墓前的宁静？漫长、艰苦而又凶险的岁月摆在我们面前，但至少，我们走上前去时心地纯净、心口一致。

我无意对内维尔·张伯伦的一生和品格做出评价，但他所拥有的某些品质一直在这个国家受到格外的尊敬。他那在肉体和精神上都很坚韧的神经，使他能够度过整个动荡不定的政治生涯，忍受不幸与失望而不过分灰心丧气。他思维缜密，领导天分远远高于我们这一代人的一般水平。他意志坚定，并不经常因成功而得意，很少会因失败而气馁，也绝不因恐慌而动摇。当战争违背他的所有愿望、信仰和努力降临时，如他所说，当他费尽苦心所做的一切土崩瓦解时，没有人比他更坚决地追求斗争到底。那种让他最后一个走入战争的品质，也让他成为直到正义事业大获全胜才最后退出战争的人。

我最不寻常的体验，就是在一天之内从他最突出的对手和批评者之一，变成他主要的助手；另一天里，又从为他服务的手下成为他以满腔忠诚乐于效力的内阁的领导。这样的关系在我们的公共生活中非常特别。我之前曾告诉过他，五月初刚结束的下院辩论对他的位子是一次挑战，他向我和几位朋友声明，只有国家政府才能面对即将降临的风暴，如果他是组成这一政府的障碍，他将立刻辞职。从那以后，他在任何时候，尤其是重大时刻，都目标明确、行动纯粹，堪称我们所有人的楷模。

当他在做完最重大的手术之后回到岗位时，德军对伦敦及我们政府所在地的轰炸已经开始了。我亲眼目睹了那两个星期他在最严重、最痛苦的肉体折磨下表现出的坚韧不拔，我可以证明，他的身体虽然遭受严重摧残，他的精神却并未动摇，他那非凡的意志力毫发未损。

他离开内阁后拒绝了所有荣誉。他要像他父亲张伯伦先生那样，淡泊离去。

然而，我还是向陛下请求许可，一直向他提供内阁文件。到几天前，他怀着热诚、兴趣和坚韧，在关注我们的进展中离去。他冷静地注视着，迎接死亡的到来。如果他有些许悲伤，那是因为他无法见证我们的胜利，但我认为，他死时颇感欣慰，他知道他的国家至少已经扭转了局势。

此刻，我们的思绪必须转向这位优雅迷人的女士，她以与她先生同样的勇气和品质分担了他一生中的胜利与苦难。他就像他的父亲和兄长奥斯丁那样，是下议院著名的议员。今天早晨，各党派所有议员无一例外地聚集在这里，为自己，也为国家的荣誉，我们要向这位著名的议员致以深深的敬意，他正是狄斯雷利所称许的"英国伟人"。

第四部分
发动语言战争

1941—1945

丘吉尔演讲集

18.
求助于美国

"给我们武器吧"
BBC，伦敦，1941年2月9日

1940年9月，希特勒将入侵英国的"海狮行动"计划推迟为"等待另行通知"，英国政府并不知情。但是，法国陷落与德国对伦敦及英国其他各主要城市的密集轰炸表明：英国的局势仍然很危险，只要战端一开，美国的帮助就必不可少。在这种情况下，富兰克林·罗斯福——丘吉尔与之保持着密切联系——破天荒地赢得1940年11月第三次大选的消息，令人大感欣慰。

丘吉尔在1941年2月的广播讲话是五个月来的第一次。正如约翰·科尔维尔所说，它"欢欣鼓舞但并不过分乐观，在很大程度上是讲给美国人听的"。他为英国在东地中海成功地对抗了墨索里尼而欣喜，但也明确地表示了急需美国的进一步援助——按照1941年美国国会通过的《租借法案》，那即将兑现的援助。

丘吉尔在讲话结尾引用了朗费罗的几句诗，罗斯福本人曾在1941年1月把这几句诗送给他。凭借其内容，也凭借其修辞，演讲获得了不同凡响的成功。正如一位评论家所说："毫不夸张地说，他极富个性的遣词造句使这次广播成为了一件世界大事。"

自从我上次通过广播向英国民众和整个帝国演讲已经过去了五个月。在战争年代，有句格言很值得称道："要行动，不要空谈。"同样地，不时地环顾四周、审时度势也是好事。显然，近四五个月来，我们在各个方向的战事都进展顺利，远远超出了大部分人的预期。

在两大独裁者似乎所向披靡的时刻，我们坚守阵地，勇敢面对，目前已显示了我们独自抗战的能力。八、九月中德国空军遭到我军沉重打击之后，希特勒先生已经不敢轻易入侵本岛，尽管他完全有必要这样做，尽管他已经做了极大准备。面对漫长的战线，不知所措的他企图通过轰炸来摧毁英国民众的精神，先是伦敦，继之以其他大城市。事实证明，这种靠杀戮和恐怖行动进行的要挟不但未曾削弱英国人民的斗志，反而将其激发为熊熊的燎原之火，其强度和广度在任何现代社会都前所未见。我们因此赢得了全世界和美国盟友的赞叹。

整个大英帝国都为自己的母国而骄傲，渴望投入更多兵力与我们并肩战斗。我们已经深深体会到跨越重洋从帝国各地涌向我们的热爱。这正是我们进行战争的首要目标：配得上这份爱，保护这份爱。

在黑暗的寒冬腊月里，面对敌人三到四吨炸弹的攻击，我们只能以一吨的力量来回击。目前我方正在重新部署，局势将完全扭转。但与此同时，伦敦和其他大城市还不得不承受重创。英国人民让我想起滑铁卢的英国方阵。他们并非列阵的士兵，他们并未披挂红色的军装。他们只是坚定地站在一起的普通英格兰、苏格兰和威尔士百姓——男人、女人和孩子。但他们的精神是相同的，他们的光荣也是一样的，而且最终，他们的胜利将比威名远播的滑铁卢更伟大。

所有光荣都属于各种民防服务者，无论是志愿还是职业，急救还是日常。他们帮助人民挺过了这场可怕的、任何文明社会都不曾遭受过的磨难。如果在诸多服务者中我只提到了警察，那是因为已经有许多赞美献给了其他人，而警察却每时每刻都在每个角落为大家服务，就像一位女工在给我的信中所说："他们是多么绅士的人哪！"

现在冬季已过去三分之二，迄今为止并未发生严重的瘟疫，尽管避难所条件简陋，疾病却并未增加。这主要归功于我们的地方医疗与卫生部门，归功于我们甘于奉献的医护人员，以及我们的卫生部。卫生部长马尔科姆·麦克唐纳先生正准备前往加拿大就任高级专员。

还有一件事，当我问起时感到十分惊讶。尽管有各种各样战时的违法行为和纠纷，尽管到处都是趁乱打劫的好机会，但这个冬天的犯罪率却出现了下降，现在我们狱中关押的犯人比和平年代还要少。

我们已经度过了今冬最艰难的时刻，白天在变长，皇家空军在壮大，而且已成为日间空战的主宰。敌人的进攻也许会更猛烈，但也会更短暂；我们会有各种服务和更多工作的机会、更多生存的机会。因此，如果说击退侵略者是我们初步的胜利，更大的胜利就是要摧毁侵略者对国内人民的折磨和恐怖行动。

与此同时，10月中，海外发生了一件妙事。两位独裁者之一——那个狡诈、冷血、黑心的意大利人，想轻易得到大英帝国，于是对法国落井下石，结果自己陷入了困境。未受丝毫挑衅，完全受权欲和贪婪的驱遣，墨索里尼袭击并入侵了希腊，却遭到英勇的希腊军队的痛击。希腊军队，请大家允许我这么说，在我们眼前重振了自古典时代以来使他们的祖国熠熠生辉的光荣。当墨索里尼先生在阿尔巴尼亚被希腊军队打得落花流水时，依照条约负责保卫埃及和苏伊士运河的韦弗尔将军和威尔逊将军——他们的任务如此艰巨——已经得到十分有力的支持，人员、大炮、装备，最重要的是坦克，都由我们不顾入侵威胁从本岛运送过去。来自印度、澳大利亚和新西兰的大批部队也已抵达那里。随后，利比亚就出现了一连串胜利，目前我们已经彻底击溃了意大利军队在非洲大陆的力量。墨索里尼就是拜伦揭露和贬损的那种人，我们都曾为之发笑，并得到启示：

>那些挥舞马刀的神像，
>
>黄铜面具，黏土脚。

这么说来，利比亚战事就是第三件令我们满意的大事。就在仅仅两个月前，我还在不安而急切地等待着按计划在埃及反击意大利侵略军的消息，我们严格保守了这一军事秘密，准备工作也做得很好。但这仍然是一次危机四伏的远征。因为我们要跨越那长达七十英里的沙漠，去进攻十到十一个师的敌人，这些敌人配备了所有现代战争装备，三个月来一直在增强防御。

我们在西迪巴拉尼[①]取得辉煌的决定性胜利后，数以万计的俘虏证明，我们在能力、调兵遣将和武器上都远胜于曾拼命吹嘘自己英雄气概和武力优势的敌人。很显然，此时利比亚东部其他所有意大利武装皆处于危险之中。他们若想沿海边公路撤退，一定逃不过被挺进沙漠的我军装甲师旅在野外俘获的命运，他们不得不暴露自己，而后被我们逐个击破。

韦弗尔将军——不，我们所有的指挥官，以及所有敏捷、积极、热情的战士，英国人、澳大利亚人、印度人，都在帝国军队中看到了胜利的机遇。当时我曾冒昧地请韦弗尔将军注意《马太福音》的第七章第七节，如大家所知——或者说大家应该知道——第七节这样写道："你们祈求，就给你们；寻找，就寻见；叩门，就给你们开门。"尼罗河部队曾经祈求，就得到了；他们寻找，就寻到了；他们叩门，门就为他们打开了。仅仅八周之内，他们就推进了四百多英里，这次战役应当作为战争艺术典范供后人长期研究。利比亚东部的意大利部队，号称超过十五万人，结果不是被俘虏，就是被消灭。几乎与英格兰和威尔士一样大

---

① 西迪巴拉尼是埃及的城市，距离利比亚九十五公里，西迪巴拉尼大捷是第二次世界大战中英联邦军事行动的首场战役，具有极高的历史地位。

的昔兰尼加全省都被胜利攻克。三十年来一直遭受意大利残酷统治的阿拉伯部落，在几次有组织灭绝后幸存的贝都因人，终于亲眼看到压迫者们仓皇逃命，或者变成了任人驱赶、四处奔波的战俘。

现在埃及和苏伊士运河都很安全，班加西的港口、基地和飞机场已经组成了一个对地中海东部战争全局影响重大的战略要地。

我想，现在是时候提起领导这支英勇部队为国王立下汗马功劳的指挥官了。第一位也是最重要的一位，就是中东部队总司令韦弗尔将军，他不愧为战争的主人，审慎、勤勉、勇敢而又不知疲倦。但韦弗尔将军却一再要求别人来分享他的荣誉。

尼罗河部队的实际指挥官威尔逊将军，是公认的最优秀的战术家之一——很少有人会否认这一点。统率第十三军团的奥康纳将军和统率澳大利亚部队的麦基将军，还有训练、指挥各种装甲师的克里夫将军，正是他们三位实施了这次十分复杂而又迅捷惊人的行动，将计划变为现实。我刚刚看到韦弗尔将军发来的一封电报，他说班加西的胜利应归功于奥康纳和克里夫杰出的指挥，以及威尔逊有力的支持。

在此我务必要提到英国坦克那令人赞叹的非凡功绩，其设计与制造工艺都打破了所有记录，经得起任何考验；它向我们表明，国内工人的劳动与国外胜利的联系是何等密切而又直接。

当然了，任何一项计划的成功都离不开我们的飞行员，在朗莫元帅的指挥下，他们从数倍于己的敌人手中夺取了制空权。但是，如果库宁汉上将领导的地中海舰队没有将意大利海军逐入其港口，并动用全部海上力量抵挡其陆军的每一次猛攻，这次行动也不可能实现。这些海上力量的影响有多么深远，我们从今天黎明时发生的事中可见一斑。当时，索默维尔指挥的西地中海舰队进入热那亚湾，并对纳粹德国的海军基地予以毁灭性炮击，不然那里的德军很可能马上就去进攻在阿尔及利亚或突尼斯的魏刚将军。这么做是相当正确的，应该让意大利人感到，是暴君墨索里尼将他们拖入了如此困境。如果热那亚的隆隆炮声沿着海岸回荡，回响在群山之间，最后到达我们不幸的法国战友耳中，那声音会让他们欢欣鼓舞，让他们感到自己的朋友——热情主动的朋友——就在附近，感到大不列颠仍然主宰着大海。

利比亚事件只是故事的一部分：只是意大利帝国衰亡故事的一部分，不会让未来的吉本像写罗马衰亡史那样耗费时间。一支已经将侵略者赶出苏丹以南一百五十英里之外的英印劲旅，正在稳步穿过意大利殖民地厄立特里亚，力争彻底包围阿比西尼亚的全部意大利军队。其余英军正从西边进入阿比西尼亚，而集结于肯尼亚的军队——从其先头部队身上，即可看出施马茨将军组建的南非联邦武装是多么强大——正沿着整个前线向北进攻。五年前，埃塞俄比亚失去了独立，现在它的爱国志士终于发动了武装起义，他们不久前刚逃亡到英格兰的皇帝，已回到他们当中，为人民的自由和自己的王位而斗争。在这里，我们看到了对暴行的报应和惩罚的开始，它提醒我们，上帝的磨盘固然转得很慢，但却磨得很细。

这些幸运的事情带着我们大步走出曾令许多人绝望的境地，走出五、六月间的确非常黯淡的境地，让我们可以怀着冷静的自信说，虽然任务艰巨，我们将来还是能够履行责任——就在这时，对这一世界大事的同情、善意和有效的帮助已经穿越大西洋，如潮水般涌来。美国贵宾已来此察看前线事宜，以确定该如何尽快尽力地帮助我们。总统特使霍普金斯先生最近三周来经常和我在一起，而总统最近刚刚重掌大权。我们还接待了伟大的共和党人温德尔·威尔基。相信他们都会如实说出在这里的所见所闻，而且超过我们所要求的。其余的事情我们有充分信心，就留给总统、国会和美国人民去判断吧。

自从做首相以来，我一直非常小心，不去鼓励虚假的希望，不去预言一帆风顺的事情，然而今天我必须讲的，却正是这样的故事。它让我们感受到深深的谢意，还有强烈的安慰甚至欣喜。不过现在，我必须讲述战争宏大的场景中更严肃、更黑暗、更危险的一面。我们所有人都必须自问：当他那罪恶滔天的政权陷入绝境时，那个坏蛋在冬天的这几个月里一直在准备什么？他又在策划什么新的暴行？他又打算蹂躏或消灭哪个小国？他又要对我们的家园和要塞发动什么新式的攻击？是什么——可千万不要搞错——妨碍着他统治全世界？

我们可以确定，战争很快会进入一个更加激烈残酷的阶段。希特勒的同伙墨索里尼，已经撤退至阿尔巴尼亚。但纳粹已经抵达黑海，他们吞并了匈牙利，又将罗马尼亚拖入可怕的内乱当中。一支规模可观的纳粹陆军和空军正在罗马尼亚逐步建成，其触手已深入保加利亚。我们必须考虑到，在保加利亚政府的默许下，飞机场正在被数千德国地面部队占领，以便帮助德国空军从保加利亚投入战斗。目前德国已经为部队进入或穿过保加利亚做出许多准备，也许，这一南下行动已经开始了。

我们看到了去年5月低地国家发生的一切。他们怎样期盼着最好的结果；他们如何紧抓着中立不放；他们是多么悲惨地被欺骗、被征服、被掠夺、被奴役、忍饥挨饿。我们也知道，当最后关头我们和法国人应比利时国王迟到的请求去援助他们时，遭受了怎样的折磨。当然，如果所有巴尔干人民在英国和土耳其的帮助下团结一心共同行动，德国陆军和空军若想在东南欧征服他们，就得花费更多时间才能积蓄到足够的力量。在这期间，什么都有可能发生。许多事情肯定会发生，比如美国更加有效的援助，我们空中力量的壮大，我们成为一个装备精良的国家，还有我们东方部队力量的增长。但没有什么事情比这更确定的了：如果东南欧国家任凭自己被一个个撕成碎片，他们将与丹麦、荷兰和比利时面临同样的下场。没有人能说清，在判决他们的钟声敲响之前，还有多长时间。

我们的困难之一，就是让欧洲这些中立国确信我们一定会打赢。令我们惊异的是，他们竟如此愚钝，不能像我们一样看得清清楚楚。我记得在上次大战的

1915年7月，我们认为保加利亚即将走上歧路，于是劳合·乔治先生、博纳·劳先生、F.E.史密斯爵士和我请保加利亚首相共进晚餐，向他解释斐迪南大公如果倒向失败一方，将是多么愚蠢。可惜，这么做毫无用处。那可怜的人不是自己不相信这一点，就是无法让他的内阁相信。因此，保加利亚违背了所有农民的意愿，违背了自己的所有利益，跟在暴君的尾巴后面，在胜利时刻遭到可悲的被瓜分和惩罚。我相信，保加利亚不会再犯同样的错误。如果他们这么做，英国和美国都相当尊重的保加利亚农夫和人民，将被迫在三十年内第三次开始一场毫无必要而又损失惨重的战争。

地中海中部的意大利卖国贼，他的名字是墨索里尼，还有我们叫他拉瓦尔的法国内奸，都在以不同的方式努力将自己的国家变成希特勒及其新秩序的擦鞋垫。他们还指望着能得到盖世太保和普鲁士刺刀的加持，增强他们对自己国人的统治。我无法说清事态将如何发展，但无论如何，我们都会为地中海中部的战斗竭尽全力。

我敢说大家都注意了到两周前发生在马耳他的重要空军行动。德国人将一整支俯冲轰炸机中队派往西西里，重创了我们的新航母"卓越号"。此后，由于这艘伤船在马耳他港口躲避，该中队集中所有兵力打算将它炸成碎片。但他们碰上了马耳他炮台，世界上抵御空中打击最强大的防御工事之一。就在两三天内，他们已经损失了一百五十多架俯冲轰炸机中的九十架，其中五十架毁于空中，四十架毁于地面。尽管"卓越号"因受损严重成为此次海战和空战中最大的代价之一，德国的"联队"依然承认行动失利，不会再来。"卓越号"在马耳他港口完成了所有必要的修理，已经依靠自己的动力以二十三节时速安全地驶向亚历山大港。我详述这一事件，根本不是因为我认为它清除了地中海中部的危险，而是为了向各位表明，我们在那里与在别处一样，都在竭尽全力。

但是，这次战争的命运毕竟要由海上、空中尤其是这座岛屿上发生的事情决定。目前似乎可以肯定，美国政府和人民准备为我们提供胜利所需要的一切。上次大战，美国派遣了两百万战士跨越大西洋，但这次大战并非互相倾泻炮弹、靠数量取胜的战争，我们不需要美国举全国之力组建大军。今年不需要，明年也不需要，可以预见到任何一年都不需要。但我们的确最迫切地需要美国不断地提供各种战争原料和大量技术装备。我们需要这些物资，需要将这些运到此地。1942年，如果我们打算维持并扩大西线与东线的战果，我们需要的船舶吨数将远远超出我们自己的造船能力。

这些事实，敌人当然了如指掌，因此我们必须预见到，希特勒先生将倾尽全力袭击我们的船只，以减少美国的供给进入本岛的数量。他已经征服了法国和挪威，手指贪婪地从大洋两边伸向了我们。你们知道，我从未低估过这一危险，也从未对你们隐瞒。因此，当我说自己对皇家海军有充分信心时，希望大家能相信我。我敢肯定，在空军海防部队的帮助下，再加上商船船员及所有港口码头工人的英勇支持，他们将以这种或那种方式应对这殊死斗争中的一切变化。我们的智慧和谋略一定会打败敌人的邪恶与阴谋，我们将在斗争中重生。

我把最重要的事情留到最后。你们知道，我们的首席军事顾问，帝国总参谋部长官约翰·迪尔爵士告诫我们，希特勒在欧洲很可能迫于战略、经济和政治上的压力，而企图在不久的将来入侵我们的群岛。这是任何人都不应忽视的警告。自然，我们正在日以继夜地工作，做好一切准备。当然，我们比从前强大得多，比起七、八、九月更是强大无比。我们的海军更壮大了，我们的小舰队数量更多了，我们在群岛上空的空中力量更强大了，远远胜过去年秋天战斗机司令部击退并打垮纳粹进攻时的状态。我们的陆军也比九月尤其比一月时数量更多，更机动灵活，装备训练也都改善了许多。

我对我们的总司令布鲁克将军及他手下在保卫祖国时表现突出的诸位将军最有信心。但我最信赖的是他们那"不胜利毋宁死"的朴素真挚的决心，这种决心激励、鼓舞了四百万手持武器的英国人。既未控制海上也未控制空中，入侵像大不列颠这样一座岛屿并非轻而易举之事，更何况之后他们还得面对岛上等待侵略者的一切。但我还是必须给大家一句忠告，过分自信导致的粗疏、怠惰与怯懦、背叛类似，是战争罪行中最坏的一种。去年秋天纳粹入侵大不列颠，本来多多少少属于即兴事件。希特勒想当然地以为，法国屈服了，我们也应该屈服，可我们没有。于是他不得不重新考虑。现在入侵要经过更多的精心准备，得到更多登陆艇和其他装备的支持，这一切都要在冬季几个月里计划并建造完毕。我们必须全力准备，以恒心、先见和熟练的技巧迎接毒气攻击、降落伞攻击、滑翔机攻击。

我必须再次强调迪尔将军所说的话，以及我自己在去年表明的态度。为了打赢这场战争，希特勒必须毁掉大不列颠，他会将浩劫带给巴尔干诸国；他会从苏联抢走几个大省；他会向里海进军；他会向印度大门进军。但这一切对他毫无益处。它会将他的诅咒传得更远，传遍欧洲和亚洲，却不会改变他注定失败的命运。随着时间的流逝，他靠残暴武力和邪恶阴谋压制着的许多曾经骄傲和幸福的国家，都会越来越仇恨这普鲁士之轭和纳粹之名，有史以来，还从未有过任何东西遭到这么多人如此强烈的憎恨。而与此同时，海上和空中的主人，大英帝国——不，某种意义上，是整个英语世界——始终方向明确，背负着正义之剑。

几天前，罗斯福总统交给上届大选中他的对手一封引见信，信中他亲笔写下一首朗费罗的诗，说此诗"适合你们，正如适合我们一样"。诗句如下：

> 启航吧，国家的巨轮！
> 启航吧，雄强伟大的联盟！
> 人类所有的恐惧，
> 所有对未来岁月的希望，
> 都系于你的命运之上！

面对一千三百万人第三次选择的国家领袖,我将以您①之名给予什么样的回答呢?我要给罗斯福总统的回答是:请相信我们,给予我们完全的信任和祝福,在上帝的佑护下,一切都会好起来!

我们不会失败或退缩,我们不会衰弱或疲惫。无论是突发战斗带来的惊慌失措,还是长期坚守阵地的漫长考验,都不会削弱我们的斗志。给我们武器吧,我们必定不辱使命!

---

① "您"指代传信件的温德尔·威尔基。

19. 困难时期

"向西看！大地一片光明！"
BBC，伦敦，1941年4月27日

《租借法案》虽已通过，但1941年春季的形势似乎更令英国气馁了。德国人入侵了巴尔干半岛，并以摧枯拉朽之势成功占领希腊和南斯拉夫。英国军队被迫防御，疏散至克里特岛。与此同时，大西洋战场的进展很不顺利，盟军的商船运输遭受了重大损失。伦敦及其他城市仍然承受着猛烈的轰炸。

这一次，丘吉尔由罗斯福最新任命的个人代表阿福瑞尔·哈里曼陪同，视察了英国各省。他在广播讲话的开场白中汇报了此行所获印象，为缓解公众的担忧和失望情绪，汇报经过了精心安排。他提醒自己的听众，战争"充满失望也充满错误"，他并不打算小看巴尔干半岛令人沮丧的消息。不过他也敦促大家考虑美国日益卷入战争这一至关重要的事实。

演讲中，他引用了阿瑟·休·克拉夫[①]的几句诗作为结语："只说战争徒劳无益。"这是三十五年前阿斯奎斯的女儿维奥莉特读给他的。丘吉尔不但记住了那诗句，也记住了那场景，演讲之后他打电话给她："你听了我的

[①] 阿瑟·休·克拉夫（1819—1861），英国诗人，作品多表现出对维多利亚时代道德和宗教的怀疑。

演讲吗?""当然,"她回答,"你讲话时英格兰每个人都在听。"

上周有人问我,是否知道国内存在着对于战局严峻性的担忧。因此我认为,亲自来看看这种"担忧"到了什么程度,应当是件好事。我刚去过几个遭到最严重轰炸的城市和港口,以及一些令最贫困者雪上加霜的地方。回来以后我不但打消了疑虑,还恢复了信心。离开白厅办公室无休止的活动与压力去往前方,我指的是伦敦或利物浦、曼彻斯特、卡迪夫、斯旺西或者布里斯托尔的街巷和码头,仿佛离开温室来到正在战斗中的舰桥上。这份补药我会推荐给所有正在焦躁中受苦的人,让他们在需要时大剂量服用。

我确确实实看到了许多令人心痛的灾难场景,漂亮的大楼和大量的村舍被炸成片片瓦砾。然而我发现,正是在这些野蛮的敌人犯下最邪恶罪行的地方,这些对男女老幼考验最严酷的地方,人们的士气最为高涨昂扬。真的,我感到自己被人们那种昂扬饱满的精神所包围,这种精神似乎将人类和人类的苦难从物质现实中提升出来,升华为一种充满欢欣的平静,我认为那属于另一个比眼前更好的世界。

他们对我的好意令我难以言表,因为我根本没指望也没梦想过这样的热情。我只能向大家保证,我和我的同事,毋宁说是同志——因为他们正是这样——将依照上帝的指引竭尽我们的每一分生命和力量,绝不辜负他们的一片心意和满腔信赖。在漫长、丰富、辉煌的历史上,不列颠民族任何时候都不曾像今天这样激动兴奋,跃跃欲试。说他们不胜利毋宁死,绝非陈词滥调。

这些顶着最密集的炮火与炸弹顽强生存的城市,取得了多么了不起的胜利!对于我们一直在本岛努力追求、努力实现的文明体面的生活方式,这是多么好的辩护!对于自由制度的优越性,这是多么有力的证明!对于我们地方政府的素质,我们稳固建设的制度、习俗和社会来说,这又是多么有效的检验!战火的磨难在某种意义上甚至振奋了英国的男子气概和巾帼精神。几个世纪以来，战场上那崇高但也阴郁可怕的经历和情感一直专属于战士和水手，现在无论是好是坏，已经由全体人民来共同分担。所有人都在敌人的炮火下感到骄傲。老人、小孩，以往战争中的伤残老兵，上年纪的妇女，拮据度日的普通公民——或者如他们所更愿意自称的：国王陛下的臣民，那些挥舞大锤或装运船只的强壮工人，技术娴熟的匠人，各空袭预防部门的成员，都满怀骄傲地感到，他们正与战士们站在同一条战线上，此刻最伟大的事业就是斗争，斗争到底。这的确是我们历史上伟大的英雄时代，荣耀之光闪耀在所有人的身上。

你们可以想象，我是多么深切地感受到自己对所有这些人肩负的责任。我的责任就是尽我所能，沿着正在前进的方向，将他们安全带出这条狭长、严酷、阴沉晦暗的峡谷，而且不让他们做无谓的牺牲和徒劳的努力。

我已经考虑过，在这个困难时期，当如此众多且关键、复杂的战斗和调遣正在进行的时候，压倒一切、最为重要的事情就是，我们的策略和行动都应当保持最高水平，要将荣誉作为我们的向导。只有极少数人知道，韦弗尔将军，我们在胜利时为他喝彩，在逆境时为他加油的这位优秀指挥官，在利比亚俘虏了大批意大利士兵时，他所使用的兵力究竟有多么少。在他一连串的胜利当中，韦弗尔将军在沙漠里维持或调遣的兵力，没有一次能超过两个师，或者三万人。当我军到达班加西港时，墨索里尼的残兵败将沿着尘土飞扬的公路向的黎波里逃窜，我们听到了一个无法抗拒的召唤。且让我给你们讲讲这个召唤。

你们应该记得去年十一月，那个意大利独裁者是如何对安分守己的希腊人发动了进攻，没有理由、没有事先警示，他就侵略了他们的国家；希腊人民又是如何重振了他们古老的荣光，迅速击溃了他的军队。与此同时，一直缓慢地向前蠕动和爬行着，将匈牙利、罗马尼亚和保加利亚一个接一个地迷惑、毒害并束缚的希特勒，突然明确宣布要来援助他的同伙。巴尔干各国的分裂使他得以在当地建立起一支庞大的部队。就在几乎整个希腊军队都忙于痛击意大利人时，巨大的德国战争机器突然从天而降，压向另一侧边境。生死存亡之际，希腊人转而向我们求援。尽管我们自己也兵力紧张，但却不能对他们说不。按照战前做出的庄严保证，大不列颠答应了他们的请求。他们宣布，即使没有一个邻居与他们联合，即使我们也弃他们于不顾，他们仍要为祖国而战。但我们不会那么做。我们的原则就是反对这种事的发生，一旦违反这些原则，大英帝国的声誉就将遭到致命损害，没有这样的声誉，我们就既不能奢望也不配赢得这场艰苦的战争。军事上的失败或误判可以挽回，因为战争的命运变化无常。但丢脸的行为却会夺走我们目前在全世界享有的敬重，还会令我们元气大伤。

过去一年中，我们凭借自己的气概和行动，赢得了美国人民深深的同情和强有力的支持。在我们的历史上，我们还从来没有得到过大西洋彼岸如此厚重的钦佩和尊重。在这个正处于极大精神痛苦和压力的伟大共和国里，人们习惯于提到许多关于美国利益和安全的确凿可靠的讨论，而美国的安全和利益全赖于摧毁希特勒及其邪恶的帮凶和他那更邪恶的教义。但从长远来看——请相信我，因为我了解情况——美国的行动并非出于对得失的斤斤计较，而是出于道德情感，出于振奋民心的闪光决心，来自人类生活本身的精神基础。

至于我们，当然一定会竭尽全力倾听希腊的请求。我们向澳大利亚和新西兰自治领说明了情况，双方政府并不是没有注意到危险，却表示和我们所见略同。于是，尼罗河军团中一部分重要的机动部队被派往希腊，以兑现我们的承诺。碰巧，可以调遣并且最适合这项任务的那几个师正是来自澳大利亚和新西兰，参加这次危险远征的部队只有大约一半来自母国。德国人的宣传指出，我们让澳大利亚去执行我们不会派给英国军队的任务，我明白，他们这是在企图挑拨离间。我会让澳大利亚自己去应对这种嘲讽和奚落。

让我们来看看发生了什么吧。我们当然知道，派往希腊的部队仅凭一己之力不足以阻挡德国入侵的大潮。但我们的确非常希望希腊的邻居被我们的介入所唤醒，而在以后站出来与她并肩作战。总有一天，人们会知道我们离实现这一步有多么近！南斯拉夫的悲剧在于，这些勇敢人民的政府希望借屈服于纳粹意志而换来不光彩的豁免。因此，当南斯拉夫人民终于发现自己被带到何处时，便自发掀起了反抗的浪潮，他们拯救了自己国家的灵魂和未来，却因为时太晚而没能挽回它的领土。他们没有时间组织自己的军队。甚至在他们的军队还未能开到战场之前，就已经被残忍无情而又高度机械化的德国兵打垮了。巨大的灾难已在巴尔干发生。南斯拉夫已经被打垮，她只能在群山中继续抵抗。希腊军队也已被击溃，他们在阿尔巴尼亚的胜利之师已遭重创，并被迫投降。只有澳新军团和他们的英国战友奋力厮杀，回到海上，给所有阻拦者以沉重打击。

撇开我们不得不走的这条坎坷之路不谈，我要享受一下片刻的轻松。我敢说，你们已经在报纸上读到了，那位暴君以特别公告的形式祝贺阿尔巴尼亚的意大利军队因打败希腊人而赢得光荣的桂冠。这可真不愧为荒唐可笑领域的世界记录了。墨索里尼，这个被鞭打驱遣的走狗，为了自保，不惜让整个意大利沦为希特勒帝国的附庸，欢快地摇着尾巴跟在德国虎屁股后面，不但吠叫着胃口好——这倒可以理解——居然还叫嚣起胜利来。不同的人以不同的方式看待不同的事情。但我确信，大英帝国和美国的千百万人都发现了生活中这个大笑料，到最后清算时，大家一定会看到，这个江湖骗子遭到社会公义的审判和全世界的蔑视。

就在巴尔干半岛和希腊发生这些悲惨事件时，我们在利比亚的部队也忍受着恼人的惨重失败。德国人推进的速度和力量都超过我们，或者说我们的将军的预期。曾在击败意军时发挥决定性作用的装甲部队大部，不得不进行修整，原以为足以守住前线的唯一装甲旅在5月中就被更强大的德国装甲部队击败，车辆毁损大半。我们不足一个师的步兵，为了修整和保存力量，不得不撤退到帝国陆军集结的肥沃的尼罗河三角洲。

托布鲁克，从侧面抵挡德国向埃及进军的托布鲁克要塞，在我们的牢牢掌控中。我们在这里击退了多次进攻，给敌人造成重大损失，俘虏敌军众多。这就是埃及和利比亚前线的战况。

现在，我们必须预料到地中海上、沙漠里尤其是空中的战斗将会变得更激烈，更多样化，范围更大。我们已经将意大利人赶出了昔兰尼加，目前摆在我们面前的任务是肃清德国人的势力。这将是更艰巨的任务，我们不能指望一蹴而就。你们知道，我从来不想把失败说成胜利，我也从未低估作为战士的德国人。事实上我一个月前就告诉大家，我们在意大利人身上取得的那种迅速完美的胜利绝不可能继续下去，一定要预见到厄运的到来。关于战争只有一件事可以肯定，那就是它充满了失望也充满了错误。不过，德国人践踏巴尔干诸国，在德国人和希腊人、南斯拉夫人之间制造血海深仇，是否错误，还得走着瞧。他们企图以现有的兵力和供给入侵埃及，是不是犯了错误，也得走着瞧。根据经验教训，我遵守一条原则：战斗还未结束之前不做任何预言。但这一次我要大胆地说，我将非常遗憾地看到中东地区交战者的任务互换，韦弗尔将军的部队本该处于德国侵略者的位置。这只是个人观点，如果大家持不同意见，我非常理解。可以肯定，除了埃及那些威胁，地中海上还有新的危险会降临到我们身上。战争可能会蔓延到西班牙和摩洛哥，可能会向东蔓延到土耳其和苏联。德国佬会把黑手伸向乌克兰的粮仓和高加索的油井。他们会控制黑海。他们会控制里海。谁能说得清？无论他们去向何处，我们都会竭尽全力面对，与他们战斗。不过有一件事是确定的。诞生于巨大混乱中的这件事明确而可靠，任何人都不会弄错。希特勒绝不会从报复正义中找到安全，无论是在东方，在中东，还是在远东。若想赢得战争，他就必须通过侵略征服本岛，或者切断将我们与美国联结起来的海上生命线。

如果大家能再忍受我几分钟，让我们来看看这两种选择吧。我上次在2月份对大家广播时，有许多人认为纳粹鼓吹的入侵英国即将开始了。然而它并未开始。随着每个星期的流逝，我们在海上、空中的力量，以及正在保卫本岛的陆军的数量、素质、训练和装备都不断壮大。当我将今天国内的局势与去年夏天做对比时，即便是考虑到敌人做了更加精心的机械化准备之后，我们的优势仍然很明显。我觉得我们有太多事要感谢，我相信，只要我们的努力和警戒一刻都不松懈，我们有信心会发挥得非常出色。说得多一分就是吹嘘，说得少一分，则令人丧气。

但是，我们穿越大西洋的生命线怎么样？如果这么多商船的沉没致使我们无法将供给英勇人民的食物运进来，会发生什么情况？如果美国想方设法运送给我们的如此大量的战争物资和武器，却有一大半都沉没在路上，会怎么样？接下来又会发生什么？你们该记得，2月份那个坏蛋在一次疯狂爆发中威胁我们说，要极大增加U型潜艇和空中打击的数量——不仅针对我们本岛，而且由于他能随意使用法国和挪威的港口，而我们却被拒绝使用爱尔兰的基地，所以他还要深入大西洋打击我们的船运。我们已经也正在采取所有可能的措施来面对这种致命的袭击，我们目前正在全力以赴地战斗。这就是所谓的大西洋战役。为了生存，我们必须在海上取得决定性胜利，就像我们去年八、九月在空中打赢不列颠战役一样。

我们的海军和空军；我们数以百计的，无论敌人如何破坏仍以其神奇的设备保障我们港口畅通的扫雷舰；建造并修理我们大型商船舰队的工人们；为这些舰队装卸货物的工人们；更不必说那些为了祖国的命运，为了他们理解并服务的事业，不惧任何危险，坚持在全天候任何情况下都出海的商船船员们——上述所有人都做出了伟大的贡献。然而，当你想到海上行船是多么容易沉没，而建造并保护它们是多么艰难；当你想到我们海上航行的船只从未少于两千艘，而其中三四百艘都处于危险水域；当你想到我们正在东方支持和供给的庞大军队，以及我们必须维持下去的世界性交通——当你想到所有这一切，你还会怀疑那些对获胜负有责任的人们，最关心的是大西洋战役吗？

因此，当我得知美国的总统和人民最近做出的重大决策时，欣慰之情难以言表。美国舰队及水上飞机已受命在西半球的辽阔水域巡逻，警示各国民船远离U型潜艇或两个侵略国突袭巡洋舰出没的交战区。这样一来，我们英国就能让自己的防护力量集中到更靠近国内的航线上，在那里给予U型潜艇更沉重的打击。我早就预料到类似的事情注定会发生。最近通过联系选民提高了威望的美国总统和国会，已经郑重承诺将在此战中援助英国，因为他们相信，我们的事业合理正义，因为他们知道，如果我们被摧毁，他们自身的利益和安全也将面临危险。他们极大地提高了税收，他们通过了伟大的法律。他们已经将庞大工业的一大部分转变为我们需要的军需生产。他们甚至将自己的武器赠予或租借给我们。我不相信他们会允许自己的崇高目标受挫，不相信他们会允许自己的劳动成果坠入海底。德国人发动的潜艇战完全违背了几年前德国人自己签署的国际协议。德国人无法实施有效封锁，只能在其海军完全控制不了的广阔海域，不分青红皂白地进行无情的杀戮和抢掠。十周前当我说"请给我们武器，我们一定不辱使命"时，我的意思是，将武器放在我们力所能及的范围内——现在看来美国人就要这样做了。这就是为何我会强烈地感到，尽管大西洋战役将漫长而艰难，其结局尚无定论，但它已经进入了更残酷但同时也对我们更有利的阶段。大家想想美国现在已和我们紧密相联，已经全力投入，为我们提供道义、物资以及在我提到的范围内海军的支持，这一点便不难看出。

因此，看看这场可怕战争中大洋两岸正在对峙、已无退路的双方的实力，是非常值得的。鉴于英美两大民主国家各自表明了战斗决心，没有哪个精明而又有远见的人会怀疑，最终完全打败希特勒和墨索里尼的必然性。共有不足七千万邪恶的德国佬——其中部分可争取，另一部分可消灭——许多已被用于管制奥地利人、捷克斯洛伐克人、波兰人、法国人和许多其他遭到他们欺凌掠夺的民族。大英帝国和美国的人口仅在本土和英国的自治领就接近两亿，他们拥有不可挑战的海上控制权，并将很快夺取空中的决定性优势。他们拥有更多财富，更多技术资源，他们能制造更多钢铁，超过世界上其余国家产量的总和。他们已下定决心，决不允许自由事业再遭罪恶的暴君践踏，决不允许世界进步的大潮倒流。

因此，在我们怀着悲痛和焦虑看待欧洲、非洲正在发生以及亚洲可能发生的一切时，我们一定不要失去判断力从而变得灰心丧气或者惊慌失措。当我们以冷静的目光面对眼前的困难时，我们会从已经克服的困难中获取新的信心。目前发生的一切，在严重程度上无法与我们去年经历的危险相提并论。东方可能发生的事情，也无法与西方正在发生的事情相提并论。

上次我提到了罗斯福总统亲笔写给我的朗费罗诗句。今晚我想起另外几行不那么著名但也适用于我们命运的诗句，我相信，凡是英语盛行的地方，凡是自由的旗帜飘扬的地方，人们都会这样认为。

> 当那疲惫的波浪徒劳地奔涌，
> 仿佛寸步难行的时候，
> 远处，通过小溪小湾的汇聚，
> 洪流已静悄悄地涌来。
> 当黎明到来，在光明中到来，
> 那光芒不止透过东窗；
> 太阳在前方缓缓地爬升，多么缓慢啊，
> 但是请看西边，大地已是一片光明！

20.
扩大的冲突

"漫长艰苦的战争"

国会联席会议，华盛顿，1941年12月26日

1941年6月，希特勒入侵苏联。起初，德国军队再次所向披靡。与此同时，当德国代替意大利成为主要敌人后，非洲的英国部队转为守势。8月，丘吉尔和罗斯福初次会面，发表了民主原则的联合声明——《大西洋宪章》。就在这一年年末，日本人轰炸了停泊在珍珠港的美国舰队。战争突然戏剧性地转变了，同盟国的胜利现在尽管还很遥远，却似乎有了现实的可能性。

丘吉尔立即前往新大陆与美国总统协商，他竭尽全力保证，在急剧升级的全球冲突中，英国会继续保持军事影响，而美国的优势资源最终将压倒一切。在华盛顿，他向国会联席会议做了演讲，这是他首次对外国立法机构演说。

尽管他对这次演讲（也是现场广播）比平常更加忧虑不安，它仍然是他最成功的演讲之一，听众都起立向他致以欢呼。"我认为华盛顿演讲是你的演讲中最好的，"他的儿子伦道夫说，"尤其是它的表达，极其有力而又明晰。"就在当天晚上，丘吉尔经历了一次轻微的心脏病发作。

能够获邀参加美国内阁会议,并对国会两院代表演讲,我感到极大的荣幸。我的好几代美国祖先在美国的公众生活中发挥过作用,而我今天作为一个英国人,在这里受到你们的欢迎,这一事实使得今天成了我并不短暂而又并非完全平淡的人生中,最为激动人心的一刻。我衷心希望多年来我一直珍藏着美好记忆的母亲,也能够到这里来看一看。顺便说一句,我禁不住想到,如果我父亲是美国人而我母亲是英国人,而不是如事实那样相反,我也许就能代表自己站在这里了。那样的话,今天就不会是你们第一次听到我的声音。那样的话,我也就不需要任何邀请了,但如果我需要邀请,你们恐怕也不太可能一致同意了。所以,也许还是顺其自然更好。不过我得承认,在同样讲英语的立法会议上,我并不觉得自己像一条离水之鱼。

我是下议院的孩子。在父亲的议会里,我受到的教育就是相信民主。"相信人民"——这就是他的教诲。很早以前,在维多利亚女王的贵族时代,在那个如狄斯雷利所说,世界属于少数人,而且是极少数人的时代,我就常常看到他在集会和街道上受到成群工人的欢呼。因此,我的一生都与大西洋两岸涌动的反对特权与专制的大潮心心相印,我一直满怀信心地朝着"民有、民治、民享的政府"这一葛底斯堡理想前进。我将我的进步完全归功于下议院,我是它忠实的仆人。我的国家与你们的国家一样,公众人物以做国家的仆人为骄傲,以做它的主人为耻辱。无论哪一天,只要下议院认为人民需要,通过一次简单的投票就可以将我赶下台。但我却对此毫不担心。实际上,我敢肯定他们会高度赞成我的此次访问,我得到国王陛下准许,来此会见美国总统,与他协商、拟订我们所有的军事计划,还要安排顺利推进战争所不可或缺的、两个国家武装部队高级官员的亲切会面。

我想说的第一点是,在我所到之处,美国人宽广的视野和大局观念给我留下了多么深刻的印象,带来了多么强烈的鼓舞。任何不了解美国基础之强大和牢固的人都会轻易认为，会在这里看到一片激动、慌乱和自我中心的景象，以为所有人都会紧盯着战争突发时美国那段新奇、骇人而痛苦的情节不放。毕竟，美国已遭到三个最强大的军事独裁国家的袭击。欧洲头号军事强国德国，亚洲头号军事强国日本，还有意大利，全部向你们宣战，发动了战争。征讨已经公开，只能以你死或我亡收场。然而在华盛顿，在这些令人难忘的日子里，我却看到了一种奥林匹克式的刚毅精神，这种精神绝非基于自大，而是百折不挠的目标的体现，证明了他们对最终结果底气十足的信心。我们在英国最黑暗的日子里，也曾体验过相同的情感。我们也坚信，最终一切都会好转。我敢肯定，你们绝不会低估我们都还将继续遭受的磨难的严重性。与我们为敌的力量极其强大，他们充满仇恨，他们残酷无情。那些将人民推向战争和奴役的恶魔及其党羽知道，如果不能靠武力彻底打垮他们攻击的民族，他们绝不会有好下场。因此他们将不惜一切代价。他们有长期积累的数量庞大的各种战争武器，他们有训练有素、纪律严明的陆军、海军和空军。他们的阴谋酝酿已久，他们的作战计划已经成熟。他们将不惜残酷暴力，不惜背信弃义，不惜一切代价。

不错，我们这边的人力、物力资源的确远远超过他们。但是你们的资源目前只有一部分被动员和开发了出来，而在残酷的战争艺术方面，我们两国都有许多需要学习的地方。因此毫无疑问，前面还有一段磨难等待着我们。这期间我们必定会失去一些地盘，重新夺回将十分艰难，代价高昂。还有许多令人失望及沮丧的意外等待着我们。在我们的全部潜力被激发之前，其中许多意外都将令我们极度痛苦。二十年来的大部分时间，英国和美国的年轻人一直被教导，战争是邪恶的，这没错；又说它绝不会再来，这已被证明是谬误。而二十年来的大部分时间，德国、日本和意大利的年轻人一直被教导，侵略战争是公民最高贵的职责，只要必须的武器和组织准备完毕，就应该立即投身其中。我们一直在履行和平的职责和义务，他们却一直在密谋策划战争。这自然已陷我们英国于不利，现在又陷你们美国于不利，只有时间、勇气和坚持不懈的努力，才能扭转局势。

我们实在要感谢上天赐予我们如此充足的时间。如果德国人在1940年6月法国沦陷后就入侵英伦群岛，如果日本在同一时间向大英帝国与美国宣战，没有任何人能说清，会有什么样的灾难和创痛在等待我们。但此刻，在1941年12月末，我们从安逸的和平状态转变为全面战争状态，已经取得了极大的进步。英国的大规模军火生产已经开始，美国民用工业转向军事生产的巨大步伐也已经迈开。现在美国已经参战，今后每天的军工订单就可能达到过去一年甚至十八个月的数量，由此产生的战争能量将是独裁国家从未见识过的。假如我们竭尽全力，没有一丝保留，假如英语世界及其所有忠诚、友好、团结的共同体和国家，将全部人力、智慧、刚毅、勇气和公民美德全都坚持不懈地奉献于那单纯而崇高的任务，我觉得下述预期就是合乎情理的：1942年末，我们的局面肯定好过现在，1943年，我们就能掌握大规模主动权。

当我和你们的总统一样，谈到漫长而艰苦的战争时，有些人也许会感到震惊或暂时的沮丧。但我们的人民宁愿了解真相，哪怕它令人沮丧。毕竟，当我们正在从事世界上最崇高的工作，不仅保卫我们温暖舒适的家园，也捍卫着其他国家的自由事业时，解放是否在1942年、1943年或1944年到来这个问题，就应当放在人类历史的大规律上来看待了。我确信今天——就是现在——我们就是自己命运的主人；分配给我们的任务并没有超出我们的能力；创痛和辛劳也并未超出我们的忍耐限度。只要我们对自己的事业有信心，有不可征服的意志，最后的拯救绝不会背弃我们。用大卫王[①]的话来说："他必不怕凶恶的消息；他的心坚定，倚靠耶和华。"更何况，并非所有的消息都是凶恶的。

恰恰相反，战争已经开始给敌人以巨大冲击；苏联军民对祖国的英勇保卫已

---

① 《圣经》中《诗篇》的作者。

经重创了深深地伤害了他们的纳粹暴政，还将令纳粹在身体和精神上全都溃烂发炎。自吹自擂的墨索里尼已经崩溃，他现在是个彻头彻尾的马屁精、奴隶、执行主子意志的工具。他已经给勤劳的意大利人民带来了沉重的苦难。他的非洲帝国已经被夺走，阿比西尼亚已经被解放。我们东线的部队，在法国临阵脱逃时曾那么弱小，装备很差，现在已经控制了从德黑兰到班加西，从阿勒颇和塞浦路斯到尼罗河源头的所有区域。

几个月来，我们一直在利比亚全力准备发动进攻。这场非常重大的战役已经在沙漠中进行了六个星期，是双方遭遇的最为激烈的战斗。由于在沙漠中两翼补给困难，我们根本不能输送同等数量的兵力去对抗敌人。因此，我们不得不依靠英美坦克及飞机在数量和质量上的优势。在这些帮助下，我们第一次在战斗中有了与敌人相当的武器。我们第一次让德国佬尝到了他们赖以征服欧洲的手段的厉害。敌人在昔兰尼加的武装力量总人数达到十五万人，其中三分之一是德国人。奥金莱克将军已经展开了全歼他们的行动。我完全有理由相信，他的目标一定会完全实现。我很高兴能够在你们——参议院和众议院各位议员面前，在你们加入战争的这一时刻提供证明，凭借恰当的武器和恰当的组织，我们一定能将野蛮残暴的纳粹打得灵魂出窍。无论这场战争将我们带向何处，我们一定会让希特勒和他的走狗们在地球的每个角落吃尽苦头，希特勒在利比亚受的罪，不过是我们的牛刀小试而已。

蓝色的大海上也有好消息传来。跨越大洋将我们两国联合起来的供给生命线，没有它便万事皆休的生命线，无论敌人如何破坏，仍然稳定而畅通。实际上，许多人以为十八个月前就已土崩瓦解的大英帝国，现在却空前的强大，而且还会一天比一天更强大。最后，如果你们能原谅我的坦率的话，对我来说最好的消息就是，空前团结的美国，已经为了自由事业而拔剑出鞘了。

所有这些惊人的事实，已经让欧洲被奴役的人民在希望中重新抬起了头。

他们已经将屈从于征服者意志的念头永远地抛开了。希望重新回到千百万男女的心中，伴随着希望，又燃起了对残忍堕落的侵略者的熊熊怒火，还有那更为猛烈的，对希特勒收买的卑劣走狗的仇恨和蔑视之火。在十多个屈服于纳粹统治的古老国度，各阶层、各教派的民众都在等待解放的时刻，到那时，他们也能再次像男子汉一样，尽职尽责，奋起反击。那一刻的钟声终将敲响。庄严的钟声将宣告，黑夜已经逝去，黎明已经到来！

日本蓄谋已久的偷袭给我们两国都带来了严重的困难，而我们是无法准备充分的。如果人们问我——因为在英国，他们有权力问我——为什么你没有在马来亚和东印度部署包括现代飞机和各种陆军武器在内的充足装备？我只能以奥金莱克将军在利比亚取得的胜利作答。如果我们将逐渐增长的资源转移并分散到利比亚和马来亚，就会发现两个战场都资源匮乏。如果美国发现自己在太平洋的许多地方都处于不利地位——我们清楚地知道，这在很大程度上是因为，你们把军火援助给了我们，用于保卫英伦群岛和进行利比亚战役，尤其是因为，你们支援了大西洋战役，成功且幸运地保持了大西洋补给线的畅通，而这正是一切赖以存在的基础。我坦率地承认，如果我们在所有受威胁地区都有充足的各种资源，情况当然会好很多；但考虑到我们自己下定决心进行大规模战备是多么缓慢而又不情愿，而这种准备又需要多长的时间，我们也就无权奢望有如此幸运了。

如何配置我们目前有限的资源，是英国在战时而美国在和平状态下做出的选择。我相信，历史会从大局出发宣告这一选择是正确的——这些事情必须从总体出发去判断。既然我们已经联合起来，既然我们正义的战友臂膀已紧紧挽在一起，既然我们精诚团结的两个大国已经将全部生命能量投入到共同的事业中，我们的面前一定会展现崭新的景象，一束光芒将会持续闪耀，照亮我们的前程。

许多人都极为震惊，日本竟然在一天之内同时投入到对美国和大英帝国的战争中。我们也感到困惑，如果这个苦心经营、费劲准备的阴谋在他们的脑海深处酝酿已久，为什么他们没有选择十八个月前我们最虚弱的时刻动手呢？冷静地看，尽管我们遭受了巨大损失，今后也不得不承受进一步的惩罚，但这次行动显然仍是非理性的。当然，我们只能谨慎地假设，他们已经经过了深思熟虑，而且认为自己一定前途光明。不过，也许还有另一种解释。我们知道，多年来日本的政策一直被陆海军下级军官中的秘密团体所左右，通过暗杀那些反对或不充分支持他们侵略政策的日本政治家，他们将自己的意志强加于连续几届日本内阁和议会。也许就是这些被自己的侵略阴谋和早期的成功冲昏了头脑的秘密团体，强迫自己的国家违背更理智的判断，卷入了战争。他们无疑开创了一项非常可观的事业。在珍珠港、太平洋群岛、菲律宾、马来亚和荷属东印度群岛对我们犯下暴行之后，他们现在一定知道，他们决心投下的这次赌注，是致命的。

当我们比较美国及大英帝国与日本的资源时，当我们想到已如此长久而英勇地抵抗侵略的中国的资源时，当我们考虑到笼罩着日本的苏联威胁时，就更难将日本人的行为与谨慎甚至头脑清醒联系起来了。他们以为我们是什么样的人？难道他们不知道，我们将坚持不懈，永远战斗，直到给他们一个让全世界都永远难忘的教训吗？

参议院与众议院的各位议员们，我要暂时抛开混乱骚动的当下，谈一谈更广阔的未来的基础。在这里，我们共同面对着一群企图毁灭我们的强大敌人；在这里，我们共同保卫着自由人所珍视的一切。一代人遭遇两次世界大战的灾难落在我们身上；一生中两次，命运之手穿越大洋将美国拉到战斗最前线。如果我们在上次大战后团结一致，如果我们为了安全采取共同措施，这个重现的诅咒就永远不会落在我们身上。

难道我们对自己，对我们的孩子，对饱经磨难的人类，没有责任确保这样的浩劫不会第三次吞噬我们吗？事实证明，瘟疫会在旧世界爆发，一旦它携带着那致命灾难进入新世界，后者绝无任何可能逃脱。职责和谨慎都要求我们首先要对仇恨和复仇的病菌中心保持警惕，并及时治疗；其次，建立一个恰当的组织，以确保瘟疫能被控制在萌芽状态，不致传播席卷到整个世界。

六年前这是很简单的，美国和英国本来无须流一滴血就可以让德国履行第一次世界大战后条约中裁军的条款。本来还有机会让德国确信，我们在《大西洋宪章》中声明的那些原材料不会拒绝任何国家的需要，无论战胜国还是战败国。可惜，机会已失，失不再来。骇人的当头一棒再次将我们团结起来，或者，如果你们允许我换种说法，我会说，如果有人看不见这里正在实现某个伟大的目标和计划，而我们很荣幸地正是其忠诚的服务者，那么他的灵魂一定是盲目的。我们没有机会刺探未来的秘密。尽管如此，我依然满怀希望和信心，毫无保留地确信，在未来的日子里，英美两国人民为了自身的安全和全人类的利益，将在庄严、正义与和平中并肩前进。

21.
被驳回的不信任案

"我没有借口"
下议院，1942年1月29日

就在丘吉尔远赴美国，乐观地规划全面胜利时，盟军的军事局势进一步恶化了。在远东，"威尔士亲王号"和"反击号"被击沉，日军占领了马来亚，威胁着新加坡。同时，由天才的隆美尔指挥的北非德军，正势不可当地向埃及进发。丘吉尔回国后发现，议会躁动不安，还决定组织一次讨论来确定是否对他的内阁及其领导能力进行信任投票。

1942年1月27日，他演讲了两个小时。"你可以真切地感觉到逆风在逐字逐句地减弱。"哈罗德·尼科尔森记录道。讨论又继续了两天，但就像丘吉尔后来回忆的那样，"大家的语气出乎意料地友好"。1月29日，他做了这次总结性演讲。尼科尔森认为它"亲切而自信"。就连亨利·夏农都这样描述它："抚慰人心，机智老练，而且最终十分成功。"

最后有四百六十四票支持政府，只有一票反对。但很快，北非和远东又传来了坏消息，1942年6月，丘吉尔被迫面对又一次不信任讨论。他又一次大获全胜，此后，他的议会地位在战争期间基本上平安无事。

没有人能否认，这是一次彻底而自由的辩论。没有人会说，批评意见曾遭阻碍或压制。没有人会说,这次辩论根本没有必要。相反,许多人会认为这是场很有价值的讨论。但我认为,在艰苦焦灼的战争年代,在全世界都处于水深火热,我们与其他国家的关系错综复杂,我们自身的安全也水深火热的时候,经过深思熟虑,很少有人还会质疑,经过这样一场影响深远令人难忘的辩论,议会必须严正表达对内阁和战争的意见,否则这次辩论就不应当终止。

世界上没有哪一个国家会在目前这种时候让指挥战争的内阁面对这样的压力。没有任何为生存而战的独裁国家敢于允许这样的讨论。他们甚至不允许将新闻自由地传达给人民,不允许人民收听外国广播,而我们现在对这些早已大胆接受习以为常了。即便是在美国的大民主中,行政机关也不像我们这样与立法机关保持着直接、密切、日常的关系。作为共和国武装部队总司令的总统,在许多关键方面独立于立法机构,拥有固定的执政期,在执政期内其权威极少遭到非难。可是在我们这个国家,议会永远是行政机关命运的主人。反对它的决定只能上诉,向国家上诉,然而在目前的战争背景下,在空袭和入侵始终盘旋在我们头上的时候,提出这样的上诉十分困难。

因此我要说,议会肩负着极大的责任。它要对它自己负责,对民众和整个帝国负责,还要对全世界反战事业负责。既要负责产生一个高效的可代替的行政机关,让陛下的政府能够展开工作,又要帮助政府在它必须承担的巨量任务和考验中支撑下去。我本人现在就痛感到需要这种帮助,我坚信大家给予我的将是鼓励和安慰,还有指点和建议。很遗憾我没能见证整个辩论,但我认真阅读了辩论中的每一个字——除了那些随口说出、未打印的以外。我可以向议会保证,我准备充分考虑大家的真知灼见,并采纳其中有建设性的部分,即使它们来自于最敌视我的选区。我不会像我曾在这里提及但不幸忘记他名字的那位圣徒一样,他拒绝做对的事,只是因为那来自魔鬼的怂恿。别人也无法阻止我去做我坚信正确的事,因为实际上我对一件事的想法常常变化。

局势瞬息万变,场景变幻莫测。在应对新情况时失去我过去常常被称道的,与坚定意志同样必不可少的灵活头脑,结果必将是灾难。让我来举个例子。在我访问美国期间,局势的变化催生了一个问题:需要一位生产部长。现在罗斯福总统已经任命唐纳德·尼尔森先生管理美国的整个生产领域。我们两国的所有资源,包括船只、军火和原材料都已实现共享。如果英美之间的协调性一直保持目前这种高水平,一定会催生出不完全相同但相似的行政部门。几周以来我一直在仔细考虑这个问题,考虑议会里大家表达的强烈意见,尽管我并不完全同意他们的论证,这些思考还是强化了我从美国回来得到的结论。也许向陛下提出建议是我的责任,但我当然不会抢先这么做。

两天前我被迫给议会做了一次冗长的汇报,它消耗了我大量的时间和精力,我不得不在夜以继日的繁忙工作之余做准备。我不想再做重要的补充了。对我来说,回答这次讨论中提出的所有批评和质询是不可能的。我已经几次向议会表明我所处的不利地位,与其他国家担任战争指挥的领袖相比,我不得不做这么多公开说明,而危险就在于:向朋友充分解释我们的处境可能会让敌人也了解得太充分。而且,掌玺大臣在昨天的精彩演讲中已经回答了大家提出的许多有争议的问题。因此今天我希望说明的只有几点,但都是很重要的问题。

第一点,强大的美国陆军和空军来到联合王国,不仅对不列颠有利,也对整个帝国有利。首先,此举满足了美国人民和共和国领袖的愿望,大批训练有素、装备精良的军队已经处于备战状态,将会尽快与敌人短兵相接。其次,这些武装在本岛的出现,给予了英国本土陆军那些成熟老练的部队赴海外行动更大的自由。它避免了由别国军队来巩固我们海外战场的困难,避免了所有由此产生的武器和指挥上的复杂混乱。因此,我们务必要认识到,美国军队的到来给了我们迄今尚未拥有的,很大的决策自由。第三,在成功入侵群岛成为希特勒全面胜利最后残存希望的时候,一支全副武装但力量未知的部队出现在我们岛上,在我们和新世界之间建立了更宽阔的桥头堡，两者共同构成了阻挡入侵的又一道屏障。第四，来讲讲援助澳大利亚和新西兰的问题。装备精良的美国军队能够如此轻松迅速地被送入本岛，将有助于把目前美国为我们生产的大量武器和军火直接送往世界另一边的澳大利亚和新西兰，以应对日本战争给他们的本土防御带来的新危险。最后，整个事情都不会对德瓦勒拉先生①有什么害处，甚至对他还有些好处。它显然给南爱尔兰提供了一种自卫的办法，对整个爱尔兰来说，也不可能不受益。我确信议会将发现，所有这些理由或者其中大部分，都是有根有据令人满意的。

这次辩论主要是针对我们的准备不足，这一点我也承认。对于已将全部军力、全部能量和怒火倾泻到马来亚和远东的这位强大的新军事对手，我们没能及时应对。我不想做太多补充，只对周二向议会提出的相关论点做些解释。尊敬的基德明斯特地区议员（J. 沃德洛·米尔恩爵士）和锡厄姆地区议员（辛威尔先生）从不同角度详细讲述了这一至关重要的问题。我当然不会找借口说缺点或错误都不可避免，或者说尽管资源有限，我们在资源利用上并未表现出某种疏忽。虽然我对全面的战略部署负完全责任，那也并不意味着对工作人员在特定的时间、地点，发生在现场的丑闻或者低效、不正当行为不去追究，也不意味着可以靠我给战场指挥官的一般支持去遮掩这些行为。

我绝不是在宣称，我们没有在小地方犯错，为这些错误不应当责备政府。但在说过并做过这一切后，议会千万不要以为，这会给英美的严重损失带来什么决定性的不同。即使现场每件事都得到完美处理——在战争中这极为罕见——你们也千万不要这样想。我们暂时失去了太平洋上的制海权，再加上我们在其他地方战场铺展太大，即使没有消耗殆尽，我们的损失也非常严重。因为在珍珠港失

---

① 德瓦勒拉（1882—1975）：当时的爱尔兰总理。爱尔兰在第二次世界大战中选择中立。

败之前——我说的是八九个月之前——我们保卫马来半岛的能力就因日本入侵中南半岛并在那里建立强大军队和军事基地而受到严重影响。甚至当我在纽芬兰会见加拿大总统时，日本入侵暹罗似乎已迫在眉睫，很可能是由于我们会谈后总统采取的措施，这次攻击才被推迟了这么久，而且很可能无限期推迟了。在一般情况下，如果我们不是在欧洲和尼罗河谷投入了最后一丝气力，我们当然会从他们开始建立大型军事和空军基地那一刻起，就尽最大可能抵抗日本对中南半岛的入侵。但我们没有能力去做这件事。

假如我们早点儿与日本作战，阻止日本人从本国横跨大洋在马来半岛和新加坡建立自己的打击半径，我们就不得不在广阔的东方战场上孤军奋战，也许要持续很久，日本人会倾尽全力攻击我们那组织松散的军队和殖民地。正如我周二所说，我们根本没有力量，我们也不可能有那种力量，在同一时间单独与德国、意大利和日本三方作战。所以我们只好焦急地关注着战事的进程，我们的焦虑随着日本进攻强度的增长而不断加剧，同时又因美国不断走向战争边缘而逐渐消减。千万不要设想不让参谋部、国防委员会、部长们举行那些无休无止、一再重复的磋商和讨论，不让他们在新加坡举行有关工作会议。不要幻想我们与澳大利亚与新西兰保持着密切联系，同时却减少和美国的联系。

这一切都在继续。但是一旦该说的都说了，该做的都做了以后，还是要看到危险的存在，找到应对它的方法。在这期间，我们难道不应该考虑一下议会必定会自问的问题吗？——我想公允地回答它——且不说我们曾采取或并未采取的那些次要的预防措施，鉴于威胁依然存在，我们对苏联的军火援助是否不应该减少呢？我们送到苏联的部分军火可使我们在缅甸和马来亚的准备工作更充分——我不说是安全，鉴于海上发生的一切我认为这不可能。援助的具体数字昨天锡厄姆地区议员已经提到，他希望我对那些数字不置可否，但以此数字为基础，哪怕只有一半就足以让我们的日子好过许多，足以让罗伯特·布鲁克-波帕姆爵士眼花缭乱，他一再要求更多地供应我们自己最短缺的日用品。我们并未减少对苏联的这类供给，我相信议会各派乃至全国绝大多数人，现在甚至事后都会赞同我们的决定。如果他们一定要旧话重提，虽然他们现在就看到出现的后果，还是会再次接受这个决定。

我完全赞同滇缅公路的重要性，承认竭力与中国军队保持最紧密联系的重要性。什么都不能阻挡我们在那一地区雇佣印度军队，除非别处要使用他们，或者当地转移军队的困难太大。有关苏联的政策已经说过很多，无论好歹，这一政策都极大影响了这个国家这场战争中人们的想法和行动，我相信，在给予德国军队粉碎性打击、挫伤其邪恶政权的士气方面，它也曾发挥了非常重要——虽非决定性的，但也不可或缺的作用。

但是除了苏联之外，利比亚的战争如何？是什么原因使那里的战争成为必要？第一，我们必须清除——很可能已经清除了——相当长时间以来西边对尼罗河谷的威胁，从而解放了重要的兵力和更重要的运输力量，以应对似乎迫在眉睫的、从北方经高加索而来的攻击。第二，这是我们唯一能够开辟抗敌第二战线的地方。大家都还记得，就在不久之前，在苏联似乎要被可怕的德国战争机器碾得粉碎时，我们所有人心里涌起的那种长久的无力感，那种自然而然、无法阻挡的焦躁。虽然我们在利比亚的战斗与苏联前线的大战相比规模很小，但无论如何它牵制了德国空军的重要力量，就在战斗的关键时刻他们被调遣到了地中海战场。第三，西部沙漠的这个第二战场为我们提供了一个以同等代价还击德国和意大利的机会。如果世界上有什么地方能让我们以显著的优势打击他们，那就是西部沙漠和利比亚。因为如我已解释过的，我们不但要设法摧毁他们三分之二的非洲部队和大批装备与空中力量，还要给他们的所有援兵，尤其是他们跨地中海维持补给的有限运输能力，造成可怕的损失。他们在这个战场上坚持得越久，这个过程就将持续得越长，世界上再无任何地方能给你机会，让战士们的热血和勇气得到比这里更好的回报。

由于这些原因,我坚信这是个合理的决定,所有的专业顾问也都赞同在西部沙漠采取攻势,尽全力夺取胜利。我们已经跨过这一地区进入昔兰尼加。第一次进攻,我们没有严重损失就俘虏了二十五万意军。第二次进攻,我们歼灭了包括许多德军在内的六万敌人,自己的损失只有三分之一。即使我们必须进行第三次进攻——这好像很有可能——考虑到上周敌人攻击我们装甲旅取得的战术性胜利,这次进攻也完全会像东北非战争那样转败为胜,会成为消耗德意资源的一个溃烂脓疮,一段危险阴暗的下水道。

有这么一个问题:如果我们牺牲所有这一切,对西部沙漠的防御袖手旁观,把所有可用兵力派去驻守马来亚防御日本也许并不会挑起的战争,防御一场我以为只有通过军事政变推翻国内政府才会发生的战争,这么做正确吗?这是个见仁见智的问题,对那些急切指责在利比亚发动的攻势使得我们在远东缺乏深谋远虑及精心准备的人来说,这个问题相当简单。对这个问题,任何人都可以形成一种观点,那些不必在事件进程广为人知之前就形成意见的人是幸运的。

我现在要谈谈正在柔佛州肆虐的这场战役。我说不出战役会向何处去,对新加坡岛的进攻会有什么结果,但过去几周来,包括空军和陆军的增援部队溪流般注入了这个岛。所有增援部队在日本宣战后的几天内,甚至几小时内就调动起来了。总之,我向议会提交的主要战略性及政治性决策,包括援助苏联、在利比亚发动进攻、接受因此造成的我们在远东战场的弱势,都是合情合理的,而且将被证明在大战的整个进程中发挥了有益的作用,它也绝不会因我们在远东意想不到的海上劣势以及曾经并将要付出的沉重代价而失去作用。对这次信任投票,我深感欣慰。

不过,大家在这里和其他地方提出的诸多问题,大都具有战术性而非战略性特征,回答起来并不容易。当然,我指的是像去年11月从国内派遣"威尔士亲王号"这件事，还有，导致"威尔士亲王号"和"反击号"沉没的行动开始得过早这件事。沉没发生在12月9日。那是战时内阁和国防委员会的决策，由海军参谋部发起，在印度洋上集结，主要以新加坡为基地，由一支中型战斗舰队实施。我们希望它与美国舰队在远东洋面共同执行基本防御工作。现在我还无权公开这些作战计划是如何进行的，但议会可以确信，为了弥补那些严重的损失，我们不遗余力地做了所有尝试。我尊贵的朋友东爱丁堡议员（毕德格-劳伦斯先生）曾非常恰当地问到，如果"威尔士亲王号"和"反击号"不能得到飞机恰当的保护，为什么要被派往东方海域。对这个问题的回答是，决定派遣这些舰船提前开往远东，主要是考虑到美国舰队在夏威夷的强势地位，希望从根本上阻止日本人参战，或者在未能如愿时，阻止其向暹罗湾派遣护航队。

经过长时间的周密思考，考虑到在远东海面拥有至少一艘能够捕获或消灭敌人单一船只的战舰十分重要——美国人还没有可用的新战列舰——我们派出了"威尔士亲王号"。而且，它是当时能够及时到达现场实施有效阻挡的唯一战列舰。我们对两艘快船到达开普敦的消息特意未加隐瞒，目的是让它们不仅扮演日本参战的障碍，还要充当对敌人单个重型舰船行动的威慑，如此一来，我们的舰船就能够择时而战。尊贵而英勇的埃普瑟姆议员（A.索斯比爵士）建议说希望海军参谋部派遣一艘航母，这个提议被我否决了，因为它既有危害又不切实际。它还是出于这种想法：任何向远东前进的快船都应该由一艘航母护航，但很不幸，那个时候除了一艘航母在国内水域，没有一艘这种型号的战舰可供调遣。经过一连串的意外，除了国内舰队的这一艘之外，其余所有航母都在修理当中。于是，"威尔士亲王号"和"反击号"抵达了新加坡，我们预期它们将很快离开，驶向秘密基地和广阔水域，以便能够持续关注敌人的所有活动。这是故事的第一阶段。

现在我要谈到进一步的问题，为什么两艘战列舰的出现没能成为敌人的障碍？珍珠港事件已经发生，日本人已经开战，它们从新加坡被调往北方，防止日本人从暹罗湾登陆克拉半岛①。汤姆·菲力普准将作为海军参谋部的副参谋长，充分了解我所说的整个决策，一直在"威尔士亲王号"的航行中执行着这一决策。12月8日，与他的船长和参谋交换意见之后，考虑到日本人是在一支战斗护航队弱旅保护下向克拉半岛移动，他认为在当时情况下，激烈紧迫的海上作战是十分必要的。这次行动如果成功，将为陆军呈现一派美好前景：挫败敌军登陆，甚至可能在入侵马来亚一开始时就使其瘫痪。两边的赌注都很高，如果赢了，奖赏丰厚，如果输了，我们的危险将至为严重。菲力普准将完全清楚这是在冒险，他采取措施进行空中侦察，看看周围是否有敌军航母出没，并且将护航规格调高到短射程战斗机。只是在他离开港口之后，他才得知在他打算行动的那个区域无法提供战斗机护航。但考虑到能见度很低，他决定继续航行。后来，他按照事先决定的计划调转船头，因为天气开始放晴，他知道自己已经暴露。可是后来，就在他撤退期间，有报告说敌人又在向半岛南部进一步推进，表现出对马来亚更大的威胁，于是他决定对此展开调查。正是在调查结束返回时，他的部队遭到了袭击，并非别人猜测的那样，是来自鱼雷或航母上的轰炸机，而且是从四百英里之外的日本主要航空站飞来的，远距离、双引擎、重型岸基鱼雷轰炸机。

以海军部之见，应该由我来负责宣布，菲力普准将根据他对敌人的了解，权衡了事情的紧急程度，认定此举与整个马来亚的安全息息相关，他由此所做的冒险符合规则、合乎情理。我已经汇报了这段插曲。毫无疑问，海军部将以了解事实和吸取教训为目的进行内部调查，但我无法在刚刚知道这件事的第一天，在我了解的信息最贫乏的时候，就下定决心公开谴责汤姆·菲力普准将英勇无畏的冒险行动。尽管他知道他在冒险，但当奖赏很可能是两万敌人葬身海底，而且我们

---

① 克拉半岛即马来半岛。

过去和将来遭遇的所有劫难将很可能减轻时，他选择了前进。

　　我已经讲完了，留给我们的只剩下行动。我已经在公众利益允许的范围内尽量将整个局势向议会摆明，而且非常充分地探究了事件真相。代表陛下的政府，我对这次辩论没有怨言，我不表示歉意，我不找借口，我不做任何保证。对于仍然笼罩着我们的微小或严重的危险与迫在眉睫的灾难，我绝不轻描淡写。但与此同时我也要坦率承认，我的信心从未像此刻这样坚定，我们一定会以有益于国家的方式，有益于全世界未来福祉的方式，将这场战争进行到底。我已经讲完了。现在，就让我们每个人都行动起来吧，按照与自己内心和良知和谐一致的职责，行动起来吧！

22.
悼念劳合·乔治

"一位深谋远虑、创意无限的实干家"
下议院，1945年3月28日

1901年2月，丘吉尔刚在下议院发表了自己的处女演讲后，就第一次见到了劳合·乔治。起初他们是政治上的对手，但在丘吉尔加入自由党之后，他们成了忠实的朋友和亲密的同事，从1905年到1922年，几乎不间断地共同为国效力。此后他们就分道扬镳了。1940年，劳合·乔治拒绝在丘吉尔的联合政府里任职，在战争的大部分时间里，他都是首相最顽固（也最失败）的批评者。

然而，正如他为内维尔·张伯伦所做的悼词一样，丘吉尔对劳合·乔治的悼念是一位伟大的战争领袖向另一位领袖赞美和致敬的典范。实际上，其中许多说法同样适用于丘吉尔本人："他激起了强烈的，有时毫无必要的敌意。他在不同时期与所有党派都曾激烈尖锐地争吵。"而且，最为重要的是："作为一位深谋远虑、创意无限的实干家，他在自己的高峰期无人能敌。"

约翰·科尔维尔认为这篇悼词"有些部分雄辩有力，而且表达不错"，但不及"他为内维尔·张伯伦做的那篇好"。克莱门蒂娜·丘吉尔在去莫斯科的路上写信给丈夫说："我爱你谈L. G.的演讲。它令人回想起他大量给予卑微低贱者的被遗忘的福祉。"与科尔维尔不同,也与自己的丈夫不同,她内心铭记的是一位终身的自由党人。

在大卫·劳合·乔治首次担任内阁贸易委员会主席后不久,1906年1月,已经失势二十年的自由党得到了超过其他所有党派的压倒性多数席位。当时,他们独立于爱尔兰党派之外,工党尚处于起步阶段,保守党席位则缩减到了一百多一点儿。但是,这个政治胜利的时刻出现在十九世纪自由主义抱负已经取得巨大成就的时期。自由主义的大部分伟大运动和原则已经成为整个文明世界有识之士的共同财富。奴隶的锁链已经被砸碎,自由职业对人才敞开,公民权扩展运动势不可当,教育进步发展迅速且持续不断,不仅限于我国还出现在其他许多地方。因此,当自由党成为领导的那一刻,曾激励他们前进的伟大行善热情,由于成功而大大减缓下来。在那些新近掌权者中,出现了某种强有力的新思想。

正是劳合·乔治,有效地发动了这个国家自由激进的力量,使其投入到社会改良和社会保障的洪流中去,今日所有现代政党都在沿这条道路前进。没有任何人像他这样天资过人、雄辩滔滔、坚强有力,像他一样对民众的生活了如指掌。他那颗温暖的心总是牵挂着困扰村舍的诸多危险:养家糊口者的健康,孤儿寡母的命运,孩子的营养和教育,医疗与疗养服务的简陋与随意,还有令大量工薪阶层和穷人深受其苦的,适合其年龄的有组织有保证的医疗服务的缺失,所有这一切都激起了他的愤怒。怜悯和慈悲给这愤怒插上了翅膀。他深知体力劳动者对年迈的恐惧——辛苦了一辈子,他只能坐在火炉边,成为苦苦挣扎的儿子家里的一个负担。当我初次成为劳合·乔治的朋友和同事时,还是四十多年前,这种对大众深沉的爱,对他们的生活以及生活中过分而毫无必要的压力的深入了解,就给我留下了不可磨灭的印象。

他那不屈不挠的勇气,他那取之不尽的精力,他的演讲,打动人心,令人振奋，现在还庄严肃穆，现在还生机勃勃。他那敏锐、透彻、全面的理解力，总是透过现象直抵问题的根本，或者说他所思考的正是每个问题的根本。他的眼光总是超越显而易见的事物，先人一步。他总在人们习惯的领域之外探寻。我常听说人们带着某个计划来找他，他会说："这挺好，可是当我们跨过这座桥时会发生什么？之后我们要做些什么？"

在他的盛年，他的权力、他的影响、他的首创精神，在这片土地上无与伦比，他是弱者和穷人的捍卫者。那是将近两代人曾经历的伟大岁月。但大多数人都不清楚，他们的生活是怎样因劳合·乔治负责的法律而变得截然不同。健康保险和养老津贴是国家首次大规模的自觉行动，为人民生活拥挤不堪的堤道装上了栏杆，在不摧毁社会结构的基础上，在过去多少人一代又一代无声无息地掉落其中的深渊之上，紧紧扣上了一个盖子。现在，我们正满怀信心地继续发展这些理念，将其推进到更广阔更深远的应用中去。过去那些日子我曾是他的助手，分担了其中很小一部分工作。通过保险，象征彻底毁灭的秃鹫已经被赶出了广大百姓的居所，时至今日，我已经看到了政府在这条道路上迈出并正在迈出还将要迈出的巨大步伐。我们舔过的邮票，我们走过的路，累进税系统，用来对抗失业的资本救济——所有这一切在很大程度上都不仅是劳合·乔治使命的一部分，更是他取得的实际成就。我相信，他的名字不但会随着时间流逝而存在，还会因为他为我国人民生活所做的伟大、艰苦、建设性的工作而闪闪发光。

当维多利亚时代那平静自足的安详爆发为二十世纪可怕的世界性动乱和战争时，劳合·乔治又在另一方面发挥出巨大作用，并因之得到同样稳固甚至更加伟大的荣誉。虽然不熟悉战争艺术，尽管被公认为是好斗的不抵抗主义者，当我们国家的命运危在旦夕时，他依然力排众议，一心作战。是他第一个觉察到，弹药、火炮和其他战争装备的奇缺将很快影响到交战双方，沙皇俄国就是受到致命影响的例子。他看清这一点比任何人都早。在这里我必须说，对于我们收到的所有信息，我尊贵而英勇的朋友，威科姆区议员（A.诺克斯爵士）是值得信赖的先知和向导，他是我们在俄国的军事代表。但却是劳合·乔治先生注意到了这些报告，将它们提交到内阁面前，劝说内阁在晚期以最大的力量采取行动。

当联合政府形成时，劳合·乔治离开财政部去了军需部，在那里全身心地投入到英国工业动员中。1915年，他正在建设的大军工厂还有两年才能投入使用，有种通常的看法认为战争将在几个月后结束，但他毫不犹豫地规划了未来两年的大规模生产。我很幸运地在1917年接手了这些工厂——它们产量惊人，供大于求。劳合·乔治刚刚抓住了国家的主要权力与政府的领导权，（有议员问："抓住？"）是的，抓住。我认为是卡莱尔这样说到奥利弗·克伦威尔的："他觊觎这个地方，也许这个地方就是他的。"他的力量和激情立刻如潮水般奔涌，比以往任何时候都强大许多，遍布战时政府的全部领域，他对其中每个部分都同样感兴趣。

那个时候，我写过他的事迹。当我近距离地注视着他，我是那么敬佩他，欣赏他的信心。我还记录下他的两个特点，在那些日子里对我来说是无价之宝的特点：第一，他那种活在当下却又不局限于眼前的力量；第二，他那种从不幸中找到未来成功之道的力量。这两点都由战争的成功进展得到了说明，我们就是依靠他要求海军部采用的护航系统打败了德国潜艇，他要求的西线的统一指挥，让福煦元帅带领我们大获全胜，这些事与其他许多事情一起，成为那些阴郁、恐怖的年代故事的一部分，这段记忆永远与我同在。在当前第二次抵抗德国侵略，正在走向胜利终点的艰苦斗争中，这记忆还常常出现在我的脑海里。

因此，我们今天哀悼的这位政治家和领袖，从容地度过了他的一生，无论和平时期还是战时，都忠诚而卓越地为我们的国家、我们的岛屿和我们的时代服务。他漫长的一生几乎从开始到结束，都在政治冲突和论战中度过。他激起过强烈的有时是不必要的敌意。他在不同时期与所有党派都曾激烈而尖锐地争吵。面对批评与敌意的狂风暴雨，他毫不气馁。尽管面临万千阻碍，包括他自己惹来的麻烦，他依然实现了自己的主要目标。作为一个深谋远虑、创意无限的实干家，他在自己的全盛期无人能敌。他的名字在整个英联邦家喻户晓，威尔士自都铎王朝以来，一直是不可征服的民族，他就是这个民族中最伟大的一个人。他的许多事业都将延续下去，有些将在未来发扬光大。后来人会发现，他一生的辛劳如栋梁般笔直挺立，厚重魁伟，坚不可摧。而我们自己，今天聚集在这里，衷心感谢他与我们共同度过风暴和动乱，感谢他所给予的无尽帮助与指引。

23.
悼念富兰克林·罗斯福

"最伟大的自由战士"
下议院，1945年4月17日

这是丘吉尔在战争中发表的第三篇事先准备好的精彩悼词。对他来说，罗斯福总统的死近乎一种"身体上的打击"。他们两人长久而热诚的联盟在西方政治家编年史上可谓独一无二。1945年春天，希特勒德国的军队全线溃退，而斯大林领导的苏联正从东方势不可当地向西方挺进，丘吉尔为英美领导层及英美合作的这一突然削弱深感遗憾。

起初他想飞往华盛顿参加葬礼，希望在那里与新任总统建立亲密友好的关系。最终，他决定作罢——后来他很后悔这个决定。他的悼词在午餐后的激情中写就，那天早晨他在圣保罗大教堂为罗斯福举行追悼会，下午则是在下议院开会。议会大厅里挤满了听众，但他被一场关于承认最近当选的苏格兰民族主义议员的琐碎但令人分心的辩论耽搁了一小时。

因为耽搁，丘吉尔发表悼念演说时，最初的激情已经冷却。躁动不安的观众对演讲的印象显然不及以往那样深刻。约翰·科尔维尔认为它"表达充分，但并非他最优秀的作品之一"。哈罗尔德·尼科尔森也认为："我认为他表现得不是特别好——没有他在内维尔·张伯伦葬礼上那么好，那才是真正的伯利克利风格。"尽管如此，这篇演讲读起来依然激动人心。

今天，我们在这里，向一位伟人的功绩与名望表达崇高的敬意。我与这位伟人的友谊，始于战争，又在战争中走向成熟。上次大战结束后我曾与他会面，但只有短短的几分钟。1939年9月，我刚赴任海军部，他就打电报邀请我在愿意的任何时候就海军或其他事务直接与他沟通。得到首相的允许后，我照办了。了解到罗斯福总统对海上作战有浓厚的兴趣，我便向他提供了有关海军事务及各种作战行动的一系列信息，尤其是普雷特河行动，照亮大战第一个黯淡冬季的那次行动。

当我成为首相，当战争已进入白热化，我们的生存和命运还悬而未决的时候，我已经在以友好联盟的身份打电报给总统先生了，对我来说，这一合作已经成为最密切也是最愉快的关系。我们的联系经历了世界大战的起起伏伏，一直持续到上周四，我收到了来自他的最后一条电报。这些电报表明，面对错综复杂令人困惑的事情，他依旧思路清晰，他一贯的过人精力也并未减退。我必须提到，我们的沟通在美国参战之后显著增加，电报来回总计超过一千七百条。其中许多都是超长电报，而且绝大部分涉及那些在其他场合未能达成正式解决方案，要在政府首脑级别的会议上讨论的难题。除了这些通信，还必须加上我们的九次会晤——阿真舍，在华盛顿的三次，卡萨布兰卡，德黑兰，在魁北克的两次，还有在雅尔塔的最后一次，总计一百二十天的密切接触时间，大多数时候我和他待在白宫或者他在海德公园的家里，要么就在他在蓝山的别墅里，他把那儿称为"香格里拉"。

对这样一位政治家、实干家和战争领袖，我深怀敬佩。他那正直的性格和振奋人心的观点，让我深感信赖。我对他的敬重——甚至喜爱——此刻无法用语言表达。他热爱自己的国家，尊重本国的宪法，他能准确地审时度势，这些都是显而易见的。但除此之外，他还有一颗慷慨而热血的心，这颗心总是因恃强凌弱的行为而愤怒，为侵略和压迫打抱不平。这颗心的跳动永远停止了，这实在是全人类的损失，严重的损失！

罗斯福总统的身体承受着巨大的折磨。能够在这么多年的风雨飘摇中顽强地与病魔抗争，着实是一个奇迹。千万人中没有谁像他这样，尽管身患残疾，饱受折磨，依然全身心投入到无休无止、艰苦卓绝的政治斗争中。千万人中没有谁像他这样，不但敢于尝试，不但在其中竭尽全力，而且成了整个局势不可替代的主宰。我们这一代人没有谁像他这样成功。在精神超越肉体、意志战胜身体疾病这一非凡的奋斗过程中，他得到了妻子无私的鼓励和支持，这位高贵女性的崇高理想与丈夫相得益彰，今天，我谨代表下议院向她致以最深挚的敬意与同情。

毫无疑问，总统先生凭借远胜于大西洋两岸其他有识之士的先见之明，预见了逼近战前世界的巨大危险。他在美国全力敦促大家接受和平时期进行预防性军事准备的观点。战争爆发时，他毫不迟疑地向我们表达了同情。在大部分国家看来，法国的沦陷似乎意味着大不列颠的毁灭也指日可待，这使他极其苦恼，尽管他从未对我们失去信心。他之所以苦恼不单为了欧洲，还因为我们若被击溃或幸存者臣服于德国，美国自身就将暴露于严重的危险之中。我们在孤军奋战时承受的压力，使他和他的众多国人对英国人民充满最深切的同情。1940—1941年那个严冬，当希特勒下令抹掉我们的城市时，他们所体会到的那种闪电战的残酷，似乎与我们一样，也许还更胜一筹，因为想象往往比现实更令人煎熬。毫无疑问，英国人，尤其是伦敦人的遭遇在美国人胸中点燃的火焰，远比我们遭受的大火更难熄灭。那时候美国国内有种普遍的恐惧，尽管韦弗尔将军胜利了——但实际上，因为我们不断从国内派增援给他，美国反而更加担心德国会在充分准备之后于1941年春天入侵英国。2月份，总统派已故的温德尔·威尔基来到英国，威尔基虽然是他的政治对手和反对党议员，却在许多重要问题上与他看法相同。威尔基先生带来罗斯福先生的一封亲笔信，信中有朗费罗的著名诗句：

> 启航吧，国家的巨轮！
> 启航吧，雄强伟大的联盟！
> 人类所有的恐惧，
> 所有对未来岁月的希望，
> 都系于你的命运之上！

大约就在那时，他设计出一种不同寻常的援助措施，被称为《租借法案》。这是人类历史上所有国家中最无私、最廉洁的经济举措。它大大提高了英国的战斗力，也使我方战争共同体的成员剧增。那个秋天，我与总统先生在纽芬兰的阿真舍初次会面，我们共同起草了后来被称为《大西洋宪章》的宣言，我相信，这份宣言将是我们两国人民乃至全世界人民长期的行动指南。

一直以来，日本人都在极度保密中为背叛与掠夺积极准备。当我们两人后来在华盛顿会晤时，日本、德国和意大利都已向美国宣战，我们两国都全副武装，开始并肩战斗。从那以后，我们共同跨过陆地和海洋，历经诸多困难与失意，但成功的道路也在不断地扩展。我无须赘述西半球发生的一系列重大事件，更不必说世界另一边正在进行的激烈战斗。我也无需提到我们曾一起与伟大的同盟苏联在德黑兰签订的计划，因为这些计划现在都已实施，全世界都将会看到。

然而，在雅尔塔时我注意到，总统先生的身体状况不佳。虽然他迷人的微笑，他快活而充满魅力的态度，并没有离他而去，但他的脸上有种澄明透彻、超尘绝俗的味道，他的双眼常常流露出恍惚的神情。当我从亚历山大港启程离开时，我不得不承认自己有种模糊不清的恐惧，我担心，他的健康与力量正在衰退。但无论什么都不能改变他那坚定不移的责任感。他顽强地日理万机，直到生命的终点。总统先生的任务之一，是每天亲笔签署大约一百到两百份国家公文、委任书和诸如此类的文件,他始终一丝不苟地完成着这项任务。当死神突然降临时,"他已经写完了他的邮件"。一天的工作做完了。正如俗语所说,他在工作时死去,我们也可以说,他在战斗中死去。就像他的战士、水手和飞行员们那样,他与我们的战士在全世界并肩战斗,坚守岗位到最后一刻。多么令人羡慕的结束啊!他已经带领他的国家度过了最危险的时刻,付出了最艰苦的努力。胜利的曙光已均匀地投射在他身上。

在和平时期,他拓宽并增强了美国人民生活和团结的基础。战争中,他将这个伟大共和国的力量、尊严和光荣提升到历史上任何国家都无法企及的高度。在欧洲,他用左手领导着攻无不克的盟军向德国的心脏挺进,在地球的另一边,他用右手迅速而不可抗拒地粉碎了日本的力量。在漫长的战争过程中,各种船只、军火、供给和食物始终以惊人的规模支持着他的盟军,无论其是大是小,是强是弱。

但是,若非他将生命奉献给人类自由和社会公正事业,为他的权力、威势与雷霆般的力量增添了光彩,所有这一切不过是世俗的权力和荣耀,而那光彩却将长久地闪耀在人们心中。他在身后留下一批坚定能干的人来操控美国这一庞大而又相互关联的战争机器。他留下一位继任者,步伐坚定、信心十足地去完成这必定会走向胜利的事业。至于我们,唯一能说的就是:远方故去的富兰克林·罗斯福,是我们最伟大的美国朋友、最伟大的自由战士,他从新世界,为旧世界带来了无尽的帮助与安慰。

24.
欧洲胜利

"前进,直到完成使命!"
BBC,伦敦,1945年5月13日

在罗斯福去世后几周,欧洲的战事结束了。到4月末,苏军与美军已经会合,柏林被包围,希特勒自杀,墨索里尼被意大利游击队枪决。5月7日,德军统帅约德尔将军签署无条件投降书,投降于5月8日午夜生效。丘吉尔做了简短的广播讲话,博得下议院热烈鼓掌欢呼。他与王室一起出现在白金汉宫的阳台上——他是最后一位得此殊荣的政治家。

5月13日,他发表了为时四十分钟的胜利广播演讲,这是他作为联合政府领袖的最后一次伟大演讲。演讲的主题是胜利与苦难,他正是用这两个词作为他战争史最后一章的题目。他怀着无可厚非的自豪感谈到自己任首相五年来英国地位的提高,同时充分肯定了整个帝国及美苏对最终胜利所做的贡献。

他也对德瓦勒拉进行了哈罗尔德·尼科尔森所说的"恶毒攻击",表达了他对欧洲许多地区未来自由的担忧,并且提醒听众,对日战争还在继续,战争还未最后胜利。虽然丘吉尔当时非常疲惫,但他的演讲依然精彩地概括了战争的全过程,并因他本人对英国历史命运的信念而饱含激情,令人回味无穷。

那是五年前的一个星期四,尊敬的国王陛下任命我组建一个包含各党派的国家政府来继续各项工作。五年,在人的一生中是很长的一段时间,特别是在行善也于事无补的时候。然而,这一届政府却得到了所有的支持,包括议会、整个英国国内、所有海外的战士、跨越大洋坚定不移地与我们共同战斗的自治领以及我们的帝国遍布全球的每一片土地。经过无数风风雨雨,形势在上周已经明朗,一切都进展顺利,在其悠久而传奇的历史上,英联邦与大英帝国比以往任何时候都更团结,更强大。我们应对眼前问题和未来危险的状态当然比五年前要好得多——我认为,这一点任何公正的人都会承认。

曾几何时,我们的头号敌人,我们的劲敌德国,几乎侵占了整个欧洲。在上次大战中承受着骇人压力的法国,被打得一败涂地,过了很久才恢复。低地国家虽竭尽全力作战,依然悉数被征服。挪威也被占领。墨索里尼的意大利以为我们已奄奄一息,及时地从背后捅了一刀。而我们自己——我的意思是英联邦和大英帝国——的命运,则陷入了彻底而绝对的孤立。

1940年的7月、8月、9月三个月中,四十到五十个英国飞行中队在不列颠空战中以七或八比一的胜率敲碎了德国空中舰队的牙齿。请允许我重复我在那一刻说的话:"在人类冲突的战场上,从未有过这么多人,欠了这么少的人这么多的情。"空军上将道丁勋爵的名字将永远与这一光辉时刻联系在一起。与皇家空军联合作战的皇家海军,随时准备将荷兰与比利时运河上集结的驳船撕成碎片,不然一支德国侵略军就会借机偷渡增援。我从来都不相信,以敌人当时的装备,入侵英国会是一个很容易完成的任务。随着秋季风暴的到来,1940年立即入侵的危险过去了。

之后,闪电战开始了,当时希特勒说他要"抹掉我们的城市"。看看他的叫嚣是什么结果吧:闪电战没能催生一句抱怨,也没有带来一丝一毫的退缩,反而有许许多多的人——向他们致敬——证明：伦敦"顶得住"，其他城市也一样。然而，1941年的凌晨，我们依然在危险之中。敌人的飞机能封锁通往我们岛屿的道路，这里的四千六百万人民每日面包的一半与全部生活及战争所需都不得不依靠进口。这些敌机一次飞行就能够从布雷斯特到挪威再返回，可以每时每刻监视我们的船只进出克莱德河与默西河①的行动，还可以直接指挥大西洋上数量庞大且不断增加的潜艇攻击我们的护航队——敌军幸存及增援的潜艇目前正被集中于英国港口。

敌人的包围随时会变成绞杀，这感觉沉重地压在我们心头。我们只有西北部位于阿尔斯特和苏格兰之间的唯一出口可以运入生存必需品，送出武装力量。由于德瓦勒拉先生的性情和本能与数千加紧赶赴前线去证明他们祖先勇气的南爱尔兰人格格不入，本来可以轻松守卫的南爱尔兰出海港口被敌机和潜艇封锁了。这真是我们生命中毁灭性的一刻。如果不是北爱尔兰的忠诚和友谊，我们就不得不与德瓦勒拉先生短兵相接，或者永远从地球上消失。然而我要说，历史上能如此克制大度地对待这种行为的国家罕有其匹，国王陛下的政府从未对他们施以重手，尽管当时这么做相当容易也相当自然。但我们仍然听任德瓦勒拉的政府先是与德国，后来又与日本的代表尽情地嬉戏打闹。

我回想这些日子时，也想到了其他情节与人物。我想到了海军少校埃斯蒙德、一等兵肯内利、费根船长，还有其他我可以轻易列举的爱尔兰英雄。必须承认，不列颠对爱尔兰的怨恨在我心中消失了。我只能祈祷几年后，这耻辱不会被忘记，而这光荣将永存，我还要祈祷，英伦群岛与英联邦国家的人民能在相互理解与相互宽容中携手前进。

朋友们，当我们的思绪转向西北通道时，我们不会忘记商船水手与夜夜出动

---

① 克莱德河与默西河都是英国的河流。

的扫雷舰的贡献，不会忘记他们鲜少被报纸头条提及。我们也不会忘记皇家海军那别出心裁、随机应变、了解一切、控制一切的强大力量，还有它那更加强大的空军新伙伴，是他们保持了生命线的畅通，让我们能够呼吸，能够生存，能够战斗。但我们也不得不做极端的事。我们不得不摧毁或捕获法国军舰，如果它们完好无损地落入德国人之手，就可能会与意大利舰队一起帮助德国海军在公海上对付我们。我们做了这件事。此外，我们还不得不在最黑暗的时刻把所有坦克——其实是国内所有的坦克，全部调遣给好望角周围的韦弗尔将军，使得我们能够早在1940年11月就顶住对埃及的入侵，以俘虏二十五万人并重创意军的战果击退了墨索里尼原计划开进开罗或亚历山大的军队。

罗斯福总统感到了巨大的忧虑，实际上全美有识之士都在忧虑，1941年初我们这里会发生些什么。总统深深感到，英国的毁灭绝不仅是其本国的可怕事件，未来对尚未充分武装的美国也是致命危险。他极度担心我们在1941年春天就遭到侵略，毫无疑问，他背后的军事顾问堪与世上任何著名专家媲美，他派遣新近的总统竞选对手，已故的温德尔·威尔基给我带来一封亲笔信，信中有朗费罗的著名诗句，我后来在下议院引用过。

然而，尽管我们在1941年头几个月条件相当艰苦，感觉还是要比法国刚刚沦陷后那几个月好得多。我们在敦刻尔克的部队与英国的野战军，接近百万之众，基本上全部装备完毕或者经过重新装备。从6月开始，我们已从美国运抵大西洋彼岸一百万支步枪和一千门加农炮以及所有弹药。在我们不断扩大规模的军工厂里，男女工人在机器前夜以继日地工作，直到因疲劳而晕倒。将近一百万男子，在高峰时增长到两百万，尽管整天都在工作，依然组成了国土护卫队。他们既有步枪武装，也有精神武装："不胜利，毋宁死！"

1941年的后来，我们仍然是孤军作战，为了支持希腊，我们不情愿地，某种程度上也是不知不觉地牺牲了我们冬天在昔兰尼加和利比亚的胜利。希腊将绝不会忘记，虽然最终徒劳无功，但我们付出了那么多，而我们拥有的又是那么少。我们是为荣誉而战。我们镇压了德国人在伊拉克煽动的叛乱。我们保卫了巴勒斯坦。在戴高乐将军领导的"自由法国"的帮助下，我们清除了叙利亚和黎巴嫩的维希分子与德国阴谋家。之后，在1941年6月，另一件惊天动地的世界大事发生了。

大家在阅读英国历史时肯定曾注意到——我希望你们能不辞辛劳地去读，因为一个人只有了解过去才能判断未来，只有通过阅读不列颠民族和大英帝国的故事，你才能体会到一种生活在这些岛屿上的根深蒂固的自豪感——大家会注意到，我们常常不得不孤军奋战，或者，作为联盟的主力去对抗大陆上的暴君或独裁者，我们还不得不长期坚持作战，对抗西班牙无敌舰队，对抗路易十四的权威，我们在威廉三世和马尔波罗公爵的领导下，统治欧洲二十五年。一百五十年前，尼尔森、皮特与惠灵顿还曾击败拿破仑，当然其中不乏英勇的俄国人在1812年的帮助。在历次世界大战中，我们不是领导欧洲诸国对抗敌人，就是独自默默地奋战。

如果你独自坚守的时间足够长，总有那么一天，会让暴君犯下可怕的错误，战局的平衡从此完全改变。1941年6月22日，自居为全欧洲主人的希特勒——不，说实话，他认为自己很快就是世界的主人了——没有事先警示，未经丝毫挑衅，背叛诺言向苏联猛扑，与斯大林元帅和无数苏联人民短兵相接。随后的这一年年末，日本在珍珠港给了美国卑劣的一击，同时在马来亚和新加坡袭击了我们。希特勒与墨索里尼随即向美利坚合众国宣战。

从那以后，几年过去了。其实对我来说，每一年都像十年那么漫长。但是自从美国参战以来，我丝毫没有怀疑过我们终将获救，而我们要做的只是为了胜利尽职尽责。在征服作恶者的整个过程中，我们发挥了自己的作用。希望我不是在胡言乱语或吹嘘，但从1942年10月阿拉曼战役之后，英美联军的确连续攻克北非、西西里岛，乃至罗马，我们挺进数千英里而不知失败为何物。经过两年认真准备与两栖作战的精心安排之后——大家注意，我们的科学家在全世界没有任何国家能超越，尤其是当他们的想法应用于海军事务时——在去年的6月6日，我们夺取了法国德占区一个精心挑选过的小角落，来自本岛与大西洋对岸的百万雄兵蜂拥而至，先头部队一路攻下塞纳河、索姆河与莱茵河，法国解放了，她培养的一支英勇善战的优秀部队参加了解放自己的战争。德国终于大门洞开。

苏联人民一直在前线牵制着远比我们多许多的德国军队，现在，他们已从另一战场向前推进，与我们在德国的心脏胜利会师。与此同时在意大利，陆军元帅亚历山大指挥的以英军或英帝国军队为主的多国部队，发动了他们的最后攻击，迫使一百万敌军投降。我们称为第十五军团的部队，英美两军差不多各占一半，现在正深入奥地利，右翼与苏军联手，左翼与艾森豪威尔将军指挥的美军联手。大家也许还记得——不过记忆是短暂的——在三天的时间里，我们接连收到了墨索里尼和希特勒死去的丝毫不令人惋惜的消息，也是在三天里，陆军元帅亚历山大与蒙哥马利接受了超过二百五十万极端好战的德国军队的投降。

此刻我要特别说明，我们从未否认过美国在援救法国和击败德国过程中所做的卓越贡献。而我们英国和加拿大的兵力占总数的三分之一，与美国不相上下，但我们的伤亡规模却表明，我们已经投入了最大的力量。我们的海军在大西洋、英吉利海峡与爱尔兰海以及通往苏联的北极护航区域承担了无比沉重的负担，而美国海军不得不集中强大兵力主攻日本人。我们做出了公平的劳动分工，双方都可以做出汇报，我们的工作不是已经完成就是将要完成。赞美我们最著名的指挥官亚历山大和蒙哥马利的美德与功劳，这是十分自然又正确的，自从在阿拉曼共同战斗以来，他们两人从未打过败仗。他们都在非洲、意大利、诺曼底和德国指挥过最重要的战役，取得了决定性胜利。与此同时我们也知道，我们对统一联合的指挥以及艾森豪威尔将军高水平的战略指导应当表示多么大的感激！

现在是时候表达我对英军参谋部的敬意了，在这些风雨飘摇的岁月里，我始终与他们朝夕相处，共同工作。这个强悍能干的小集体，抛弃所有争执，从大局出发做出战争决策，一直配合默契，极少改变。由陆军元帅布鲁克，海军上将庞德以及在他死后继任的海军上将安德鲁·库宁汉姆，还有艾尔·波特尔元帅组成的这个团队，在决定全英国的战略指挥上，在与盟军保持良好关系上，都应当得到最崇高的荣誉。

完全可以说，我们的战略，在英美联军参谋部得到了全面而协调的实施。德黑兰会议之后，苏联的战时领袖也加入了联合指挥。还可以说，历史上从来没有哪两个国家的军队，能像伟大的英美联军这样在战斗前线融为一体，如此团结友爱地并肩战斗。有人说：如果两个国家说相同的语言，有相同的法律，有长久的共同历史，所有的期盼与荣耀乃至许多对生活的展望都相同，那你还期待什么呢？上述事情不是必然会发生的吗？也有人说：假如我们不继续合作，一起前进，同舟共济，振翅比翼，不为自由和全世界的公平竞争做些什么，那一天就将是全世界和他们双方的灾难。没错，他们所做的事情是未来的希望。

德国的倒台将我们从最后的危机中拯救了出来。也许大家听说过，在伦敦和东南部国家，我们已经被各种形式的导弹和火箭折磨了一年，我们的空军和高射炮已经创造了反击的奇迹。尤其是空军，迅速捕捉对方的蛛丝马迹，阻止并大幅拖延了德军的所有准备活动。然而，只有在我们的军队扫清了海岸并掌握了所有射击点之后，在美国人缴获了莱比锡附近各种火箭的大型仓库之后，在对法国与荷兰沿海的一切战备进行了详细科学的检查之后，我们才知道自己面临着多么可怕的危险，危险不仅来自那些导弹和火箭，还来自于许多准备打击伦敦的远程大炮。多亏盟军已经及时将毒蛇消灭于巢穴之中，否则不必等到1945年，早在1944年秋天，我们就会看到伦敦像柏林一样土崩瓦解了。

就在同一时期，德国人已经准备了一支新的潜艇舰队与全新的战术，虽然我们终将摧毁它们，但也很可能让反潜艇战争重回1942年的高峰。因此我们必须庆幸感恩，不仅要庆幸我们在完全孤独时得以幸存，还要感谢我们从新灾难新危险中及时地解脱出来。

我多么希望今晚能告诉你们，所有的艰难困苦已经成为过去。然后我就可以心满意足地结束自己长达五年的服务。如果你们早已受够了我，觉得我应该被免职，我将泰然自若地接受这个决定。但是恰恰相反，我必须警告大家，正如我在五年前刚就任时所做的那样——没有人知道战争会持续这么久——我们还有许多事情要做，如果你们不想再次陷入惰性的泥潭，目标的混乱，和对伟大成就的恐惧，就必须准备好为伟大的事业付出更多牺牲，更多灵与肉的努力。你们千万不要以任何方式放松警惕。虽然假日的欢庆对人的精神十分必要，但也必须增强适应变化的力量，有了这种力量，每个人才能重新回归自己的工作岗位，才能保持对公共事务的关注和看法。

我们已经在欧洲大陆上保证，促使我们参战的那些简单而光荣的目标，在胜利后的岁月中不会被抛弃或忽视，"自由"、"民主"和"解放"这些字眼，不会被曲解，偏离我们曾理解的真正内涵。如果法律和正义未得伸张，如果极权或警察式政府取代了德国侵略者的位置，惩罚希特勒主义者的罪行就没有任何意义。我们并不为自己谋求任何私利，但我们必须保证自己为之奋斗的事业在和谈桌上得到事实和语言的承认。最重要的是，我们必须为在圣弗朗西斯科创建的联合国这样的世界组织辛勤工作，让它不致成为一个虚名，不致成为强者的盾牌和弱者的笑柄。既然是胜利者，就必须在光芒四射的时刻审视自己的内心，必须配得上自己拥有的高尚而巨大的力量。

我们千万不要忘记最重要的事，日本虽已疲惫不堪，屡战屡败，却还有上亿国民，对其中的好战分子来说死亡并不怎么可怕。今晚我无法告诉大家，我们还需要多长时间、付出多少努力才能迫使日本人为他们可耻的背叛与残忍做出补偿。我们与顽强抵抗了这么久的中国一样，已经遭受到可怕的伤害，荣誉的约束、与美国兄弟情谊的紧密联系，让我们在世界另一端与日本人毫不气馁地战斗。我们必须记住，澳大利亚和新西兰、加拿大曾经并正在受到这股邪恶力量的直接威胁。在我们最黑暗的时候，他们曾伸出援手，现在对于保卫他们国家的安全和人民的未来，我们自然责无旁贷。五年前在危机关头，我向大家袒露实情时，大家并没有退缩。我若不继续呐喊，就配不上你们的信任和慷慨。所以，继续前进吧，绝不退缩，坚定不移，永不服输，直到完成全部使命，直到迎来安宁澄明的世界！

第五部分
风格多样的演讲

丘吉尔演讲集

1945—1955

25.
再次竞选

"某种盖世太保的形式"
BBC，伦敦，1945年6月4日

    欧战的结束很快带来了丘吉尔辉煌战时任期的终结。工党直到日本战败后才决定继续留在联合政府里，因此丘吉尔在5月23日正式辞职，并立刻受邀组建看守内阁。6月15日议会解散，大选于7月15日举行，10天后丘吉尔和艾德礼都飞往波茨坦，选举结果于7月26日公布。

    大选期间，丘吉尔作为保守党领袖四次发表广播演讲。其中的第一次因其对工党恶意十足的攻击而令人难忘。克莱门蒂娜·丘吉尔恳求他删去"盖世太保"那一段，但徒劳无益；《泰晤士报》也对他从国家领袖到党派政客这种"令人不快的突兀转变"表示遗憾。丘吉尔的医生查尔斯·威尔森爵士认为，这次演讲表明他这位杰出的患者又一次失去了理智，"只好求助于谩骂"。

    虽然艾德礼在第二天晚上做出了非常有力的回答，大家当时却根本不清楚，这次声名狼藉的广播是怎样深刻地影响了选举的结果。有些保守党人的确赞同这次演讲的观点，但它却极大地破坏了丘吉尔宽宏大量的名声，令人不安地想起他那出了名的缺乏判断力，而且对他做反对党领袖的几年来说也不是个好兆头。

失去这么多在五年联合政府中一起效力的好朋友，我深感遗憾。在整个夏秋两季都保持"选举热"是不可能的。这次选举对所有参与者来说都持续得够长了，我估计，许多民众在我们撑到选举日之前就会对它兴味索然。

我衷心希望在对日战争结束前，我们能够继续团结一致。从另一方面来说，经过了这么多年的战争，考虑公众的利益才是我们的崇高责任。解除我的这一职责必须经过三大党派的一致同意，也许还要经过官方盖洛普民意测验的进一步强化。我敢肯定，结果将是公众一边倒地要求我们坚持到底，完成工作。那样我马上就可以说"一年之内都不会有选举了"，或者诸如此类的话。

我知道我的许多工党同事都很高兴继续与我合作。另一方面，一段时间以来，整个社会党一直渴望在政治征途上大显身手，同时大量民众觉得，拒绝他们投入渴望已久的选战似乎对他们的健康不利。因此我们将尽自己最大的能力奉陪到底，给予他们战斗机会。

朋友们，政党一直在我们的国家事务中发挥着重大的作用。政党关系一向被视为光荣的纽带。有人怀疑，一旦对德战争结束，一旦导致联合政府产生的那个迫在眉睫的危险停止，国内互相矛盾的党派立场就会抬头。因此，我们的社会党与自由党朋友感到自己必须将党派置于国家之前。他们已经离开了，剩下我们继续承担国家的重任。

因此，完全如我两年前说的那样，我组建了另一种形式的国家政府，不再依靠三党官方机构的协调一致，而是依靠保守党以及任一党派或无党派的，所有打算献计献策的有识之士。我要求全国所有的支持者真心实意地将国家放在首位。这才是一个国家政府。我本人将作为保守党和国家的候选人参选。其他人可以选择称自己为国家的或国家的自由党的候选人，那些在投票日支持我们的人将投票给国家而不是政党。

为什么我要求称这届政府为"国家的"?首先,因为那些离我们而去的人只是因党派立场而离开。其次,因为多年来一直在国内称雄的保守党,情愿抛弃党派感情到了这种程度:新一届政府中三分之一的阁员都不是保守党成员。他们当中许多人非常能干,没有他们的帮助我们无法渡过战争难关,他们不愿意在党派的意义上称自己为保守党,而宁愿称自己为"国家的"。许多原本有望升任高位的保守党员为了帮助危难中的国家,心甘情愿地接受了自己政治生涯的中断。

我对自由党的所作所为感到特别遗憾。在我们和正统社会党之间存在着教义上的巨大鸿沟。在保守党及我组建的国家政府与自由党人之间,却并不存在这样一条鸿沟。很少有哪个曾激励从前那些伟大的自由党领袖的自由主义观点,没有得到我们的继承和捍卫。最重要的是,我们在国内与国外都是自由的捍卫者。英国宪法的全部指导原则都得到了我们双方最高程度的认同与执行。

自由党过去什么时候提出过像我们的四年计划那么大规模、那么热情、那么大胆的有如社会改革一般的政治纲领吗?说实话,我觉得格莱斯顿先生会对此退避三舍。他会认为这样走得实在太远。但是好在我们还有罗斯伯里和劳合·乔治高举其先辈的旗帜前进。

那么,自由党为什么要把我们一脚踢开?为什么他们离开了战斗前线?无论如何,为什么他们不能与我们坚持战斗,直到彻底打垮日本人的残酷统治,直到我们为苦难的欧洲找到某种过得去的生路的时候呢?我遗憾地告诉大家,他们已经屈服于权宜之计的诱惑,为得到更多的下议院席位而不惜一切代价。当然,这对政治家来说十分自然。还有一点也很明显,这两党在投票中越是棋逢对手,自由党讨价还价的力量也就越大。这显然就是自由党人辛克莱-贝弗里奇一直把批评矛头指向我们,特别起劲地反对我们的奥秘。他们要诽谤的就是我们。

我实在感到遗憾,看到我的朋友们发展出这么一条战线,而我却一直珍视并竭尽全力去努力实现或捍卫那个党的许多理念。我一点儿都不怀疑,自由党中一大部分人会选择以国家大局为重,依然与我们一起继续工作,承担重任。

但我请求这片土地上各个地区的自由党人,我请求他们扪心自问,他们与一个将要完成四年计划的英国政府,一个被热爱自由所鼓舞,发誓要成为公平与慷慨之媒介的政府,到底有什么分歧?与一个以绝对拒绝传统自由主义为原则的社会党政府相比,这个政府对祖先的忠诚难道不及后者?让他们借着过去著名自由党领袖演讲的光芒,认真思考一下这个问题吧!当疲惫的自由党斗士看到自己的思想不断得到有识之士和胜利国家的认可,从心底涌起一股暖流时,让他们认真地思考一下这个问题吧!

朋友们,我必须告诉你们,社会党的政策与英国自由理念格格不入。尽管它大体上是本世纪早期由那些具有深厚的自由主义与激进主义基础的人们所提出,但社会主义无疑与极权主义和极度的国家崇拜不可分割地交织在一起。按照社会主义的基本理念,不单是各种形式的财产权将遭到打击,各种形式的自由亦会遭到挑战。

看看今天,他们是多么强烈地渴望着控制一切,似乎这些都是美味的食物而非战时的负担与恶果。他们想达到一种状态,即所有人生活中的一举一动都得听从指挥。这种状态将产生极端的雇主、极端的计划者、极端的管理者和统治者,还有极端的决策老板。

这台机器一旦掌权,就会为每一个人开处方,告诉他们去哪儿工作,做些什么;他们可以去哪儿,他们可以说什么;他们应当持何种观点,又应在什么限度内表达;他们的妻子要去哪儿排队等候国家配给;他们的孩子要接受什么样的教育来塑造人类自由观,规范未来行为。一个普通公民或国王的臣民,该如何挺身反抗这种可怕的机器呢?

在古老的英格兰,在大不列颠(古老的英格兰构成了其中最显眼的一部分),在这个光荣的岛屿上,这个全世界自由民主的摇篮和大本营,我们不愿意被严格管制和命令,不愿意生活中的一举一动都被开处方。实际上,我们惩罚罪犯也只是把他们送到乌姆乌德监狱和达特姆尔高原,他们在那儿会得到全职工作,内政大臣还会安排好他们的膳宿。

我主张个人在法律允许范围内最大限度的自由,法律由自由选举的议会自由通过。我主张普通人有权说出对政府的看法,不管其多么强势,如果他认为自己能让国家更美好,如果他能说服足够多的人为自己投票,他完全可以干脆地取而代之。

可是你们会说,看看这次战争中我们做的事情吧。难道你刚刚描绘的那些罪恶不是始终陪伴着我们的日常生活吗?前线的战争恐怖的确没有结束,它们蔓延到了国内,侵蚀着我们生活的根基,各地的民众都为了共同的目标放弃了权利与自由。但这是因为他们的国家面临生死存亡,或者,他们是为了其他土地上的自由事业,将权利与自由作为牺牲慷慨地奉献出来。社会主义状态的确在战时发挥了很大作用。只要能救国,我们甘愿受驱遣。但当战争结束,危及生存、迫在眉睫的危险已经清除的时候,我们就卸下了这些于生死存亡之际强加于自己的枷锁与负担,走出黑暗的战争洞穴,大步跨进轻风吹拂的田野,那里阳光灿烂,所有人在那和煦的金色阳光里快乐地漫步。

我确信,当我们目前的对手或攻击者看到他们自己的去向,看到他们打算带我们去的地方,他们中许多人会深感震惊。因此他们采取了权宜之计。他们说,"让我们将自己凭借席位多数比例而控制的一切都国有化吧,将英格兰银行转入可信赖的政治家手中,我们要往前走,看看下一步会发生什么"。没错,你们的确会看到下一步发生的事情。

让我来告诉大家吧,一旦这样的政府开始胡乱折腾英国的信用,而且不顾事实、数据或民心,按照自己的要求操纵它,这个国家通过勤俭节约或辛苦工作积累下一份储蓄金的男人或女人,无论那数额是多少,没有一个会眼睁睁地看着它缩水,没有人会冒这个险。

格林伍德先生两年前说——后来我为此谴责过他——"英镑、先令和便士是毫无意义的符号。"所有这类"无意义符号"的言论都非常危险,会帮助一个已经控制了英格兰银行的此类政府发行纸币,而此举将毁灭任何人在这个国家积攒的全部积蓄,一点儿残渣都不留。

新的国家政府坚决保持英镑的购买力,我们宁愿将他们能承受的最沉重的赋税强加于各个阶层无论贫富的人,也好过堕入通货膨胀的疯狂之中。

我提醒各位,如果你们投票给我和我的同事们,我们并不能保证未来一定是富足轻松的日子。但另一方面,你们也无需担心英镑、先令和便士变成"无意义的符号"。相反,我们一定要做到的就是:通过汗水、辛劳和技艺挣到或通过克己节约下来的所得,一定有权力买到以同样的汗水、辛劳和技艺创造的产品。我们还要特别留心反对不公平的回扣和垄断,我们将通过反垄断法来保护普通老百姓的利益。

朋友们,我被迫讨论了不同的生活和政府理念。那是因为这些理念首次向我们提出了挑战,以一切形式"对抗异己者"。但现在我必须回到我们面前的工作上来。我们到底要做些什么?我们现在到底要做些什么?

我们必须将饱受战争之苦的士兵带回家,而且一定要献出我们拥有的每一分力量和心血,以确保他们看到食物、家乡和工作都在等待他们。纠正上一次错误的最佳遣散方案已经起草。贝文先生已经制订出一个旨在公平公正对待不同士兵,而且避免了过分复杂的方案。然而,他留待我们完成的是一项多么可怕的任务啊！

在遣散部队的同时又增加了一项不得不完成的任务：组建一支新的部队出海，与美国兄弟一起，消灭世界另一边的日本暴政。这是一个极其艰巨的任务。

然后，一本正经的人们又出来说，我们应该让工厂运转起来，为国内和出口贸易提供各种新式服装和日用品。那我们的粮食又该怎么办？即便是在战时压力下，我们也只种植了三分之二。不管怎样，我们可以设法去海外购买粮食和原材料，那我们又打算怎么付钱？我们的海外投资大部分都献给了共同事业，在那个年月，那个令人难忘的、无情的年月，当我们独自抗击强大的希特勒和他的跟屁虫墨索里尼时，我们卖掉了手头的每一种资产。我们付出了所有，我们已经将全部力量投入到这次大战之中，我们已经到达了伟大胜利的某一个停车站。

然后，我们有了四年计划，我们要凭借所有耐心艰苦的工作，将它变成法律，转化为行动。所有这一切都是明确、现实而艰巨的任务，它需要我们从自身所能压榨出的每一寸力量，需要优秀的管理，还需要最重要的，良好的同志关系。

对重建和重组的伟大事业大加挞伐，这将是何等疯狂的一件事！让自己卷入尖锐的政治和党派斗争，而这斗争必定伴随着将革命强加于日常生活和英国体制的企图，又是何等愚蠢！我们真的不能等待另一次大选吗？过几个星期或几年，世界不会灭亡。自由讨论的过程会表明，谁的担心或谁的希望更有根据。我们就不能让欧洲的事情了结，让不列颠安静下来吗？在我们投入这场充满仇恨的内部斗争之前，让我们专注于现实和眼前的行动吧，保证在凝视星辰时不要辜负我们对兄弟命运的责任。

继续前进吧！就让这些梦想家留在他们的乌托邦或恶梦中吧。让我们心甘情愿地去完成正压在我们肩头的繁重工作。也让我们向即将回到故乡茅屋的战士保证，他们将拥有朴实无华但稳定可靠、受到精心保护并足以抵挡灾难的幸福生活，不列颠人将继续为自己与自己所爱的人自由地规划人生。

26.
战争总结

"我们为什么要害怕未来?"
下议院,1945年8月16日

1945年7月26日,形势很快明朗了,保守党已在竞选中惨败。丘吉尔立即提出辞职,但仍决定继续担任保守党领袖。议会在8月1日开会时,保守党给予他非常热烈的欢迎。然而,丘吉尔的突然解职带给世人的震惊很快被远东的大事超越了。两周之内,原子弹投向广岛和长崎,日本政府于8月15日投降。

第二天,现任首相克莱门特·艾德礼,在下议院对丘吉尔的工作和演讲表达了慷慨的赞美:"他以不朽的语言,生动地表达了大家共有的情感。"作为回应,丘吉尔发表了最后一次伟大的战时演讲。它雄辩有力,幽默诙谐,宽宏大量而饱含政治家风度——是对战争与和平,国际国内形势的权威总结,与前不久"盖世太保"的广播恰成对比。

克莱门蒂娜·丘吉尔说它是"议会开幕上精彩、动人、庄严的演讲。他又恢复了1940—1941年的口才。议会里那些相当害羞而又紧张的新成员听得全神贯注,如醉如痴,对他肃然起敬"。它更是一次不同寻常的演出,因为丘吉尔本人此时其实极度沮丧,他对自己的失败不满,想念自己的工作,怨恨普通公民选举免去了他的职位。

我们有责任向陛下的政府表示祝贺，由于对日作战的完全胜利与全世界和平的确立，我国未来的发展前景已得到极大改善。仅仅一个月前，我们还不得不以最快速度和巨大代价为远东的长期血战而做各种准备。在波茨坦会议的最初几天里，杜鲁门总统和我批准了由盟军参谋部呈交的作战计划，计划包括在马来亚、荷属东印度群岛和日本本土的一系列登陆行动及大型战役。欧洲在这些行动中付出的努力无人能超越，没有人能估量英美两国人民需要付出多少生命和财产的代价，更没有人能知道，突破诸多日本占领区尤其是其本土的抵抗，还需要多长时间。全世界从战争走向和平的整个过程始终被妨碍、被拖延，每一种争取和平的努力似乎都被战争那压倒一切的优先权扼杀了。面对这种严酷而主宰一切的不确定局面，任何明确的决定都无法做出。

最近三个月来，一种令人困惑的双重性使每个涉及政策与管理的问题复杂化了。我们不得不同时为和平和战争做计划。庞大的军队正在遣散中；而另一支强大的军队正准备派往地球另一边。百万大军日益迫切地渴望回到家乡；数十万将被派往残酷的远东新战场的人，也显得日益紧张。这种双重性也影响到了我们经济和金融生活的各个方面。如何让人们在恢复日常生活中自由地行动，同时又满足对日战争的严格要求，成为我有生以来面对的最难解也最令人痛苦的谜题。

我承认，一个月前我对这件事抱有极大的忧虑。但从那以后，我的负担减轻了。7月17日，在波茨坦焦急等待的我们终于听到了原子弹在墨西哥沙漠成功试爆的消息。超越所有梦想的成功，为我们的盟军美国这次悲壮的冒险画上了圆满的句号。墨西哥沙漠试验的详细报告几天后空运到我们手中，看到它的极少数人无疑会留下一种印象，即人类事务中出现了一种全新的因素，我们得到了一种不可抗拒的力量。按照英美协议，大不列颠有权参与协商这一问题。使用原子弹的决定由杜鲁门总统和我本人在波茨坦共同做出，我们批准了释放这一被禁锢的可怕力量的军事计划。

从那一刻起,我们对未来的展望就改变了。杜鲁门总统、史汀生先生①和我本人都为这次试验的结果准备了声明,这些声明以共同协议为框架,后来都向公众广播了(承蒙首相先生的好意)。斯大林元帅由杜鲁门总统告知,我们打算使用一种威力无比的爆炸物对付日本,事件的进程我们现在都已知晓。在促成对日战争突然结束的因素中,原子弹比其他任何因素都更重要。

在使用原子弹之前,首先有必要以最后通牒的形式通知日本,无条件投降意味着什么。这一文件于7月26日——就在同一天,引起议会各方不同意见的另一件事(指大选结果和丘吉尔辞去首相)发生了——发布。我们对日本无条件投降给予的未来保证已经慷慨到了极点。当我们想起日本军阀完全无端地攻击美国和大不列颠时那种残忍和阴险,这些保证一定会被认为是高度的宽容。简而言之,这些保证意味着"日本仍然属于日本人",甚至允许他们在人口稠密的本土使用控制范围以外的原材料。考虑到即将使用的这一战争武器的全新和可怕,我们感到应当提供一切不违背已宣布政策的条件,诱使对方投降。在使用这一恐怖的武器之前,我们的良知要求我们必须这样做。

第二,通过反复警告,通过猛烈轰炸,我们竭尽全力敦促平民从被威胁的城市大批撤出。因此,在使用原子弹之前,我们曾尽一切人道的力量去挽救日本平民的生命。有些人坚持说根本不应该使用这种炸弹,我本人实在不能苟同。六年的全面战争已让大多数人确信,如果是德国人或日本人发现了这种新武器,他们会欢天喜地地用在我们身上,让我们彻底毁灭。令我惊讶的是,正是这些极为尊

---

① 史汀生(1867—1950):1929—1933年任美国国务卿。他不承认日本扶植的伪满洲国。第二次世界大战爆发后,他主张支援反法西斯国家。1940—1945年任陆军部长,动员美国工业转入战时轨道,主张尽早开辟第二战场,反对彻底毁灭德国的摩根索计划。他负责监督原子弹研制,建议对日实施核突击。

贵的人，在通常情况下绝不愿亲自上日本前线的人，竟然会认为我们宁可在日本入侵的惨败中牺牲一百万美国人和二十五万英国人的生命，也不应该扔下这颗炸弹。未来的人们自会判断这些恐怖的决定，而且我相信，如果他们发现自己居住在一个战争已被驱逐的更幸福的世界，一个充满了自由的世界，他们一定不会谴责那些为了他们的利益，在这个阴森残酷的纪元里与恐怖和苦难奋力斗争的人。

原子弹带来了和平，但和平还要靠人类自己来维护。从今以后，人类维护和平要靠这样的惩罚——如果有人胆敢发动战争，不但会危及文明的生存，还会威胁到人类自身的生存。我完全同意总统的看法，目前，原子弹的秘密应当尽可能不要透露给世界上任何其他国家。这绝不是图谋霸权，而是为了全世界的共同安全。每个国家的研究和试验进程都不可阻挡，尽管研究工作毫无疑问会在许多地方取得进展，但将理论转化为行动所必需的大型工厂在任何国家都不可能一蹴而就。

出于这个及许多其他的原因，美国此刻站在了世界的顶峰。本该如此，我为之高兴。就让他们不为自己，只为他人，为每一片土地上的每一个人，尽量发挥他们的力量，履行他们的职责吧，更光明的一天将照亮人类的历史。据我们所知，美国现有的具体发展水平至少比世界上的其他国家超前三年，也许是四年。在这三四年里，我们必须重塑所有国家、所有地方的人际关系，我们必须让所有人抛弃那种卑鄙的、为时代所唾弃的野心，防止因意识形态的巨大分歧而互相发动战争。具有最高权威的国际组织会给全世界带来和平，会在人们中间做出公平裁决。我们的朝圣之旅已经将我们带到世界历史上一个巅峰时刻，从最卑微到最伟大的所有人都必须竭尽全力，去争取这些极其宝贵的机会。我们没有一个小时可以浪费，没有一天可以失去。

在我看来，暗示使用原子弹加速了苏联对日宣战，是错误的。此前相当长一段时间，我在与斯大林元帅交谈时既已达成协议，苏联会在德军投降三个月内对日宣战，推迟三个月当然是因为，需要利用西伯利亚大铁路运送大量援兵，使苏联远东军从防御性力量转化为进攻性力量。三个月是我们提到的时间。德军在5月8日投降，苏联人在8月8日对日宣战，这一事实并不是巧合，而是斯大林元帅和他的英勇军队始终尽职、准时地履行其军事承诺的又一个明证。

现在我要谈谈波茨坦会议的结果，它们已经在约定的公报和杜鲁门总统一周前举世瞩目的演讲中公诸于众。会议一致通过了在临时军政府期间由盟军控制委员会管理德国的提议。这一管理体制只是暂时性过渡。希特勒纳粹党的独裁性质几乎摧毁了德国人民所有的独立因素。战斗一直拼到最后，人民大众被迫饮尽失败的苦酒，群龙无首的德国落入了征服者之手。也许还需要很多年才有可能重建和恢复德国国民的生活，因此胜利者也有充足的时间来考虑世界和平所受到的影响。

与此同时，我认为至关重要的是，让德国本地的组织有效地承担起责任，在盟军监督下继续维持广大人民生活所必需的生产和管理工作。盟军不可能亲自承担这一责任。我们不能让德国大众在今后好几年的时间里躺在我们手心里等待喂养，等待盟军的组织和教育。我们必须竭尽全力帮助他们防止饥荒惨剧。但是，我们自己这个小岛依然有一半食物需要依赖进口，指望我们在这方面做任何进一步的可观贡献恐怕是徒劳。这个国家的配给不能再做更多调整了，否则就会威胁到民众的生命和体力，我们必须完成的艰巨任务需要现有的配给。因此，我强烈建议，鼓励那些值得信赖的德国本地组织量力而行，承担起相应的责任。

由三、四或五个大国外长在波茨坦建立的理事会，以各种不同的组合举行会晤，为继续深入研究摆在我们面前的欧洲和亚洲问题提供了一个新颖而灵活的机构。我向大会提出将理事会永久秘书处设在伦敦，很高兴这一请求得到了批准。我必须说，前任外交部长（安东尼·艾登）长期以来日益得到苏联和美国外交部长的信任，他通过与位于伦敦的欧盟咨询委员会的接触，一直感觉到事情会以一种友好和轻松的方式解决。这几个大国最终同意将永久秘书处设在伦敦，外交大臣所做的一切是值得称赞的。现在正是伦敦作为国际事务控制中心之一得到承认的时候。它是最古老、最庞大、受损最严重的首都，战争中首当其冲的首都，我们早就应该得到承认了！

我也很高兴地看到，按照我们双方与波斯（伊朗）在1941年达成的三方协议，英国和苏联军队已经开始撤出。这一消息虽然并未出现在公报中，但我们听到了英苏军队已经开始或即将开始从德黑兰撤军的消息，这只是整个过程的第一步。这次会议还产生了其他许多应该作为圆满成果提到的事情。然而，我们不应该自欺欺人地以为，战胜国第一次会议的结果完全没有失望或忧虑，或者以为摆在我们面前的最严峻的问题都得到了圆满解决。那些确认无法在会议上达成一致的问题已经提交至外交部长理事会，尽管大多数情况下理事会都能减轻困难，但本质上它还是缺少影响深远的力量。其他严重问题留待最后和平时解决，到那时其中的许多问题也许已自行解决——虽然并不一定是通过最佳的方式。

战胜国对中东欧事态存在不可避免的分歧，隐瞒这一点既不可能又不正确。我根本无意责备首相或新的外交部长，他们的任务就是完成由我们开启的讨论。我敢肯定他们已经尽力了。我们必须认识到，三大巨头中的哪一个都不能将自己的想法强加于人，唯一可能的解决办法就是相互妥协。我们英国很早就已认识到而且不断认识到自己的力量和影响的局限性，尽管在这个脱胎于残酷战争的荒凉世界中，我们的力量和影响仍然很大。提出能让议会所有成员——无论哪个党派——都一致认为完美的解决办法，绝非任何英国政府能力所及。我必须明确表达自己的意见，目前达成一致的波兰西部边界，从波罗的海的什切青，沿奥得河及其支流西奈赛河延伸，包含了整个德国四分之一的可耕地，这对未来欧洲的版图并不是什么好兆头。在联合政府时期，我们一直期望波兰能够因割让寇松线东部边界给苏联，从而得到充分的补偿。但现在我认为政府已经犯下了错误，波兰临时政府是个鲁莽的搭档，他们做了许多不必要也不应该做的事。很少有什么优点是波兰人所不具备的——也很少有什么错误是他们曾避免的。

我接到报告说大批新波兰领土上的德国人正在被驱逐，对此我特别担心。战前有八九百万人居住在那些地区，波兰政府说在新边境范围内还有一百五十万人未被驱逐。其余几百万不得不向英美寻求庇护，因而加剧了我们防区的食物紧缺。但仍有大量人口完全下落不明。他们去了哪里？他们的命运如何？在驱逐苏台德和捷克斯洛伐克其他地区的大量德国人时，同样的问题将换一种形式重新出现。官方对已发生及正在发生事情的解释稀少而又谨慎，都经过了过滤，但大规模悲剧此刻正在将欧洲一分为二的铁幕后面上演，并不是不可能的。我欢迎首相能就这一令人非常忧虑且痛苦的事情做出声明，以减轻我们的忧虑，或者至少让我们了解情况。

还有另一重忧虑。我记得上次大战大约两周之前，了不起的造船巨头，德皇的朋友巴林先生告诉我，他曾听到俾斯麦在临终时说："如果欧洲再来一次大战，一定是起因于巴尔干的某件可恶的蠢事。"1914年，正是刺杀萨拉热窝大公的凶手点燃了第一次世界大战的导火索。我无法假设今天的巴尔干会不会存在新的矛盾因素。我不是在重复俾斯麦的旧话，但是对于这些混乱、无序而又好战的多山地区的新形势，下议院里恐怕不会有多少新成员感到满意。我并不想对此大谈特谈。我非常高兴地看到，新的外交部长（欧内斯特·贝文先生）正坐在对面前排座席。得知他已就任这一最为困难的职位，我感到非常满意。我坚信他会竭尽全力地维护我们长久以来共同推动的伟大事业。但正如我所说，并无太多议员会满意我提到的那些地区的形势，因为共产党几乎在其中每一处都已得到或正在得到权力。这并不意味着共产主义制度正在每个地方建立，也不是说苏联试图强迫所有的独立国家成为苏联的省份。斯大林元帅是个非常精明的人，我相信他和他的同伴为未来所做的贡献将不可限量。

那些在战争中四分五裂、动荡不安的国家，未来几个月可能需要专制的政府，否则就会陷入无政府状态。因此，要求或期待立即成立像英美民主国家一样的自由主义政府——就像拼写一个小小的"l"——是不合情理的。在这些国家，他们对待政治非常严肃。我的一位官员朋友，最近大选结果出来时正在萨格勒布，一位老太太对他说："可怜的丘吉尔先生！我猜他现在会被枪毙。"我的朋友让她放心。他说这判决可以减轻，可以采用陛下的臣民都能接受的劳动改造方式。虽然如此，在有关巴尔干和东欧的事务中，我们必须清楚自己的立场，我们的理想是民有、民治、民享的政府——人民无拘无束地表达意见，秘密投票不受威胁，这就是他们内心渴望拥有的政府形式。

当前——我相信只是非常短暂的时间——"警察政府"统治着许多国家。这是可憎的18B法案①实施过度的可怕结果。有一家人围坐在火炉边，享受他们少得可怜的辛劳成果，用他们能挣到的那一点点食物补充耗尽的体力。他们坐在那儿，突然有人敲门，一个全副武装的警察出现了。他当然与伦敦街头我们尊敬并服从的那种警察毫无相似之处。接下来，这家的父亲或儿子，或者坐在茅屋里的一位朋友，被叫出去带进茫茫黑暗之中，没有人知道他是否还会回来，他的命运又将如何。他们只知道，最好不要问。在波兰，在捷克斯洛伐克，在奥地利，在匈牙利，在南斯拉夫，在罗马尼亚，在保加利亚，这种恐惧此刻占据了欧洲几百万卑微家庭的生活。罗斯福总统主张的四种自由②，表达在我们一致同意的《大西洋宪章》中。"免于恐惧的自由"——在那里被解释成似乎只是免于畏惧外国入侵的自由。那是普通人最小的恐惧。爱国热情会支持他反抗侵略或战斗到底，但那并非今晚欧洲普通家庭的恐惧。他们害怕的是警察来敲门。这不是为国家害

---

① "18B法案"全称为"1939年18B国防法案"，是英国政府在第二次世界大战时实施的法案，规定政府有权拘留具有同情纳粹嫌疑的人。

② 即言论和表达自由、宗教信仰自由、免于恐惧的自由、免于匮乏的自由。

怕，因为所有人都能为保卫家园而结成战友。此刻，在如此众多的土地上，个人的生命和自由，个人的基本权利还在受到严重威胁，人们还在为此战战兢兢。

我们当然能与这届新议会意见一致，或者说无论我们坐在哪里，绝大多数都是如此——思想有分歧和裂痕是自然的——但我们一定能与新议会达成一致，议会要么让全世界失望，要么再次为拯救它而发挥作用。至于政府的形式及法律的施行，只有人民在普选中通过不记名投票自由表达的意愿，才是解决问题的首要方案和牢靠保障。就让我们沿着这条简单明了的道路稳步前进吧！我要坦承我对民主的信心，无论个人和党派怎么看待它。他们会犯错误，他们也会从错误中受益。民主现在遇到了前所未有的考验，我们必须在群岛上高举民主的大旗，就像我们在1940—1941年那些黑暗的日子里所做的那样，以我们全部的心血、所有的警惕，以我们全部持久而无穷的力量，捍卫民主。当战争还在继续，所有盟友都在为胜利战斗的时刻，"民主"这个字眼，像许多人一样，不得不加班工作，但现在和平已经来临，我们必须为它寻找更精确的定义。巴尔干诸国中有几个已经提议进行选举，但只允许一个候选人出现，如果其他党派想表达意见，执政党必须事先确保在政治警察和政治宣传的帮助下，让对方成为可能性最小且唯一的一个。我说了"可能性"吗？不对，是必然性。

现在正是英国畅所欲言的时候。对我们来说，政府必须设法维持统治而不是由大众自由地选举，这是很可憎的。美国宪法规定，政府的权力来自于人民群众，行使权力必须得到他们的同意。这一规定绝对不能消失在由奴役和杀戮支撑的骗局和谎言当中。在对外政策上，就让我们不停地敲响自由的音符，按照我们对自由的理解公平竞争吧。那样你们就会发现，我们在绝大多数问题上都能达成一致，我们将在这届议会里共同前进，为投注了人类生命全部尊严与幸福的光荣使命共同前进。我说这一切，是试图以直接的方式将我认为我们绝大多数人珍视的事情集中起来，和盘托出。我很高兴能为大家读一读美国总统表达同样理想的金玉良言：

　　我们在欧洲的胜利并不只是武器的胜利。它是一种生活方式对另一种生活方式的胜利。它是一种理想的胜利，这一理想的基础就是尊重普通人的权利，尊重人类的尊严，尊重这样的理念：国家是人民的公仆，而非人民的主人。

　　我认为我们之间并无多大分歧。在具体事件中我们关注的重点可能各有侧重，但这显然是新一届议会作为整体的意义。无论是从我们的内心和良知出发，还是从外交事务和世界问题的角度来考虑，这都是我们所渴望的。此刻，当和煦的阳光普照时，让我们还像在1940年不祥的阴影笼罩下那样团结一致，在善良慷慨之士的热情推动下，按照仍具活力的原则团结起来。所以，在我们拥有的全部物质力量和已经得到的尊贵地位之外，我们还要加上这些道德的力量，正是它们使人类更加光荣，让最弱小的人与强者平等共存。

　　现在我要谈谈国内事务了。我已经提到，由于对日战争迅速而突然的结束，新一届政府的任务大大减轻了。有多少亿白花花的英镑免于战争的浪费！有多少万人的生命幸免于难，多少舰船得以自由地载着战士回到家乡，将食物和关键的工业原材料运往世界各地！新政府继承的是多么卓越的机遇啊！就让他们的努力配得上他们的幸运吧，那也是我们所有人的幸运。去释放英国人无穷的能量和创造力，让国家正当的收入在人民的口袋里开花结果，在全国推广抵御意外和不幸的福利和保险政策，在需要国家计划的领域制订计划，为了增进理解和善意，将我国的精英引上易出成果的健康轨道——所有这一切新政府都可以放手去做，所有这一切我们大家都应该放手去做。我希望我们在国际和国内事务中，在一切问题上都尽可能地共同前进。

在"看守政府"时期，我们仍然不得不准备和日本进行十八个月的艰苦战斗，同时还要复审遣散计划，以便大大加快解散部队和工人的整个过程。现在，战争赶在这一切前面在全世界范围内结束了。我此刻必须说，"高雅演讲"（国王总结新政府政策的演讲）中有关遣散和1944年秋天所制订的计划——我原则上完全同意这个计划——的那一段，有些令大家寒心。如今我们已经拥有这奇妙的意外收获，若有政府还想当然地以为这些话仍然适合新形势，实在是令我惊讶。据我了解，美国总统已经说过，所有美国舰船能运送的美国部队都将在明年被运送回家并得到自由。陛下的政府现在能对我们国外的武装做出类似声明吗？或者，他们能做出什么样的声明？我不想过分烦扰他们，但也许下周某个时候他们能做出某种声明。首相一定会考虑此事。在竞选中人们对他们寄予了厚望，正是群众的厚望赋予了他们巨大的政治胜利。时间会证明这些厚望是否站得住脚，是否像我们深深相信的那样。但是我们发现自己身处完全变化了的环境之中，许多决定必须现在做出。政府的职责是，在今后的六到十二个月里在所有国外战场安排必须坚守的最小数量的部队，将其余部队以我们大大扩充的船运资源所允许的最快速度运送回国。

这个遣散过程甚至比国内建设更为重要。我非常同意，A等功臣们的感情一定是遣散问题上的决定性因素，但除此之外应该尽最大努力给那些无所事事的人们自由。我希望公共支出委员会能立刻重组，他们可以走遍全国检查国内建设并经常向议会报告。现在战争已经结束，无须再为保护军事秘密而阻止公开我们国内外海、陆、空力量的确切数字，我们自然应该掌握每周或至少每月的遣散进展数据。这对新政府来说是个扬名的好机会。上次大战结束时我掌管着陆军和空军，我定期发布非常准确的信息。我赞同现任外交部长在我的内阁里做劳工大臣时说的话，那就是，庞大的战争清理过程必须伴随着有条不紊的解散过程。我们一致认为，如果这个过程被迫以全速推进，政府就必须暂时行使非常权力，只要他们行使这些权力去完成肩负的管理和行政任务，我们就不会抨击他们。只有当这些权力被用于建立专制的社会制度，我们认为它会妨害英国的自由时，我们才必须进行抵抗。只要那非常的权力被当作战时紧急状态的一部分来使用，陛下的政府就会将我们视为帮手而不是对手，朋友而不是敌人。

说这些绝不是要减轻政府的责任，他们的职责是尽快解放国家，按照方案以最快的速度送战士回家，帮助老百姓以最好、最轻松、最迅速的方式恢复正常生活和工作。千百万服役的男女还遵规守矩地等待着，做着耗费公款的无用工作，其余好几万工资更高的人也在军队里寻找可做的乏味工作，因此这个过程不应该持续很长时间。我们渴望的是自由；我们需要的是富裕。自由和富裕——必须成为我们的目标。生产新财富远比阶级和政党为之争斗的清算旧财富更加有利，其规模大得无可比拟。我们必须努力共享幸福，而不是分担痛苦。

新财富的生产必须优先于共同富裕，否则就只能是共同贫穷。很遗憾，这些简单的老生常谈会刺激尊贵的反对党的一位议员——我在上届议会中经常关注他，他的许多美好品质经常令我钦佩——似乎它们对他来说有某种新奇感。

我们并不打算立即开始讨论"高雅演讲"中的立法提议。我们并不知道控制投资意味着什么——但它似乎是个令人高兴的话题。很显然，在战时，你可以做一件事，和平时期也许就必须考虑做另一件事了。还要考虑到我们正在经历过渡时期。针对演讲的讨论应该调查并引出政府对此事的意图。煤矿国有化的建议也是一样，如果这的确是以更低价格更快速度得到更多煤炭供应的最好方式，我就会怀着惺惺相惜的精神参与这项计划。政府将根据结果来判断，这一政策必须通过结果来判断。英格兰银行的国有化在我看来并未引起任何原则问题，我表达我的意见——其他人也可以表达他的意见。在美国和我们自治领的中央银行制度当中有重要的范例，但重要的是这种国家公有权的具体使用。对此我们必须等待财政大臣的详细说明，我很高兴大臣已经保证要抵制通货膨胀。同时，我作为反对党领袖表达意见或许是有益的,我们认为其他国家无须为国王的演讲中在此话题上的措辞感到惊慌,英国的信用将得到坚决维护。

还有一个问题是《劳资争议法》。我们得知此法将被废除。我个人觉得,工会在长期抵抗外敌时为国家所做的一切,让我们对工会的亏欠无法估量。但是他们想在原有基础上重建政治资本的确很不明智。如果他们还指望重获合法组织大罢工的权力,也会显得十分古怪。这并不能说明工会理事会对这个勇敢新世界的信心有多大,或者他们对工业国有化进步有什么想法,他们应该认为,在一位尊贵勇敢的绅士所说的"新不列颠的诺曼底登陆日"这一天,这个特殊的时刻,恢复并磨快"大罢工"这一武器十分必要。很显然,国有化并未被他们当作防止产生不可避免的大罢工和保护工人利益的保证。我认为,在国有化煤矿之后,我们还要处理铁路、电业和交通。但与此同时,工会觉得有必要重新装备。很显然,这个新时代对工薪阶层来说并不像我们被要求相信的那样幸福。无论如何,这些概念当中似乎存在着一种根本上的不一致,应该迅速被注意到。也许可以这么说,这些权力只有在托利党就职时才会被需要。现在就担惊受怕为时尚早。我会向首相请教,他是否能概括地告诉我们"废除"这个词是什么意思。

我已经向议会表达了我的意见,我并不想以阴沉的调子结束演讲,甚至连轻微的争议都不想存在。至于目前的局势,很明显,不但议会两党在主要的对外政策和国际事务的价值观上达成了一致,我们还制订了宏伟的计划,该计划由我们在联合政府中共同努力筹备,还需要将其诉诸法律,使其成为大众生活固有的一部分。我们在这里那里可能会有侧重点和观点的分歧,但总体而言,没有哪届议会能像今天下午这样在法律方面达成如此之多的共识。我对这一届议会寄予厚望,我也将尽我所能使它硕果累累。它可以治愈战争的创伤,充分地利用我们在这场风暴中形成的新理念和新力量。我不会低估面前任务的艰难和错综复杂,我太了解这个任务了,不会怀抱徒劳的幻想。然而,在我们得到这样一场胜利的次日，无论在个人渺小的生命中，还是在我们伟大的历史上，这都是光辉灿烂的时刻。这不仅是喜悦的时刻，更是下定决心的时刻。当我们回顾过去经历的所有艰难险阻，当我们回顾曾经抗击的强大敌手，回顾我们挫败的所有阴谋诡计时，我们为什么还要害怕未来呢？我们已经平安度过了最糟糕的岁月。

水手回家了，从大海上回来了，
猎人回家了，自深山中回来了。

27. 苏联的威胁

"铁幕"

富尔顿，密苏里州，1946年3月5日

  1946年初，丘吉尔决定缺席议会几个月。此前他接受了密苏里州富尔顿市威斯敏斯特学院的邀请，去做一次演讲。尽管他只是以普通公民的身份演讲，杜鲁门总统（密苏里是他的家乡）仍自告奋勇地向听众引见他。杜鲁门和丘吉尔乘坐总统专列一起出行，丘吉尔照例将演讲词修改到最后一刻。

  毋庸置疑，在丘吉尔所有的战后演讲中，这是最为重要、影响最大的一次。他广泛涉及国际热点，敦促联合国建立一支维护和平的部队；要求西方大国保守原子弹技术机密；认为英联邦和美国之间的"特殊关系"应当加强；强调英美必须清楚，"铁幕"已经横亘于欧洲大陆上。

  此次演讲既回顾过往，又正当世界濒临冷战边缘的时候，似乎毫无争议的是一场及时雨。但其发表之后，却引起了一片哗然。不出所料，斯大林对它大加指责；大多数美国报纸予以抨击；《泰晤士报》和许多工党议员也是一样。像往常一样，阿斯奎斯的女儿却比别人更欣赏它："无论人们是否愿意承认，它都说出了问题的实质。"的确如此，丘吉尔的话很快得到了证实。

我很高兴今天下午来到威斯敏斯特学院，也很荣幸贵校为我颁发了学位。

"威斯敏斯特"这个名字对我来说有几分熟悉,从前似乎听说过。①其实,正是在威斯敏斯特,我接受了大部分关于政治、逻辑、修辞及其他一两方面的教育。实际上,我们大家都在相同或相似,或至少性质相近的体制中接受过教育。

身为一名私人访客,居然由美国总统引荐给学界听众,这份殊荣恐怕是世间独有。总统先生肩负着如此繁重的职责和负担——他并未有意寻求但也从未退缩——仍不远千里亲自莅临,为我们今天的集会增光添彩,又给我这个机会向这个与我血脉相连的国家,以及大海另一边我的同胞们,也许还包括其他一些国家发表演讲。总统已经告诉大家,他衷心希望——我敢肯定你们也一样希望——我能畅所欲言,给这个令人困惑而焦虑的时代提出一点儿真诚的忠告。我当然会充分利用这一自由,而且觉得比任何时候都更有权利这么做,因为我年轻时曾怀抱的所有个人野心已经大大超乎梦想地全部得到了实现。不过,还是让我说明一点,我此行并无任何官方使命或身份,我只代表自己讲话。除了你们在这里看到的,我别无他物。

因此,让我根据我一生的阅历去思考彻底胜利后困扰我们的那些问题,尽我的余力来尽量保证,如此巨大的牺牲和苦难所换来的一切能够为了人类未来的荣耀和安全得以保存。

美国此刻正站在全世界权力的顶峰。这是美国式民主的庄严时刻。拥有最强大的力量,也就意味着对未来负有令人敬畏的责任。环顾四周,各位一定不仅体会到沉重的责任感,同时也感到深深的忧虑,唯恐以后的成就达不到这样高的水平。对我们两国来说,机会就摆在这里,清清楚楚,闪闪发光。拒绝、忽略或浪费它,都将为自己招来后世长久的责备。像战争年代那样,持之以恒的精神,一

---

① 英国有威斯敏斯特大学,威斯敏斯特宫又是英国议会所在地,所以丘吉尔在这里有点儿开玩笑的意思。

以贯之的目标,以及英明果敢的决定,才能引领和支配和平时期英语世界民众的行动。我们必须证明,我相信我们一定能证明,我们可以胜任这个严格的要求。

美国军方人士在处理某些棘手局面时,习惯于在指令的前面写上"总体战略构想"这几个字。这么做很明智,因为它可以使思路清晰。那么,今天我们应该铭记的总体战略构想又是什么呢?应当是所有土地上生活着的所有男女及其家庭的安全和福利,还有他们的自由与进步。在这里我要特别提到那无数的村舍或公寓,那里住着靠工资维持生计的人们。他们奋力与生活中的意外和困难抗争,以保护自己的妻儿免于贫穷,他们怀着对上帝的敬畏,在道德观念的深刻影响下养家糊口。

若想给无数这样的家庭带来安全,必须保护他们免遭两大灾难的威胁:战争和暴政。我们都知道,当战争的诅咒突然向养家糊口者和他的家人袭来时,普通家庭都陷入了那种可怕的悸动。欧洲变成一片可怕的废墟,昔日的荣光消失殆尽,亚洲的大片土地亦化为瓦砾,一切令我们瞠目结舌。当恶人的诡计、大国的侵略欲望迅速地瓦解了文明社会框架的时候,下层人民就面临着无法应付的困难。对他们来说,一切都扭曲了,一切都破碎了,甚至化作齑粉。

在这个宁静的下午,当我站在这里,一想到此刻上百万人正在何等苦境中挣扎,想到万一饥荒在此时降临将会造成何等后果,就忍不住全身颤抖。没有人能算出"不可估量的人类痛苦"到底是多少。因此我们的首要任务和职责,就是保护普通人的家园免遭另一场战争的恐怖和灾难。对这一点,我们一致认同。

我们的美国军方的同事,在宣布他们的"总体战略构想"并估算了可利用资源之后,一直在进行下一步工作——也就是说,具体措施。我们在这个问题上又达成了广泛的一致。一个以防止战争为首要目标的世界组织已经建立起来。联合国,国联的继承者,有了美国决定性的加入和随之带来的一切之后,已经正式开始了工作。我们必须确保它的工作卓有成效,确保它是事实而非骗局,确保它是一种行动的力量，而不仅仅是语言的泡沫，确保它是真正的和平圣殿，而不仅仅是巴别塔里的一个战场，确保有那么一天，许多国家的盾牌都能在那里被束之高阁。在我们抛弃为自我保护进行军事准备的顽固信念之前，必须确保我们的圣殿不是建在流沙或沼泽之上，而是建在磐石之上。任何明眼人都能看出来，我们的道路将艰辛而漫长，但只要我们像两次大战中那样并肩携手，坚持不懈——尽管，唉，在两次战争间隙不是这样——我相信，我们最终一定会实现共同的目标。

然而，我必须提出一个明确而实际的行动建议。司法和行政机关没有警察和行政官员就无法运转。因此必须立即为联合国配备一支武装力量。这件事，我们只能一步一步来，但我们必须现在就开始做。我建议，邀请每个大国派出一定数量的空军中队为这一世界组织服务。这些中队将由本国训练和筹备，但要在各国轮流驻扎。他们将身着本国制服，配戴不同的徽章。他们不会被要求对自己的祖国采取行动，但其他方面要接受这个世界性组织的指挥。这项计划可以小规模地开始，随着我们信心的增长而扩大。第一次世界大战后我就盼望看到它实现，现在我依然虔诚地相信它会立刻实现。

不过，将目前由美国、英国和加拿大掌握的原子弹机密委托给这个还在酝酿中的世界组织，将是错误和鲁莽的。任由它漂流在这个仍然焦虑不安、并不团结的世界上，将是罪恶的癫狂。制造它的知识、方法和原材料目前大部分都保存在美国手中，没有哪个国家的哪个人会因此而寝食难安。如果局势颠倒一下，有某个其他国家暂时垄断了这些可怕的力量，我不相信大家还能睡得这么香甜。仅仅是我们的恐惧，就可能轻易地被当作要挟，让他们将极权制度强加给自由民主世界，其结果之可怕超乎人类的想象。上帝已经决心不让这种局面出现，在被迫遭遇这种危险之前，我们至少还有喘息的时间来安排好内部秩序：即使事情真的发生，只要不遗余力，我们仍然拥有令人生畏的优势，仍然可以有效地遏制它的使用，或者使用它的威胁。最终，在必要而现实的保障下，当真正的兄弟情谊确实在世界组织中得到了有效的体现和表达时，这些秘密将自然而然地转交给那个世界组织。

我们不能无视这个事实：整个大英帝国公民个人所享受的自由，在相当多的国家还不被法律允许，其中有几个还非常强大。在这些国家，各种各样包办一切的警察政府对普通老百姓强加控制，毫无约束地行使着国家大权。在这个困难重重的时刻，强行干涉我们并未在战争中征服的那些国家的内政，并不是我们的责任。但我们万万不可停止以无畏的语调主张自由和人权的伟大原则，这一系列原则是英语世界的共同财富，它们在《自由大宪章》、《人权法案》、《人身保护权令》、陪审团制度以及英国法律之后，又在《美国独立宣言》中得到了最著名的表达。

这一切意味着，任何国家的人民都有权利，也有权力依照宪法，通过无记名投票的方式自由地选择或改变他们国家政府的领导或形式；它意味着言论和思想自由；意味着独立于行政机关不受任何政党左右的法院，应当执行已得到绝大多数人广泛同意或者经时间和习俗检验被奉为神圣的法律。这就是应当放入每间村舍小屋的自由的契约，这就是英美两国人民向全人类传达的信息。让我们宣扬自己实践的一切——让我们实践自己宣扬的一切！

……现在，我们都陷入了饥饿和痛苦，我们忧心忡忡，奄奄一息，这是那巨大战争的后果。但这一切都会过去，而且会很快过去。除非是因人类的愚蠢或非人的罪行，否则我们没有理由拒绝所有民族都开创并享受一个充裕的时代。我常常引用五十年前我从一位伟大的爱尔兰裔美国演说家那儿学会的一段话："地球是一位慷慨的母亲，她会为所有孩子提供丰富充足的食物，只要他们在和平公正的环境里辛勤耕耘。"到目前为止，我仍然完全同意这一点。

现在，当我们正在继续贯彻总体战略构想时，我要谈谈此行要讲的关键问题了。若没有我号召的英语世界兄弟般的大团结，要想切实地阻止战争并继续发展世界组织是不可能的。这意味着英联邦诸国、大英帝国及美国之间必须建立一种特殊的关系。今天不是泛泛而谈的时候，我将不揣冒昧地为大家细致分析。兄弟般的团结不仅需要我们两个庞大而血脉相连的社会体系之间的友谊不断增长，相互理解不断加深，还需要我们两国军事顾问保持长久的密切接触，以便共同研究潜在的危险。其中还包括相似的武器和训练手册，以及交换军事学院军官和学员的问题。还应当共同使用双方在全世界拥有的全部海、空军基地，使现有设施继续用于共同安全的目的。此举也许会使美国海军和空军的机动性翻一番，显著地提升大英帝国的军事实力。如果世界因此平静下来，还会带来重大的财政节余。我们已经在共同使用许多岛屿，在不远的将来，将会有更多岛屿由我们共同管理。

美国已经与加拿大达成了永久性防御协议，加拿大对英联邦国家和大英帝国也始终一心一意。这份协议远比许多在正式联盟中签订的条约更有效。这一充分互惠的原则应当推广到所有英联邦国家中。这样一来，无论发生什么，我们都能保护自己，并且能为我们珍视的崇高而单纯的事业共同奋斗，同时对任何人都不怀恶意。最终，全民自由平等的原则就会实现——我相信它最终一定会实现。除非我们愿意听凭命运的摆布，否则我们当中的许多人，已经能清晰地看到命运之神伸开的臂膀了。

可是还有一个重要的问题是我们必须问自己的。美国和英联邦的特殊关系会不会与我们对世界组织压倒一切的忠诚不一致？我的回答是，恰恰相反，这很可能是这个组织实现其最高地位及力量的唯一途径。我刚才提到，美国和加拿大建立了特殊关系，美国与南美的共和国也有特殊关系。我们英国也与苏联有二十年的《合作协议》和《互助》约定。我赞同英国外交大臣贝文先生的看法，就我们而言，这份协议最好是五十年。我们不为别的，只为互助与合作。英国与葡萄牙的联盟自1384年以来从未破裂，这种关系在上次大战中的关键时刻产生的作用卓有成效。这些关系没有一个与世界性协议或世界性组织的总体利益相抵触，反而对其大有裨益。"在我父的家里，有许多住处。[①]"联合国各成员之间的特殊关系没有任何侵略其他国家的意图，没有暗藏与联合国宪章龃龉的图谋，我认为这种结盟不仅有益无害，正相反，还必不可少。

我之前提到了和平圣殿。来自世界各国的劳动者必须建造起这座圣殿。如果这些劳动者中有两个相互特别了解，又是老朋友，如果双方的家庭互有交集，如果他们有"相互信任的目标，有对未来的共同希望，能够互相包容各自的缺点"——引用我以前读到的好句子——为什么他们不能作为朋友和搭档为了共同任务并肩工作呢？为什么他们不能分享自己的工具并因此提高双方的工作效率呢？其实他们必须这么做，否则圣殿就无法建造，即使建造也终将倒塌。如果我们再一次冥顽不化，将不得不第三次去战争学校中努力学习，而这一次将远比我们刚刚从中解放的那一次严酷得多。黑暗时代将卷土重来，石器时代会乘着科学闪闪发光的翅膀重新降临，科学在今天给人类带来多么无限的物质幸福，就会在那时造成多么彻底的毁灭。要小心呀！时间短暂！我们千万不能走上随波逐流直到为时已晚的道路。如果我们实现了我描述过的那种兄弟大团结，我们双方都从中得到了额外力量和安全保证，让我们一定要确保将这一伟大事实公诸于世，确保它在夯实和平基础的工作中发挥重要作用。这才是明智的道路。要知道，预防好过治疗。

就在不久前，一道阴影落在了被盟军胜利照亮的舞台上。没有人知道，在不远的将来，苏联和它的共产国际打算做些什么。我深深敬佩且尊重英勇的苏联人民，以及我战时的同志斯大林元帅。英国一直对所有苏联人抱有深切的同情与善

[①] 见《圣经·约翰福音》第十四章第二节。

意——我不怀疑这里也是一样——同时也有决心克服诸多分歧和障碍建立长久的友谊。我们理解，苏联人需要通过消除德国入侵的所有可能性来保证她西部边疆的安全。我们欢迎苏联在世界主要国家中拥有其合适的地位。我们欢迎她的旗帜在大海上高高飘扬。总而言之，我们欢迎苏联人民和大西洋两岸我们的民众之间保持长久、频繁、不断增进的交往。然而，将目前欧洲局势的某些事实摆在大家面前是我的责任，因为我敢肯定，你们希望我表明自己对这些事情的看法。

从波罗的海的什切青，到亚得里亚海的迪里雅斯特，一道铁幕已经横亘于欧洲大陆之上。分割线的后面都是中东欧古老国家的首都：华沙、柏林、布拉格、维也纳、布达佩斯、贝尔格莱德、布加勒斯特和索菲亚，所有这些名城及周边的人口都位于我所称的苏联范围内，他们都以这样或那样的形式，不但受制于苏联的影响，而且许多时候都听命于来自莫斯科的不断加码的高度控制。只有雅典——希腊以其不朽的光荣——在由英、美、法观察的选举中自由地决定了自己的未来。苏联主导的波兰政府受到鼓励，数百万德国人被驱逐出境，其规模出人意料。原来在这些东欧国家中规模很小的共产党，地位变得至高无上。

土耳其和波斯（伊朗）都因莫斯科政府对他们提出的要求和施加的压力而胆战心惊。柏林的苏联人还试图通过支持德国左翼组织领袖，在他们占领的地区建立一个准共产主义政党。去年6月战争结束时，美英盟军按照早前的协议，一直向西撤到距离四百里长的前线后一百五十里的某处，以便让我们的苏联盟军占领这片西方民主国家已经征服的广阔领土。

如果现在苏联政府试图单独行动，在他们占领的地区建立德国共产党，将会给英美占领区带来严重的新难题，也会赋予战败的德国人在苏联和西方民主国家之间讨价还价的力量。无论从这些事实——事实就是这样——中得出的结论是什么，这都肯定不是我们想要努力建设的解放的欧洲，也不是具有永久和平之必要条件的欧洲。

世界安全需要欧洲的新团结，任何一个国家都不应当被永久排除在外。我们亲眼目睹的世界大战，就起因于欧洲强大祖辈之间的争吵，先前发生过，如今又再现。我们在有生之年两次看到，美国违背欧洲人的愿望和传统，不顾争议和反对（那种力量我们不可能不了解），势不可当地加入了战争，及时地确保了伟大事业的胜利——只不过，是在骇人听闻的屠杀和破坏出现之后。美国曾不得不两次派遣它的几百万年轻人横跨大西洋来主动寻找战争，但现在战争却自动找上任何国家，无论在清晨还是黄昏。我们实在应该在联合国框架下，按照联合国宪章，以欧洲的大和解为目标而自觉地努力工作。我认为宪章是一项极其重要的开放政策。

在横亘欧洲的这道铁幕之前，还有其他事情令人忧虑。由于不得不支持铁托元帅对亚得里亚海顶端的前意大利领土的要求，意大利共产党受到了严重的束缚。尽管如此，意大利的未来仍旧悬而未决。此外，我们也无法想象一个复兴的欧洲会没有强大的法国。我在全部政治生活中，一直在为法国的强大而努力，我从来不曾对她的命运失去信心，即使是在最黑暗的时刻。现在我也同样不会失去信心。……这是任何人在胜利后应该铭记的严峻事实，尽管我们曾拥有那样辉煌的战友情谊，拥有自由和民主的理想。如果我们不趁现在还为时不晚时诚实地面对这些事实，就将是最不明智的选择。

远东的前景也令人担忧。在雅尔塔达成的协议（我是参与者）对苏联极其有利。但在当时没有人能说清，德国战争会不会贯穿1945年的整个夏天和秋天，大家预计日本战争在德战结束后还要再持续十八个月。贵国对远东局势了如指掌，又是中国如此忠诚的朋友，所以我无须赘述那里的情况。

我觉得，必须为大家描述一下笼罩在无论西方还是东方的这道阴影。在《凡尔赛条约》的时代，我是政府的高官，也是英国代表团团长劳合·乔治先生的挚友。我本人并不赞成当时的许多事情,但我脑海中对当时形势印象特别深刻,将其与今天的形势做个对比,实在令人痛心。当时我们希望满怀,信心无限,以为战争已经结束,国联无所不能。但在眼前这个憔悴的世界里,我看不到同样的信心,甚至感觉不到同样的希望。

另一方面,我也并不认为新的战争不可避免,更不认为它已迫在眉睫。既然现在有这样一个机会和场合,我感到我有责任大胆地告诉你们:我敢肯定我们的命运仍然掌握在自己的手中,我们还掌握着拯救未来的力量。我不相信苏联会渴望战争。他们渴望的是战争果实。但是趁现在还为时不晚,我们今天在这里必须考虑的是:如何永久性地预防战争,如何尽快在所有国家创造自由民主的环境。困难和危险不会因为我们紧闭双眼而消除,不会因袖手旁观而消除,也不会因绥靖政策而消除。我们需要的是真正地解决问题。耽搁得越久,解决它就越困难,我们的危险也就越大。

以我在战争期间对我们的苏联朋友和盟军的了解,我确信他们最佩服的莫过于力量,最鄙视的莫过于软弱,尤其是军事上的软弱。鉴于此,有关权力平衡的旧信条已经不再牢靠。即使我们能补救,我们也无法在余地很小的情况下避免受到军备竞赛的诱惑。如果西方民主国家严格遵循联合国宪章的原则团结一心,他们对促进这些原则的影响将是无限的,也没有任何人能够干扰。但如果,他们各自为战或者玩忽职守,如果放任至关重要的这几年悄悄溜走,那么大祸一定会吞噬我们所有人。

上一次,我看到了大祸将临,我向我的同胞和全世界大声疾呼,可惜人们充耳不闻。直到1933年甚至1935年,德国或许还能从噩运中逃脱出来,我们或许还能幸免于希特勒强加给人类的苦难。在人类的全部历史上,从未有过哪一次战争,能比前不久刚使地球上这么多地方都沦为废墟的这场大战,更容易被及时的行动加以制止的了。我坚信本可以不费一枪一弹阻止它的发生,而今天的德国将是强大、繁荣且光荣的国度。可是没有一个人听取我的看法，我们一个接一个，全部被卷入了那个可怕的旋涡。我们实在不该让悲剧重演了。这只能通过现在来争取实现，争取在1946年，在联合国组织的普遍权威下，就所有问题与苏联达成良好的谅解，通过英语世界及其所有关系的全力支持，使这种理解在未来许多和平的年月中维持下去。这就是我在这次演讲中恭敬地为大家献上的解决之道，我将其命名为"和平砥柱"。

请任何人都不要低估大英帝国和英联邦永恒的力量。不要因为看到我们岛上四千六百万人为食物供应所困扰；或者因为我们在六年热情战斗后重振工业和出口贸易遇到了困难，就以为我们无法度过这些匮乏的黯淡岁月，像我们度过那些痛苦而光荣的岁月一样。不要以为半个世纪后，你们就看不到七八千万英国人播撒到全世界，为捍卫你我赞成的生活方式和崇高事业，紧密地团结在一起。如果英联邦国家的人口都加入到与美国在全球空中、海上以及科学、工业和道德力量的全面合作中，国际权力平衡绝不会岌岌可危，给野心或冒险提供可乘之机。相反，我们将得到绝对的安全保证。如果我们忠诚地拥护联合国宪章，怀着沉着冷静的信念大步向前，不去追求一己的地盘，不去追求任意控制民众的思想；如果英国全部的道德信念和物质力量都以兄弟联盟的方式与你们联合，未来的道路将一片光明，不但对我们，对所有人都是如此，不但对现在，对未来的一个世纪都是如此。

28.
欧洲的团结

"令大家震惊的事"
苏黎世，1946年9月19日

1946年，丘吉尔大部分时间都在西欧各国访问，接受荣誉学位、勋章和礼物，受到公众广泛的尊敬。首次于1945年11月布鲁塞尔得到阐述的系列演讲的主题是：在第二次世界大战的大屠杀和大破坏之后，在苏联新威胁的阴影之下，欧洲大陆唯一的前途就是为它的居民创造某种"欧洲统一体"。

8月和9月，丘吉尔作为联邦政府的客人在瑞士度过了几个星期，在接受苏黎世大学的名誉学位时发表了这次演讲——其重要性和影响仅次于富尔顿的演讲。他再一次发出了对欧洲一体化的雄辩请求，但这回走得更远，提出了一个"令人震惊"的建议：过去那种民族主义的对立必须终结，法国和德国必须建立伙伴关系。

当纳粹的全部暴行刚刚在纽伦堡审判中被揭露的时候，不得不说这是个大胆而冒险的想法。《泰晤士报》评论说，它再一次表明丘吉尔"不惮以新奇甚至令许多人觉得放肆的话题，来惊吓这个世界"。但列奥·艾默里的看法更令人鼓舞："你的确点亮了火把，将希望的信息传给这个四分五裂的世界。"

今天，我想跟大家谈谈欧洲的悲剧。这片高贵的土地，大体上由地球上最公正、最文明的地区组成，气候温和宜人，是西方所有伟大民族的家园，也是基督教信仰和基督教伦理的发源地。它既是古代，也是现代文化、艺术、哲学和科学的发祥地。一旦欧洲团结起来分享其共同遗产，它的三四亿人民将享受无限的幸福、无限的繁荣和辉煌。然而正是在欧洲，爆发了由日耳曼民族挑起的一连串惊人的民族争端，就在二十世纪，我们的有生之年，我们已经亲眼目睹这些争执破坏了全人类的和平，玷污了全人类的前途。

欧洲已经沦落到什么样的困境当中了呢？一些较小的国家确实已经恢复了元气，但在更多地方，饱受折磨、饥肠辘辘、忧心忡忡而又不知所措，多得惊人的老百姓，正目瞪口呆地看着自己的城市和家园的废墟，同时紧盯着黑暗的地平线，害怕某种新的灾难即将到来。胜利者中间是巴别塔刺耳的争吵；失败者中间是绝望的沉默。这就是由许多古老民族和国家组成的欧洲，这就是日耳曼强权互相厮杀，大肆散播浩劫所得到的欧洲。事实上，若不是大西洋对岸的伟大共和国最终认识到，欧洲的崩溃和被奴役必定会将他们卷入同样的命运，于是伸出了救援与指引之手，黑暗时代一定会带着所有残酷和污秽卷土重来。也许，它们已经回来了。

然而补救的方法一直都有，如果它得到广泛而自发的采用，就会奇迹般地改变整个形势，还会在几年之内让整个欧洲或其一大部分像今天的瑞士一样自由、幸福。这个绝佳的补救方法到底是什么呢？那就是重建欧洲大家庭，或者尽我们所能为它提供一种体制，让它能够和平、安全、自由地存在。我们必须建立一种欧洲的联合国。只有如此，千百万劳动者才能重新得到让生命有价值的简单的快乐和希望。这个过程十分简单。我们需要的，只是无数男女下定决心弃暗投明，获得庇佑而非诅咒。

泛欧洲联盟已经完成了这一任务中的许多工作，该组织于康登霍维-卡尔基伯爵得益甚多，还指导着法国著名政治家和爱国者阿里斯蒂德·白里安的工作。其大量理论和程序上的做法，在第一次世界大战后按大家的厚望以国际联盟的形式得以实现。国联的失败并不是因为其原则或理念，而是因为这些原则被提出它们的那些国家所抛弃，因为当时的政府不敢面对现实，又不敢在时机尚可时采取行动。这种灾难万万不可重演。我们从中得到许多可资利用的知识和财富，当然也有代价高昂的痛苦教训。

两天前，我在报纸上高兴地看到，我的朋友杜鲁门总统表达了他对这一伟大设想的兴趣和赞同。欧洲的地区性组织无论如何都不可能与联合国这类世界性组织发生冲突。恰恰相反，我认为只有建立在自然组合的基础之上，更大范围的联合才能存在。西半球已经有一个自然组合了。这些组织非但不会被削弱反而会加强世界性组织的力量。实际上它们正是世界组织的主要支持者。为什么不应该建立一个欧洲组织呢？它能够赋予这片骚动的广阔大陆上人心涣散的民众更广博的爱国主义和普通公民权。为什么它不应该与其他伟大组织一起塑造人类的命运，从而找到自己应有的位置呢？为了实现这一目标，几百万操着多种语言的家庭必须自觉加入到极具信念的行动中来。

我们都知道，过去两次世界大战皆因刚统一的德国妄图称霸世界而引发。最近这次战争中犯下的罪行，自十四世纪蒙古人入侵以来从未出现过，人类历史上任何时代都无法与之相比。罪孽必须受到惩罚。必须剥夺德国重整军备的力量，绝不允许他们再次发动侵略战争。此事我们正在完成也一定会完成，但在这一切完成之后，惩罚和报应就必须停止。必须采取格莱斯顿先生多年前所说的"神佑的忘却"。所有人都必须忘记过去的恐怖。我们必须向前看。我们无法在以往伤害带来的仇恨中磕磕绊绊地度日。如果欧洲想要免遭无限的痛苦和最后的审判，就必须行动起来，相信欧洲大家庭；行动起来，将过去所有罪行和愚蠢行为彻底忘却。

欧洲自由的人民能达到人类精神、灵魂和本能的这一高度吗？如果能，冲突各方承受的错误和伤害将被大家承受的苦难冲刷干净。再承受更多创痛还有必要吗？这难道是人类永远都学不会的历史教训吗？就让这里充满公平、慈悲和自由吧，人们一心盼望这些，所有人终将实现他们内心的渴望。

现在我要说些令你们震惊的话了。重建欧洲大家庭的第一步，必须是法德之间建立伙伴关系。只有这样，法国才能恢复在欧洲的精神领袖地位。没有一个精神上伟大的法国和一个精神上伟大的德国，就不可能有欧洲的复兴。欧洲统一体的机制如果真正良好地建立起来，将会使单个国家的物质力量不再那么重要。小国将与大国旗鼓相当，凭借其对共同事业的贡献赢得荣誉。以联邦的形式因为互利而自由结合在一起的德国古老邦国与公国，将分别在欧洲统一体当中得到自己独立的地位。我并不想为千百万渴望幸福自由、繁荣安全的人民制订一个详细规划，他们希望拥有伟大的罗斯福总统所说的四种自由，希望按照《大西洋宪章》所体现的原则生活。如果这是他们的期望，他们一心想这么说，当然可以建立相关机制，将他们的愿望变成现实。

但我必须提醒大家。时间将是短暂的，目前只有喘息的空间。大炮已经停止发射，战斗已经结束，但危险却并未停止。如果我们想建立欧洲统一体，无论叫什么名字采取何种形式，我们必须现在就开始。

这些天来，我们一直莫名其妙而惴惴不安地生活在原子弹的庇护之下。原子弹依然只掌握在一个国家的手中，我们知道这个国家若非为了正义和自由的事业，绝不会使用它。但几年以后这种可怕的毁灭性手段可能会广泛传播，因几个敌对国家使用它而引发的大灾难，不但会导致所有的文明终结，还可能瓦解地球本身。

现在我必须总结一下呈现在各位面前的提议。我们贯穿始终的目标必须是建设并强化联合国的力量。在这一世界性框架之下及内部，我们必须重建地方体制形式的欧洲大家庭,可以将其命名为欧洲共同体。第一步是成立欧洲理事会。如果一开始不是欧洲所有国家都愿意或能够加入这个联盟,我们就必须着手召集那些愿意和能够参加的国家。将每一个民族每一片土地上的普通人从战争或奴役中拯救出来的行动,必须建立在牢固的基础上,必须由宁死不向暴政屈服并且时刻准备战斗的男人和女人来守卫。在所有紧急的工作中,法国和德国必须带头并肩前行。大不列颠,英联邦国家,强大的美国,我相信还有苏联——那就太好了——必须做新欧洲的朋友和支持者,必须捍卫欧洲存在并闪耀于世的权力。

29.
致敬乔治六世

"国王与死神同行"
BBC,伦敦,1952年2月7日

1950年2月的大选中,工党压倒性多数的优势大大减少。丘吉尔显然是受到1945年经历的磨炼,打了一场更有尊严、更克制也更有建设性的漂亮仗。1951年10月,议会再次解散,保守党重掌大权。但他们的优势很小,令人失望,实际上是工党赢得了公民普选更高比例的选票。但丘吉尔还是在76岁时第二次成为首相,1946年失败的耻辱终于得雪。

乔治六世于桑德林汉姆宫在安睡中离世的时候,丘吉尔刚就职几个月。他是个狂热而浪漫的君主主义者,据他的妻子说,大概是最后一位君权神授的信奉者。尽管在退位风波时他是爱德华八世坚定的支持者,他还是很快意识到了自己的错误,在整个第二次世界大战期间,他与自己君主的关系一直是友好而真诚的。

丘吉尔为国王的死深感悲痛,用了整整一天写这篇广播演说词。就像他自己承认的那样,他对演讲抱有"很多期望",这些期望没有落空。在这最后一篇事先精心准备的伟大悼词里,丘吉尔对听众内心的打动前所未有,特别是包括"国王与死神同行"这句的那一段,还有他最后提到年轻女王的那部分。

朋友们，当国王逝世的消息于昨天早晨公布于世后，我们的生命中敲响了深沉严肃的音符，这声音在四面八方回荡，让许多地方二十世纪生活的喧嚣与穿梭突然平静下来，使无数人驻足，茫然环顾四周。一种新的价值观瞬间占据了人们的脑海，凡人的生命，此刻同时展现了它的宁静与悲伤，辉煌与痛苦，坚韧与苦难。

国王受到所有臣民深深的爱戴。无论是作为一个人还是一位国君，他都在远远超出统治范围的地方赢得了广泛的尊敬。他的庄严风度，他的男子气概，他作为广阔疆域及联邦的统治者和公仆的责任感，他活泼的魅力和开朗的天性，他在家庭中为夫、为父的榜样，他无论和平时期还是战争年代所表现出的勇气——他人格中所有这些侧面，时而这里，时而那里，让无数关注着王室的眼睛闪烁着钦慕之光。

我们记得他在日德兰大海战中作为海军中尉的表现，我们记得他镇定自若，毫无野心也不无自信地承担了国王的重负，以无比的忠诚回报敬爱的兄长。我们记得，他研究国事履行职责时是那么兢兢业业，他对我国英名长存的贡献是那么重大，他知人论世又总是那么克己自制，他超脱于党派政治之上，又是那么关注它们。他判断孰轻孰重时是那么精明智慧。这一切我们都亲眼目睹，深深敬佩。他在王位上的精彩作为，堪为今日世界及未来世代立宪制君主的典范和楷模。

在乔治国王生命中的最后几个月，他忍受着肉体上的巨大痛苦和压力——每天都命悬一线——但他始终情绪高昂、无所畏惧——身体虽备受折磨，精神却完全不受干扰——这一切都给所有人留下了深刻持久的印象，同时也对所有人大有裨益。他如此坚强不仅依靠他那天生的乐观，还因为他那虔诚的基督教信仰。在最后的几个月里，国王与死神同行，仿佛死神是个伙伴，是一位他相识且并不畏惧的熟人。终于，死神作为朋友光临了，在阳光灿烂的快乐的一天之后，向他最爱的人道过"晚安"之后，他睡去了，像每个努力敬畏上帝、别无所求的男女一样，永远地睡去了。

人们离他越近，就越能清楚地看到这些事实。不过现代报纸和摄影技术使他的大量臣民都能饱含深情地注视他朝圣之旅的最后岁月。我们亲眼目睹他走向旅程的终点。在我们忧虑辛劳的生活中这一哀悼与追思的阶段，国王治下所有土地上的每一个家庭，今晚都将从他的坚韧和刚毅中得到安慰，未来则从中汲取力量。

乔治国王与他的臣民之间还有另一条纽带，他们不仅共同分担了痛苦和磨难，对人民的内心和家园来说弥足珍贵的，还有一个和谐大家庭的欢乐与骄傲。有了它，世界上所有烦恼都能忍受，所有考验至少都能面对。在这喧嚣纷乱的岁月里，没有哪个家庭比围绕在国王身边的王室更幸福，更受爱戴。

朋友们，我想在战争期间，没有哪位大臣能像我这样频繁地见到国王了。我确保他了解所有秘密事务，他用心而全面地掌握着每天如潮水般的公文，给我留下了深刻的印象。让我告诉大家另一件事吧。在白金汉宫遭到轰炸的某一天，国王陛下刚刚从温莎返回。庭院的一边被击中，他和王后正在对面窗后观看，如果那扇窗不是因为上帝的慈悲敞开着，他们就都会因碎玻璃而失明，而不是仅仅受到爆炸气浪的冲击。在当时的情况下——虽然我经常见到陛下——我却在很长时间以后才听说此事。国王陛下从未提起过这件事，而且从来不认为这比一枚炸弹在军中的一位战士身边爆炸更为重要。在我看来，这就是皇家品质最鲜明的特征。

毫无疑问，在几个世纪前既已成熟，或在我们有生之年涌现出的所有制度中，君主立宪制是基础最为深厚，也是我们整个共同体中所有人最为珍视的一个。在我们这一代人中，它被赋予了前人做梦都想不到的无比重大的意义。王权已经成为一种神秘的纽带——实际上，我要说是一种奇迹般的纽带——将看似松散却相互紧密交织的英联邦国家、民族和种族团结在一起的纽带。那些绝不容忍宪法对减少他们的独立有丝毫暗示的人们，却全部因自己对王权的忠诚而无比骄傲。

尽管有重重忧虑，尽管在我们小岛周围已经成长起一个强大的世界，我们还是得到过极大的祝福——一种难以捉摸，无法表达但实际作用非常明显、威力巨大的新团结元素，突然出现在我们中间。王位的占有者应当胜任这一至尊地位所要求的令人敬畏而又难以定义的职责。这一点不仅对英联邦和大英帝国的未来，而且对我们投身的世界自由与和平事业，都至关重要。乔治六世国王在位十五年，无论在国内还是国外，公开还是私下，在所有困境中任何时刻他都从未失职，他完全配得上举国上下在最后告别时向他致以崇高的敬意。

朋友们，此时此刻我们要向他的遗孀表达深切的同情。他们的婚姻没有王室的浮华或辉煌，却是爱的结合。实际上，摆在他们面前的是一种王室成员吃力的生活，他们不得不拒绝许多平民的活动，还不得不为仪式性的公共服务付出许多。请允许我无拘无束地说，今晚我们的满腔同情都要献给这位勇敢的女士，她的血管里流淌着苏格兰贵族的热血，她支持乔治国王度过所有艰辛和困难的岁月，培养了两个今天为父亲悲伤的美丽动人的女儿。但愿上天赋予她忍受悲痛的力量。对国王的母亲玛丽王后来说，她又失去了一个儿子——肯特公爵已经在服役时牺牲——看到国王完美地履行了职责，实现了她的期望，而且始终明白他对自己的一片关心，对她将是莫大的安慰。

现在，我必须放下过去的辉煌，转向未来。我们女王的统治早已名扬天下。我国历史上最伟大的几个时期就出现在她们治下。现在我们有了第二位伊丽莎白女王，也是在二十六岁时继承了王位，我们的思绪被带回到四百年前那个杰出人物身上，她的统治以许多方式体现并激发了伊丽莎白时代的伟大和天赋。伊丽莎白二世，像她的祖先一样，在童年时期对王位没有任何期待。但我们已经很了解她了,我们理解,为什么她和她的丈夫爱丁堡公爵能够在访问英联邦的部分国家时引起轰动。她已经被宣布为加拿大女王,我们也将提出自己的请求,其他国家也会跟进,明天她即位的消息公布后,将得到她的祖国和英联邦及大英帝国全体臣民的祝福与效忠。

而在威严、无敌、安宁而光荣的维多利亚时代度过青春年代的我,将会因那祈祷和歌声的再次响起而兴奋战栗:愿上帝保佑女王!①

---

① 《天佑国王》与《天佑女王》是英国国歌,丘吉尔此处是一语双关。

30.
演讲辩论
"时间、冷静、勤勉和警觉"
下议院，1953年11月3日

在伊丽莎白女王加冕之后，与美国在百慕大的会议即将开始之前，丘吉尔于1953年6月严重中风。起初他几乎生存无望，在查特韦尔庄园，他有好几个月无法行动，严重的病情有效地限制了他的所有社交，只有极少数挚友除外。由于当时安东尼·艾登自己也在住院，R. A. 巴特勒成了代理首相。然而令他的朋友和医生惊讶的是，丘吉尔居然开始慢慢地恢复了。

8月，他已经恢复到能够主持议会会议；10月初，他在马尔盖特的保守党会议上做了中风后的首次公开演讲。《泰晤士报》虽表达了意料之中的担忧，但依然评价这次演讲是"一次个人的胜利"。但丘吉尔还要准备面对下一个考验——在下议院演讲。有莫兰爵士的特殊药丸加持，他做出了第二个首相任期内精力最为充沛的一次演讲，演讲广泛涉及国内与国际事务，以有关氢弹威胁的庄严结束语收尾。

大多数议员对丘吉尔最近的病情一无所知，大家都被他演讲的气势与精湛技巧深深打动。就连亨利·夏农都承认它是"丘吉尔一生当中超凡脱俗的演讲，最重要的一次演出"。可惜，这样的演出已经所剩无几了。

我认为，反对党领袖①向议案发起人和附议者表达敬意时选择的措辞十分适当。在这一事务上表达议会的普遍感情总是很难找到新的字眼。因为它毕竟每年都发生，而且绝大多数好点子以前的场合都用过了。

我想我作为这些事情的见证人的时间比这里的任何人都长，当然不敢保证能想起什么全新的东西。然而这次我敢说，发起人简洁扼要地陈述了提案，附议者自然赢得了反对党领袖的充分赞扬，因为他将为我们对社会领域尤其是健康领域的讨论提供最有价值也是最重要的贡献。无论如何，我很感谢那位尊贵绅士提到我两位尊贵朋友时的方式，我很高兴一切都在如此平静美好而又友善的精神指导下开始了。我相信，我不会因为超出了必要的限制——将认识到的事实呈现给议会的限制——而心怀负罪感。

对演讲的讨论将持续到本周末，我得告诉议会，人们希望它在下周早些时候结束。发言的先生，我们的打算是在你的指引下既安排普通辩论，也安排对可能提出的修正案的讨论，以满足议会的期望。有人建议个人议员应该享有与参加会议同等的，提出法案与议案的权力。也许我可以利用这个机会通知大家，我尊贵的朋友，下议院领袖，明天将提出一项议案，规定个人议员在一年中二十个星期五有优先权，第一个将是11月27日那个星期五。

尊敬的阁下②提到的几件事在"高雅演讲"中已经提及，但不及他期望的那么充分。他说埃及问题被省略了。好吧，埃及谈判在休会演讲中曾被提及，从那以后就没有什么重要进展，但随着时间推移也许会有。

最高统治者也参与了评论。我没有在和平时期做首相的经验，我把更多重心放在各部门分类上，这样各部门首脑在和平时期官员少于定额时也能够处理公

---

① 指工党领袖艾德礼。
② 指反对党领袖艾德礼，英国议会讨论和发言中发言者提到其他议员时不能直呼其名，必须尊称对方为"尊敬的……"。

务。我认为我们从三位高贵爵士的服务中受益匪浅——尽管反对派不太相信,但三位先生尽了极大努力帮助推动公共服务。经过再三考虑,我认为将这个建议归还给提出它的尊贵阁下更好一些,也就是说,保持沉默交由内阁处理。

某种意义上这也适用于尊贵的阁下对原子能所说的一切,因为他的记录无论如何都可能被当作例证。他要求由议会控制原子能,但我们千万不要忘记,他执政期间政府花掉一亿英镑,却不让议会知道都做了些什么。我们执政这么短时间,当然还没学会这些诀窍。在政府权威领导下由公司来处理原子能问题,将于下周提交议会审议,届时将颁布白皮书和枢密院令。它们将为议会提供有关此问题的大量信息,我必须提醒尊贵的阁下,如果有人不得不为其中大部分负责的话,这些文件读起来可是非常困难的。

我注意到,这份议案的发起人和附议者以及反对党领袖都着重表达了他们对女王与爱丁堡公爵不久后盛大旅行的热情美好的祝愿。周游英联邦和帝国乃至全世界,如此旅行在我国历史上前所未见。毋庸置疑,在澳大利亚、新西兰和所有其他效忠于王权的地方,凡他们夫妇所到之处,都将有盛大的欢迎仪式等待着女王陛下。我们共同祝愿女王陛下和公爵旅途一路平安,并且在明年五月安全返回这片她忠诚地热爱着的岛屿。

在这届议会中,这是我第三次被要求在反对党领袖之后演讲。上次大选已经过去了两年。我们打算何时再来一次呢?(有议员说:"明天。")预见事件的未来进程总是困难的。更何况,为了现实目的,一个人还时常不得不尝试掂量诸多可能性,做出最佳的判断。我要毫不犹豫地说,从目前的政治事件看来,大选距离今天下午似乎要比两年前更遥远。

利用公众舆论中的任何波动以保证大选胜利,当然不是女王陛下政府的愿望或目的。两年前许多人认为很快会有另一场实力的较量,甚至不到一年就会出现。不到三年时间议会就出现了三次吵吵嚷嚷、代价高昂、千篇一律的骚乱。现在局势相当明朗，另一种期待占据了上风。

我们毕竟是根据《五年任期法案》被选举出来的——我一直支持这一法案。实际上，四十八年前的1905年，我按照十分钟规则[①]提出了一个议案，提议建立五年任期制代替后来成为法定任期的七年制。在我看来，"五年制"在议会任期太短和太长之间采取了中庸之道。

我们不仅是民主国家，还是议会制民主国家，我们政治生活的这两方面都必须铭记在心。像宪章派建议的那样每年举行一次大选，将严重地剥夺下议院的尊严和权威。它将不再是一个尽力解决国家大事并为国家行政提供稳定基础的立法机构，而是一个在不完全排除党派利益和个人野心的环境中寻找跳板的抓票机器。毫无疑问，选举是为了下议院而存在，下议院并不是为了选举而存在。我会将这一提议交由议会考虑。

如果说从前几个世纪情况就是这样，那么在这个多灾多难、一切都处于混乱变化中的二十世纪，就更是如此了。可怕的两次大战中，我们人员牺牲巨大，财力、物力枯竭。现在，只有我们两党双方心平气和、耐心研究、有条不紊，才能为全体人民提供持久的服务，并将我们对和平和美好的影响传遍这个战栗、骚动而迷惑的世界。

而且，在两党制占优势的时期，大约一千四百万人投票给托利党，另外一千四百万投给社会党（议员惊叹："啊！"）。我查阅过这个数字，我不会欺骗任何人。两党制占主导地位。我们不太可能假设其中一千四百万投票者占尽所有美德和智慧，而另一半是愚人或傻瓜，甚至无赖或坏蛋。这个国家的普通人民友好和睦地混居在一起，他们知道，党派政客在他们之间做如此严格的区分毫无

---

① 英国议会规定同一场辩论中，同一位议员只得发言一次，议长可将其发言时间限定在十分钟之内。

意义。即便是在形成宗派的议会里，想要阻止议员们友好相处，不让他们为共同难题和现代议会生活中的严重压力和付出而担忧，也是非常困难的。我们至少在这些方面是有共同语言的。

另一方面我敢肯定，解散议会的可能性如果完全被议会精神排除在外，将是一个错误。在有些国家，除非任期结束，议会是不能或几乎不能被解散的。解散议会是我们制度当中的优点，五年制议会的目的在于——按照惯例只有四年半——当国内外发生特殊情况时，能够准许甚至强迫国家采取紧急行动。

允许这届议会按法定时长运行，并不是想要排除在形势需要时必要的宪法诉讼。我的选举斗争经验比在座任何人都多，或者说比这个国家任何活着的人都多。议会选举，总的来说非常有趣。但竞选人在忍耐、辛苦工作与研究社会问题之余也应该喘口气。政治家们不时地为了站队而站队也许是好的，但这并非政治生活中的好习惯。并不能因此推断我们就应该合久必分。

我并不是在建议我们的目标是实现合并。我认为合并是个走得太远的美好愿望。我们的职责各不相同，有时还相互冲突。我们必须有益于各自的党派，但我们也必须保证有益于国家和人民。这两者无疑就是我们的职责所在。

在此，我恳求各位付出时间，冷静、勤勉和警觉，也请大家静待事态发展，让事情本身来证明。有时候对政府来说，停止彼此的工作也许很有必要，但这应该是例外而非常规。举例来说，我们当然反对工业国有化，对服务业国有化的反对程度则要轻一些。我们憎恶这种为国有而国有的谬论。但是在我们正在实施这一政策的领域，例如煤矿、铁路、航空、汽油与电力，我们已经并正在竭尽全力做到成功，尽管这可能多少会让党派攻击无的放矢。只有在那些我们确信国有化措施会妨碍国民生活的领域，我们才会取消这一政策。虽然我们在总体上仍然反对这一原则。

在此请允许我做一些概括说明，我衷心希望，任命布莱恩·罗宾逊爵士做英国铁路公司负责人能够成效卓著，不仅显著提高铁路运营能力，还能在管理层和工人之间培养出私人关系和感情因素。这样一来，健康向上的自豪感就能在这些国有服务业的成功中发挥作用。

尊敬的阁下在他的演讲中简要提到了住房和农业问题。我之前已经预料到类似事情可能发生，因此搜集了一些评论，谈谈这两个问题。我曾听人说，我们修理改善住房的政策是托利党想把更多钱放进房东口袋的阴谋——什么，一派胡言！希望议会不考虑这种意见——不过大家接受这种观点的方式给了我很大鼓励——我们应该毫无保留地阐述问题。这种说法当然是不成熟的，因为我们还不曾向大家解释这项计划呢。今天下午在我落座之前，针对英格兰、威尔士和苏格兰全套方案的白皮书就会出现在选举办公室。我尊贵的朋友，住房和地方行政事务大臣将在我们明天辩论时详细展示他的方案，我不会抢在他之前解释这项计划（议员喊："啊！"），但我打算就这一问题说几句。

我们已经取得了每年建造三十万幢新房的成果，我们有权力居功。经常有人告诉我们，我们也早就知道，建造新房本身不能解决为民众提供家园的迫切难题。据说就在建造三十万幢新房的时候，几乎同样多的房子正在腐朽，还有更多的房子缺少现代便利设施，如果这是真的，建造新房的成果就将被大幅抵消。反对党对我们这么说，我们也就承认了。住房和地方行政事务大臣经过大量工作和月复一月的讨论，提出的虽非彻底的解决办法，但在我们看来是非常实用的缓解方式。

我们不得不面对这个现实：全国有两百二十五万幢房屋是一百年前建的，另外两百万是六十五到一百年之间。即使是更现代化的那些房屋，也需要定期的维护和修理。这件事的确应当引起——我确信它一定会引起——任何在普选基础上选举出的下议院全体成员的关心。我希望它不会被搁置一旁。就目前情况，我可以看得很清楚，它不会只被当作党派事务对待。如果白皮书得到研究，而且我尊贵的朋友向议会推荐它之后，反对党提出反提案，就让他们提交好了，我们会给予最热诚的关注。这些问题不是政党政府通常急着要解决的那种，但任何决定履行职责的政府都不能再坐视不管。我要向议会引用一位杰出而又独立的人，一位终生的左翼战士，得到议会两派共同高度评价的托马斯·约翰逊先生所说的话。他去年在斯特灵说——我实在应该把这段话读给议会：

我再次冒昧地请大家注意，现存房屋结构的废弃和腐朽正不断地加速，任由这降临在我们头上的灾难迅速发展——实际上它的出现不可避免——纯粹是政治上的怯懦。由于原材料费用高昂，私人住房业主和房屋信托者不能提供修理，更不用说改善……任由类似的大量国家资产过早崩溃消失，实在没有意义。当我们知道，如果修理和改善都不能实现，千百万租房者只好长年生活在没有独立抽水马桶或浴室这类普通设施的房间里，我们就能明白，除非现有房产能与新房供应实现同步维护和改善，否则不但住房问题在我们这一代无法解决，就连地方政府的财政状况和执政地位都将毫无希望。

他总结道：

这不是开药方的场合，但我认为补救的首要关键条件，就是将房屋修理维护改善这一问题放在党派政治轨道之外。

事情如何进展我们将拭目以待，还是让我们怀着希望动手去做吧。

我们必须认识到：没有钱就不能修理房屋，那么钱从哪儿来？靠国家去解决吗？还是靠房主进一步的私人投资？或者这两种方式都需要？很显然，没有修缮百万房屋的完备系统，更不必说给它们安装浴室和其他基本现代设施，反对党所说的那种情况就一定会产生，除非这届议会采取有效行动，而且现在就开始。

毫无疑问，新的负担将落在国家财政的肩上，在优先考虑偿还外国援助——我们相当依赖于此——债务能力的同时，这一点必须予以重视。另一方面千万不要忘记，我们的财务信用将因为我们妥善处理一个长期未解决的难题而得到极大加强。任何能够为这些公共目标带来私人或公共资源的公平合理的方案，都不应该被下议院草率地驳回——我敢肯定它不会被草率地驳回。

如果我按照汤姆·约翰逊先生的指示，提议说我们应该将为人民建造合适房屋的愿望看得比普通的党派政治利益更重要，会不会大错特错呢？战争及其限制，空袭及其破坏，时髦与腐朽，潜在的改善：一切似乎都值得议会作为一个整体为这件事付出善意和努力。

但这个过程将需要时间，不但需要时间通过立法，还需要时间显示它的效果，让民众感觉到其中的优点并受到了千百个家庭的欢迎。当然，除非我们打算长期承担这一任务，否则我们就不应该推行这项修缮危房、清理贫民窟的政策。根据这些介绍，我将这份目前在选举办公室的白皮书推荐给各位尊敬的议员。

反对党领袖也谈到了农民问题。议会知道，尽可能减少控制和束缚，即便不废除也要逆转统购统销倾向，是我们的施政方案。我们希望发展主要建立在供求规律基础上的私人企业，希望恢复活跃高产的经济生活所依靠的商品及服务交换的多样性、灵活性、创造性和刺激性。我们现在已经到了一个关键时刻，结束死板、昂贵、维持费力的战时食物配给制的时机，已经近在眼前了。对我们的农民来说，抛掉各种控制将带来无穷的机会。

然而在农业领域，另一种观点我们必须铭记在心：我们这座岛屿的贸易顺差，甚至生死存亡都极度依赖的国内食物产量，是靠本国两个政党的政策在维持并提高。将食物供应从政府控制下解放出来，同时与有效刺激国内生产保持一致，并不是个容易完成的任务。各位尊敬的议员想要不掺杂一丁点儿恶的至善，但这往往极难做到。

对财政部来说，通过这样那样的形式拨款资助，以缩小自由市场上的价格与维护农民福利必须保持的价格之间的差距，是十分必要的。此外，我们不但必须通过维持平均收益来缩小这一行业作为整体的差距，还必须为必要的个人交易提供保护措施。例如所谓的食用家畜问题——是一个涵盖了相当可观领域的问题。

我们一直在耐心而艰苦地为相关销售生产的诸多难题努力，已经得出的结论我们将于本周在另一份白皮书中——我最好不要把两份弄混——呈交议会。我们相信，这些措施将公正而鼓舞人心地对待生产者，不会给纳税人强加一点儿额外的负担，也不会否认消费者——我们都是消费者——在如一日三餐般亲密的商业活动中获得的更多选择的权利。

农业大臣在辩论发言时将会涉及这个复杂且与政治不无关系的话题。但我可以向议会保证，我们愿意通过与总体福利一致的每一种方式帮助农业生产解决困难，这需要农业生产行业保持信心，还需要不断地增长对民族健康和活力至关重要的食物供应。

我已经提到了国内的一个更大的问题，反对党领袖也曾提到过，我们的想法将于这次开会时提出。请允许我说一句，尽管论战赋予议会讨论以生命和思想火花，真正的荣誉仍然属于那样的议员：无论他坐在哪里，都能贡献建设性意见从而直接服务于人民整体。

我们很快将就国外事务进行另一轮辩论，我今天不打算做什么总体评述。对比现在与两年前的趋势，我认为说它不那么可怕但更令人困惑了，恐怕是对的。那些早在我们前一代就已显形的问题，现在则已完全清晰。两年前，巨大的三年重新武装计划正在大步前进，朝鲜战争激战正酣，艾森豪威尔将军正在组织西欧部队，危机逐渐加深的感觉充斥在空气中。我们的社会党政府在反对党保守党的充分支持下，正与我们的美国盟友一起，共同奋力对抗苏联的威胁。

造成这种局面的主要矛盾依然存在，政府更迭也并未削弱英国的目标。然而，某件重要的事情已经发生，无论它对与错，都在某种程度上遮蔽了，实际上也可能是缓和了这一局面的严重性。朝鲜战争已经从战壕转到谈判桌上。我们尚不清楚这些顽固而纠缠不清的讨论会产生些什么。但无论来的是什么，无论朝鲜战争的结果会怎样，一个最主要的世界性事实仍然是非常突出的：美国已经再次成为一个全副武装的国家。

第二件世界大事就是斯大林的去世和克里姆林官权力归属的变化。我想就这些大事中的第二件多谈几句。自从它发生以来已经过去了八个月，到处都还在问的问题是——斯大林时代的结束会带来苏联政策的改变吗？会有新气象吗？

我不应该冒昧请求议会或门外任何能听到我讲话的人接受有关这些未解之谜的明确结论。居住在"全苏联"的庞大人口现在受教育比例很高，其性情与观点已经有了影响深远的变化，他们的目标已经转向内部改善。这个判断也许正确也许错误，但我相信，只要我们不放松警惕，力量没有再次遭到削弱，我们就能够在充满希望中等待事情向有益的方向发展。

对强国和强大政府的行动唯一真正有效的指导，就是正确地估计他们的兴趣是什么以及他们认为自己的兴趣是什么。通过这次试验，我证实了自己的判断。内部繁荣是苏联人民的渴望，也是他们领袖的长期兴趣所在，我通过研究我们自己及处于强大美国庇护下的欧洲的力量所得出的这个结论，并不是不合情理，也并不危险。

正是出于这种想法，六个月前我认为，如果主要国家和相关政府的首脑与苏联新领导人会面并建立个人关系将是一件好事。过去的经验已经表明，这种关系往往是帮助而非障碍。我仍然希望这样的会晤能够在国际交往中发挥作用。

另一方面，我们也绝不能忽略这样一场四国会议会在比目前状态更糟糕的僵局中结束的风险。想象着有机会一揽子解决东方与西方、德国与所有卫星国存在的全部棘手的难题，当然是太傻了。我们不可能通过个人会晤立刻圆满地处理这些问题，消除世界上的重大危险与恶行，无论那会晤有多友好。毫无疑问，我们需要时间——时间长得我们在座有些人都看不到结果。

当然，我与艾森豪威尔总统关系非常密切，我希望我们能够在百慕大就此全面交谈。很遗憾，由于超出我控制的原因，会议没能举行。我们目前正在期待一次四国外长会议，衷心地希望它能尽快举行。如果它能带来改善，可能也会导致双方的进一步努力。我们相信，我们对苏联发出的和解邀请将会很快得到有利的回答。

我已经提到过去两年间发生的两件影响深远的大事。但是还有第三件，虽然它发生在以前，在这一时期却已发展得如此惊人，以至于让我将它看作"神奇的幽灵"，令我提到的那两件事黯然失色，那就是核武器与氢弹迅速而无止尽的发展。

这些恐怖的科学发明在每一颗深思的心灵上投下了阴影，不过我相信，我们有理由认为压力已经减轻，战火重燃的可能性已经变小，或者至少已经变得更遥远了。尽管以前从未落入人类之手的毁灭性武器在不断增长，我还是要这么说。实际上，我有时会有种古怪的想法，觉得这些力量所具有的毁灭特性将给人类带来意想不到的安全。

当我还是学生时，并不擅长算术，但我那时就听说，当某个数字达到无限大之后，符号就从加变成了减——或者相反（大笑）。我不敢贸然涉及太多所谓双曲线之渐近线的细节，但任何感兴趣的尊贵绅士都能从中找到一种有趣的研究方式。也许这条规则可以得到创新性应用，当毁灭性武器的进步能帮助每个人杀死别人时，反而根本没有一个人想杀人了。无论如何，因双方都最畏惧的苦难而开始一场战争——目前无疑就是这种情况——其可能性不及从前那种将血淋淋的奖赏晃荡在贪婪之心前的战争，这么说似乎相当安全。

我将这个令人安慰的想法呈给议会，同时还要小心地明确一点：我们唯一的希望来自于永不懈怠的警觉。毫无疑问，如果人类实现了其最衷心的期望，摆脱了对大毁灭的恐惧，作为代替，他们就可以实现物质幸福的迅速增长，得到那些原本唾手可得甚至是梦想之中的幸福。

说到物质幸福，我的意思不仅是指大众的生活富裕，还包括我们从前在拼命斗争时不可能享受的生活闲暇。这些庄严的可能性应该闪耀在每一片土地上所有劳动者的眼前，应该激发所有肩负着领导责任的人的行动。我们，还有其他所有民族，在人类历史上的此刻，都站在最大灾难和无限奖赏的门前。我坚信，凭着上帝的慈悲，我们一定会做出正确的选择。

31. 八十华诞

"至高无上的荣誉"
威斯敏斯特大厅，伦敦，1954年11月30日

尽管在1953年11月做了精彩演讲，丘吉尔的健康状况在中风后还是明显地恶化了。新闻界、托利党后座和内阁都出现了不满的嘀咕声。但他仍然毫不妥协地守着唐宁街10号，部分是因为他无法忍受永远退出公共生活这个想法，部分是因为他变得越来越怀疑艾登的能力，还有部分是因为他渴望着与苏联人的最后一次峰会。

因此，他在1954年11月庆祝八十岁生日时——格莱斯顿之后首位达到这一年龄的在任首相——还在执政。即便是自我中心如丘吉尔，也被大家给予他的热情祝福深深打动了。在威斯敏斯特大厅空前的庆祝仪式上，他收到了议会的礼物：由格雷厄姆·萨瑟兰绘制的画像，和包含几乎每一位议员签章的闪闪发光的书。

虽然丘吉尔因萨瑟兰的画作（此画最终奉丘吉尔夫人之命毁掉了）而大为烦恼，他还是做了一次最吸引人的演讲作为回报。约翰·科尔维尔说这次演讲充满"机智与热情。那调皮的幽默，精心设计的旁白，完美控制的声音和无与伦比的顽强精神，使他看上去和听起来都比真实年龄年轻"。然而岁月正在追赶他：这是丘吉尔最后一次杰出的公开演讲。

这是我生命中最值得纪念的公共场合。从来不曾有人得到过同样的荣耀，这在英国历史上前所未见，而且我怀疑，实际上没有哪个现代民主国家曾对一位党派政治家表现出如此高度的善意和慷慨，要知道他尚未退休，而且随时都会卷入论争。对于上下两院珍视的英国议会特有的原则"不要将政治带进个人生活"，这的确是我所见过的最突出的范例。我们的国家一直在激烈的党派斗争和许多严重的思想情感分歧下生存并成长，这件事就是我们在根本上团结一致的标志。我相信，这种团结是自由与公平竞争的孩子，它在我们古老岛屿体制的摇篮里养育，并由传统和习俗看护至今。

我万分感激艾德礼先生今早谈到我时那使人愉快的措辞，也万分感谢他给予我斑驳复杂的职业生涯的宽容评价。但我必须承认，这仪式及其全部魅力与光彩很可能会严重影响我作为一名党派政治家的有争议的价值。不过，也许在适当的帮助下我能克服这种反应，一段时间后重新恢复正常。

在过去的十四年间，反对党领袖和我是这个国家仅有的两位首相，其他首相均已不在人世。艾德礼先生也是我在那些决定性的战争年月里的副首相。在我们轮流执政期间，国外发生重大事件，国内出现影响深远的变化。我们进行了三次全民投票的大选，议会和党派活动得到了完全的自由。艾德礼先生和我在这期间垄断了国王制下这个最有权力也最有争议的职务，外界肯定会将其视为我们英国式行为准则固有稳定性的象征。但我们无意让它成为宪法的永久特征。

我确信，这是任何下议院议员收到的最美好的祝福，我要向两院代表致以最衷心的感谢，感谢大家赠予我的礼物。这幅肖像是现代艺术卓越的范例，它是力量和公正的结合，这正是活跃的两院议员不可或缺的品质，也是他们不可逃避的责任。这本由议会之父（大卫·格伦费尔先生）赠给我的书，代表着各党派议员的美好愿望和骑士精神。我在下议院度过了我的一生，在这个动荡世纪的五十四年里，我已经在这里服务了五十二年。我真真切切地看到了这个国家命运和财富的起起落落，但我对这位议会之母，众多国家立法议会榜样的热爱与尊重，却从未停止。

呈现在这册美丽书籍中的关爱和挂念，以及它承载着几乎全部议员同事签名这一事实，深深地触动了我的心。请允许我说，我完全理解那些放弃签名者的处境。这样一份礼物的价值就在于它应当是自由自发的。只要我一息尚存，就会视它为珍宝，我的家人和后代会将它视为最珍贵的财产。当我读到优雅地题写在扉页上，引自约翰·班扬著名诗句的祝词时，我必须向大家承认，我完全被骄傲与谦卑这两种情感压倒了。从前我一直认为两者互相对立，也可以互相纠正；但在此刻，我无法告诉大家在我心中哪一种情感更具优势，其实它们是手拉手站在一起的。谁能不为这样的事发生在他身上而骄傲呢！然而与此同时我一点儿也拿不准，这一切超过我所应得的有多远。

非常高兴，艾德礼先生说我的战时演讲不仅表达了议会的意志，更表达了整个民族的意志。人民的意志坚决果断，不屈不挠，而且已经证明了是不可战胜的。表达这一意志的任务落在我身上，如果说我找到了正确的字眼，各位一定不要忘了，我本来就一直在靠笔和舌头谋生。是这个国家和遍布全球的这个民族拥有着雄狮之心，我不过是有幸被召唤来发出狮吼。我还希望有时能向雄狮建议，在正确的地方使用它的利爪。现在，我正走向人生旅程的终点，我希望自己仍可尽一份余力。无论终点将会怎样，也不管它何时降临，我敢肯定我将永远不会忘记今天的感动，我会感谢陪我度过一生的同事和伙伴们，感谢他们给予我这份至高无上的荣誉。

32.
天鹅之歌

"永不绝望"
下议院，1955年3月1日

在做首相的最后几个月里，丘吉尔将剩余的精力全部奉献给了两个重大（也互有联系）的国际问题：氢弹的威胁和挑战；与斯大林去世后的苏联新领袖举行峰会的可能性。但他眼看着一个月一个月地衰老下去，美国人并不热心，众大臣和议员不断地施加压力，要求他确定退休日期。最终，丘吉尔于1955年初明确承诺将在复活节议会休会之前离开。

他急于表明辞职是出于自愿而并非因为年老体衰。于是，他决心要让3月初他在答辩会上的演讲成为（用莫兰爵士的话说）"一次伟大的演讲，令议会长久铭记"。他花了二十个小时准备，亲自口述每个字。在座无虚席的下议院里，大家怀着深深的敬意，几乎完全静默地聆听这次演讲。

就像克里斯托夫·索姆斯之后立即告诉他的那样，这次演讲的确是"一曲非常优美的天鹅之歌"。《星期日泰晤士报》承认，丘吉尔的力量"如他所出色表现的那样，仍然处于巅峰状态"。在4月5日辞职之前，他还在议会做过两次演讲，但毫无疑问，这次伟大演说的结束语才被视为他正式的告别——既是对他的听众，也是对他的艺术。

我们生活的这个幸福时代,在人类历史上独一无二。整个世界在思想上,很大程度也在地理上分成了共产主义戒律和个人自由两种信仰,与此同时,伴随着这一精神与心理分割出现的,还有双方对核时代毁灭性武器的拥有。

我们目前的对抗程度,与导致了三十年战争的宗教改革时期的对抗一样深重。但目前的对抗已经遍及整个世界,而不仅仅限于欧洲的一小部分。我们目前的地理划分在某种程度上与十三世纪蒙古人入侵时相同,只不过更无情,更彻底。我们拥有武力和科技,这两个人类从前的仆人,现在正威胁着要成为人类的主人。

我并不想假装今天下午就能为国家间的永久和平找出解决之道。让我们为此而祈祷吧。我也不想讨论我们都十分厌恶却又不得不忍受的冷战。我只想冒昧向议会提出我经过长期思考之后对一些事情的总体看法,我希望这些观点会因为来自于我而被议会宽容地接受。这里请允许我插一句个人的题外话。我不会冒充专家或者假装拥有科学界的专业知识,但在我与彻韦尔勋爵①长期的友谊中,我一直在努力关注甚至预言这件事的发展。如果我重复一遍二十五年前写的这段话,希望议会不会责备我的虚荣或自负:

> 我们都很清楚,未来五十年的科学成就将比我们经历过的更伟大、更迅速也更惊人……权威人士告诉我们,比我们已知的能源重要许多的新能源,一定会被发现。原子能比我们今天使用的分子能要强大不知多少。一个人一天内所采的煤可轻松完成人力五百倍的工作,而原子能更强大,至少是一百万倍。如果一磅水里的氢原子能够结合在一起形成氦,其能量足够让一台一千马力的发动机转上整整一年。如果电子——原子体系中那些微小的行

---

① 彻韦尔勋爵是丘吉尔的科学事务私人顾问,实际上也是他的首席智囊。

星——被吸引与氢的原子核结合，所释放的马力将再增加一百二十倍。科学家们对这一巨大能量源的存在确信不疑，所缺少的不过是点亮篝火的那根火柴，或是让炸药爆炸的导火索。

这显然不是对已有发现的准确描述，但由于它发表在二十四年前1931年12月的《海滨杂志》上，我希望我对这一话题的长久兴趣能够得到议会宽容的接纳。

目前的局势是什么样呢？只有三个国家在不同程度上拥有制造核武器的知识和力量，其中美国独占鳌头。由于我们与美国的信息共享已于1946年停止，我们不得不独自重新开始。幸运的是，尊敬的反对党领袖阁下①迅速采取行动，尽可能地减少了我们在核发展和生产方面的延误。由于他的积极主动，我们已经制造出了自己的原子弹。

面对氢弹的挑战，我一直尽力去达到尊敬阁下的行动标准。我们也已经开始制造这种武器了。正是这一重大决定构成了我们今天下午讨论的国防文件的核心。尽管苏联的原子弹储备也许比英国的要多，但英国在基础科学上的发现却可能使我们居于苏联之上。

为了简洁也为了避免词语的混淆，我既使用了"原子弹"也用了"氢弹"，而没有用"热核"——我用"核"来表示统称。原子弹和氢弹之间存在巨大的鸿沟。原子弹再可怕，也没有让我们失去在思想或行动，和平或战争当中控制它的能力。但是当美国国会委员会主席斯特林·库尔先生一年前——1954年2月17日——首次发表对氢弹的全面评价时，人类事务的全部基础都被颠覆了，人类面临的局面深不可测，厄运连连。

现在的事实是，一定数量的钚，也许无须装满桌上的这只盒子——这样储存

---

① 指当时的首相工党领袖艾德礼。

相当安全——就足够生产让任何独占它的大国称霸世界的武器。没有什么绝对的防御能抵挡氢弹，也没有任何看得见的方法能完全保证哪个国家能抵挡那种毁灭性的伤害，只要二十枚氢弹就可以打击极广大的区域。

我们应该做些什么？要采取哪种方式挽救自己的生命和世界的未来？这对老人们来说并不太重要，不管怎样他们很快就会离去。但是，眼看着热情似火活力四射的年轻人，尤其是看着小孩子们玩着欢乐的游戏，浑然不知上帝厌倦人类时会有什么摆在他们面前，我就止不住阵阵心酸。

最好的防御当然是诚心诚意地全面裁军。我们所有人内心都在这样想。但绝不能让情感遮蔽了我们的视线。常言道："事实是不容改变的。"裁军委员会分委会新的会议正在伦敦举行，而且正试图进行私下辩论。我们决不要掩盖苏联政府与北约大国之间的鸿沟，它长期以来一直在阻碍我们达成一致。苏联的悠久历史和传统让苏联政府拒绝接受任何实事求是的国际调查。

目前局势中存在的第二个困难是，正如美国在核武器上拥有绝对优势一样，苏联及其卫星国在所谓"常规"武器上拥有巨大优势，我们曾用于上次大战的这种武器和装备，目前已经大大地改进了。因此问题在于，设计一个平衡而又分阶段的裁军方案，任何时候、任何参与者都不能享有威胁其他成员安全的优势。一个以此为方案的计划去年由女王陛下的政府和法国政府提交，并得到已故的维辛斯基同意作为讨论的基础，目前正在伦敦进行审阅。

如果说苏联政府战后从未对美国占据核优势表现出多少恐慌，那是因为他们非常肯定，即使遭到百般挑衅，原子弹也不会被用来对抗他们。另一方面，北约大国已经联合起来。此举可能会在几年内让欧洲各国原来的敌对相形见绌，还会大量抹去希特勒主义给德国人民制造的痛苦记忆，这真是欧洲历史上前所未有的大事。但它在很大程度上已经发生了。有种流行的看法传遍了自由世界：若不是美国的核优势，欧洲早已沦落为卫星状态，而铁幕也早已到达大西洋和英吉利海峡了。

除非能够达成一个值得依赖、被广泛承认的限制常规武器与核武器的协议，而且能够建立并真正运作一个有效的检查体系，不然的话未来几年自由世界就只有一个稳健的政策可选。那就是我们所称的"借威慑来防御"政策。我们已经采取并宣布了这一政策。这些威慑随时都可能变成裁军的根源，前提是它们能够起到威慑作用。为了给威慑做贡献，我们自己必须拥有最新的核武器及制造它们的手段。

这就是政府目前所处的地位。我们不但要将它作为原则问题来讨论，还要给出许多现实的原因。假如上帝禁止的战争爆发了，我们和美国必须做到能够立刻打击大量目标。一旦他们的轰炸机装备了氢弹，苏联可以从许多机场起飞进行氢弹攻击。对我们的生存和威慑政策特别关键的一点是，假如战争发生，我们与美国盟友必须拥有能在战争头几个小时让潜在攻击瘫痪的力量。

议院也许注意到了，我在这次讨论中尽可能地避免使用"苏联"这个词。我高度赞赏苏联人民——钦佩他们的勇敢，他们的多才多艺与慷慨天性。

铁幕后面还有重大的行政及工业目标，任何有效的威慑政策都必须有力量在一开始或稍后就使其全部瘫痪。还有，苏联潜艇基地和其他海军目标也需要及早关注。除非我们做出了自己的贡献——这是我现在强调的关键——否则我们无法确定，在紧急时刻其他大国的资源是否能像我们期望的那样为我所用，或者在头几个小时，那些对我们威胁最大的目标是否能如我们所愿，得到优先考虑。

这些目标是如此重要，对我们来说可能真是关乎生死的问题。我认为，在决定我们对常规武器的政策时，这一切必须铭记在心。之后我会谈到目前仍在服役的常规武器的问题。

同时，美国的核力量是苏联的许多倍——我避免说出确切数字——他们当然也有更多制造核武器的有效手段。我们对美国精神上和军事上的支持，我们拥有的更高性能的核武器以及更可观的规模，再加上我们掌握的投放核武器的手段，这一切将极大地加强自由世界的威慑力量，强化我们在自由世界内的影响。无论如何，这就是我们决定采取的政策。这就是我们正在做的事情。我很感谢它得到了议会两方负责人的赞同，我相信它也得到了整个国家绝大多数人的支持。

已经公布的关于氢弹的海量信息，有些属实，有些夸大得不成比例。真实总是不可避免地与虚构混杂在一起。但我可以高兴地说，恐慌并未出现。恐慌不一定会带来和平。对此事负责任的讨论不该在BBC或电视上进行，这就是我之所以深感担心的原因之一。我认为我将女王陛下政府的意见提交给权威人士是正当的，他们立刻接受了这一意见——而且非常心悦诚服。

即便是在这个国家，恐慌也未必有助于和平。在许多国家，某种流行的观点会突然兴起并转化为激进的行动，最后导致国家因此采取的决定性步骤无法挽回。实际上，尽管前景黯淡，执着地渴望解脱，但全世界的人依然会循着日常轨道往前走，这正是我们现在继续前进的方式。

我很愿意谈谈氢弹这一武器的威力。除了大家都提到的，在越来越大的范围内造成的冲击波和热效应之外，现在认为其最大伤害应该是由风力传播的所谓放射性粒子沉降的结果。它包括这样一个云团所到之处对人类即时而直接的影响，也包括通过接触和食用动物、草木和蔬菜给人类的间接影响。

许多逃脱了剧毒爆炸或饥饿的人将遭遇这种间接影响。只是想想就已经惊心动魄。当然了，鼓舞人心的是民防部门会有缓解措施和预防手段，今晚内政大臣将谈到。但我们的最佳防护——我确信会得到议院肯定——就在于以清醒、冷静而永不懈怠的警惕为基础，成功运作威慑战略。

此外，出现了一个奇怪的悖论。让我简单解释一下，重点已经讲过，可以用一句话来概括："情况越糟，反而越好。"

核武器最新发展的广泛影响几乎无限扩大，至少极大地扩展了致命危险的区域。这自然会提高我们对苏联的威慑力量，他们那巨大的空间和分散的人口将变得与我们这座人口稠密的小岛和西欧同样脆弱或几乎相同。

我不认为这一发展增添了我们的危险。我们早已达到了危险的极限。相反，对于这种形式的攻击来说，大陆与岛屿是同样的不堪一击。迄今为止，人口稠密的国家，像我说的英国和西欧一样具有这种显而易见的弱点。但是有着极大毁灭范围与更大污染区域的氢弹，将有效地对抗那些因人口分散在广大地域而自觉根本没有危险的国家。

他们也开始变得高度脆弱了，也许还不及我们，但已经很脆弱，而且还在增长当中。在这里，我们又一次看到了威慑的价值，那就是免受惊吓而且得到双方——我重复一遍是"双方"——所有有力量控制局面者的理解。这就是我长期以来一直盼望高层会议的原因，在会上这些事情可以由参与者向别人直接而坦率地提出来。

这样一来，我们很可能会在无比反讽的过程中到达这个故事的新阶段：安全将是恐怖的强壮孩子，而生存将是毁灭的孪生兄弟。虽然美国已经发展的武器能够产生我提到的所有效果，我们相信到目前为止苏联试爆的还只是一种中等威力的炸弹。

然而，他们没有理由不在今后的四年、三年甚至两年内发展出更先进的武器和打击北美目标的完备手段。实际上，我们有充分理由相信在其间他们会这么做。为了规划未来，我们必须小心翼翼，避免这样的错误：将我们目前的准备状态与苏联三四年后可能达到的状态相比。将苏联三四年后的状况与我们今天的状况相对照是我们思想上主要的错误。无论是在细节相对精确的航空器研发领域，还是在无限的核武器领域，这么做都是错误的。

氢弹对我们岛屿的打击威胁不在眼下而在未来。根据我得到的信息——我曾利用每一个机会向所有最高权威请教——当今唯一能够在几小时内用氢弹制造全面核打击的国家就是美国。这实在是个重要事实,从某一角度看去,对我们某些人来说,它并非全无安慰。

可以想见,苏联害怕在自己赶上美国并制造自己的核威慑之前遭到核打击,也许会尝试动用她已经拥有的核武器突袭我们,来跨越这条鸿沟。因此,美国因英国增援而加强的核武器优势,必须充分调动起来以明确一点:任何类似的突袭都阻止不了更大规模的即刻反击。此乃威慑政策中的关键。

为了这一目标,不但必须以每种可能的方式激发西方大国的核优势,还必须扩展、提高并改变他们发射炸弹的方式。甚至很有可能,美国已经完成了大量这类工作,虽然我们在北约范围之外并未听说。我们应当尽一切可能提供帮助。我不想展开细节,但众所周知,众多试验基地已经或正在世界各地尽可能多地建立起来,具有最高威慑级别的美国战略空军,则在其他地区一直保持不间断的战备状态。

概括说来,苏联政府很可能了解我们正在执行的政策和目前美国的力量以及我们对美国实力日益增长的帮助。所以他们应该确信,突然袭击不能阻挡直接的报复。就像有人会对他们说的那样:"虽然你们会屠杀我们千百万人民,用突袭制造大规模的浩劫,我们仍然能在这一暴行的前几个小时之内,以几倍甚至几十倍于你们核原料的炸弹回击,而且会以同样的规模持续还击。"我们可以说:"我们已经拥有几百个为全方位攻击准备的基地,而且已经对合适的目标进行了复杂精细的研究。"因此,以我战时讲话的一些经验看来,你们完全可以去吃个晚餐,度过一个友好的夜晚。我不害怕将事情尽量说清楚一些,这种态度加上铁的事实,会使威慑更有效。

我必须承认,而任何类似承认都是艰难的——这种威慑挡不住疯子,挡不住像希特勒那样发现自己被困在地下掩体里的独裁者。这是威慑政策的一片空白。可喜的是,如果我们一致同意反对这种状况,我们还是会找到保护自己的手段。

上述所有思考让我相信,从宏观来看,苏联若在今后三四年内着手大规模侵略将是不明智的。当一个人面临特殊的形势时,必须多考虑他人的利益。他人的利益也许是你唯一能得到的指导。因此,我们可以预测,世界大战在这段时间内不会爆发。假如这个阶段最后出现了极大的冲突,冲突双方都能得到我今天下午描述过的那些武器,还认为它们不会被使用就太愚蠢了。因此,我们的预防性部署和准备必须以这一假定为基础:如果战争来了,就要使用这些武器。

因此我再重复一遍,在最近三四年内自由世界应该也将会保持在氢弹上的绝对优势。在此期间,苏联人几乎不可能故意挑起大规模战争,或者尝试突然袭击。随便哪一个都会立即遭到核报复的粉碎性打击。三到四年甚至更短的时间之后,情况就会发生变化。苏联将很可能拥有氢弹,而且还将掌握不但向英国也向美国目标发射氢弹的手段。然后他们就会到达一个新阶段,不是与美国和英国实力相当,而是所谓的"饱和"状态。

我必须解释这个艺术名词。"饱和"在这里的意思是,虽然一个大国比另一个更强大,也许强大得多,但双方都有能力用已有武器给对方造成严重或半致命的伤害。然而这并不意味着战争的风险就会更大。实际上,战争的风险可能会更小,因为双方都会认识到,全球战争的结果将是同归于尽。

因此,未来的大规模战争将不同于我们过去了解的任何战争。战争各方起初都会遭受他们最为恐惧的事情——失去已知的一切。威慑的价值将不断增长。在过去,侵略者会被抢占先机的希望所诱惑,但在未来,他会被这样的认识所威慑——另一方拥有的力量会眨眼间给自己造成无法逃脱的毁灭性打击。

当然了,我们应当一致同意:世界性裁军协议就是我们努力的目标。西方民主国家在上次大战结束时主动裁军,苏联政府却没有这样做。于是西方国家被迫重新装备,尽管只是局部的。这就是目前的局势。……

我不会再耽搁议会太多时间了,很抱歉已经耽误了这么久。今天的话题非常复杂。我急于重申并强调今天讲话主题中的一个词,那就是"威慑",它就是今天的主题。

氢弹已经对我们的生活和思想造成了骇人的侵犯。它的冲击力巨大而深远,但我不同意有些人这么说:"让我们立即拆除所有的国防设施,集中所有能量和资源在核武器及其直接附件的制造上。"威慑政策不可能只停留在核武器上,我们必须和我们的北约盟友一起,维护我们在西欧的防御屏障。

除非北约大国在当地掌握了有效的力量,还能够充当前线,否则那里将没有任何东西能够阻止和平时期零敲碎打的推进与侵蚀。除非我们准备好了,一旦某个遥远的国家发生什么意外就立刻发动核战争,否则我们必须随时准备好常规武器以应付类似的局面。

所以,我们必须保持我们在和平时期对欧洲北约军事力量的贡献,从而为我们的事业增光。在战时,这一防御屏障将至关重要,我们为了阻止对群岛的短程空中与火箭打击,必须竭尽全力将苏联及其卫星国的军事力量阻挡在一步之外。因此,常规武器上的强大仍然在威慑政策当中发挥着重要作用。在冷战时期,也许还是常规武器更加重要。

虽然世界大战会被核武器的威慑力量阻止,……如果联合国要求,我们就必须在这些活动中发挥自己的作用。在今日之局势下,这也是我们英联邦职责的一部分。在这个不安的和平时期,在大家都暴躁之极的日子里,我们需要强大的常规部队来履行我们对全世界的义务。

总结这部分的论点就是,核武器的发展当然会影响陆海空三军以及民防的形式和结构。我们已经进入了一个过去与未来重叠的过渡时期。但因此就认为我们可以抛弃或取代传统的军事力量,则是大错特错。在国防白皮书中,陆、海、空三军在这个过渡时期的任务得到了清楚的阐明。关于履行职责方式的更多细节将在三军大臣向议会提交的各部门文件中解释。

毫无疑问，任何事情都不是完美无缺的，当然也不是完全彻底的。但是考虑到这些安排是在氢弹幽灵出现的头一年做出的，陆海空三军所展示出的先进而富有远见的适应能力着实引人注目。（有议员喊："啊！"）我对不信任案动议表示理解。噢，当然了，利用过渡时期不可避免的行政困难作为党派政治和未来竞选的工具，没有什么比这种做法更值得谴责了。我并不是说谁在这么做，就让我们对投票拭目以待吧。

国内民防未来的形式在国防白皮书中也有概略的说明。这份概要将随着新计划准备工作的推进得到充实，但我们需要一个有效的民防系统这一点的确是不容争辩的。这项工作现在呈现出其最高贵的一面，即帮助困境中凡人的基督教的责任。救助、抢险和医护工作一直都是民防的核心任务，任何城市、家庭以及任何值得尊敬的男女都不能拒绝这一责任，不能只接受来自他人的帮助而不准备付出回报。假如战争来临，许多人会因死去而摆脱这份责任，但是只要活着，任何人都不能拒绝它。如果他们拒绝，他们也许就会到所谓的"考文垂"去了（大笑）①。我说的是典故，并非任何特定的地方。

我一直尽力呈现并强化的这一争论给我们这个岛屿带来了一段间歇时间。我们不要浪费它。让我们期待，我们将利用它增加或至少延长我们和人类的安全。但如何才能做到？有些人认为，或者至少嘴上是那么说的："如果我们有最强大的美国的保护，我们就不需要自己制造氢弹或建立发射它的轰炸机舰队了。我们可以把这件事留给大洋彼岸的朋友。我们要做的贡献，应该是对他们任何不明智的政策提出批评。我们应该将全部心思和良知投入到这件事当中。"

就我个人而言，我觉得在我们极大地依靠他们保护的时候，明智也好，愚蠢也罢，我们都不可能对他们的政策或行动产生多大影响。我们必须拥有属于我

---

① 原文"Coventry"，意为放逐，又是英国城市名。

们自己的强大的威慑力量。尤为重要的是，我们绝不能允许英国与美国及整个英语世界正在增长的团结精神和兄弟情谊受到伤害或阻碍。维护它、激励它与巩固它，是每一个渴望看到世界和平、渴望看到我们国家幸存的人首要的职责之一。

　　总而言之，不幸中的万幸，只要将耐心与勇气结合在一起，我们就还有时间和希望。在下一个十年，所有的威慑都将进一步提高并获得权威。到那时，威慑会达到顶点并得到最终的报偿。当公平、友爱、尊重正义与自由的黎明到来时，饱经患难的一代人终将离开我们生活的这个可怕时代，向着宁静与胜利大步走去。与此同时，我们永不退缩，永不疲倦，永不绝望。